21世纪高职高专规划教材 · 经济管理系列

市场营销理论与实训（第3版）

SHICHANG YINGXIAO LILUN YU SHIXUN

张卫东　编著

電子工業出版社
Publishing House of Electronics Industry
北京 · BEIJING

图书在版编目（CIP）数据

市场营销理论与实训 / 张卫东编著. —3 版. —北京：电子工业出版社，2015.12
21 世纪高职高专规划教材. 经济管理系列
ISBN 978-7-121-27528-9

Ⅰ. ①市… Ⅱ. ①张… Ⅲ. ①市场营销学－高等职业教育－教材 Ⅳ. ①F713.50

中国版本图书馆 CIP 数据核字(2015)第 265338 号

策划编辑：刘露明
责任编辑：王旡联
印　　刷：三河市鑫金马印装有限公司
装　　订：三河市鑫金马印装有限公司
出版发行：电子工业出版社
　　　　　北京市海淀区万寿路 173 信箱　　邮编 100036
开　　本：787×1092　1/16　印张：16.5　字数：381 千字
版　　次：2006 年 3 月第 1 版
　　　　　2015 年 12 月第 3 版
印　　次：2015 年 12 月第 1 次印刷
定　　价：38.00 元

凡所购买电子工业出版社图书有缺损问题，请向购买书店调换。若书店售缺，请与本社发行部联系，联系及邮购电话：（010）88254888。
质量投诉请发邮件至 zlts@phei.com.cn，盗版侵权举报请发邮件至 dbqq@phei.com.cn。
服务热线：（010）88258888。

出版说明

高职高专教育是我国高等教育的重要组成部分。近年来，高职高专教育有了很大的发展，为我国的现代化建设事业培养了大批急需的各类专门人才，为经济发展和社会进步起到了重要作用。

高职高专教育不同于其他传统形式的高等教育，它的根本任务是培养生产、建设、管理和服务第一线需要的，德、智、体、美全面发展的高等技术应用型专门人才，学生应在掌握必要的基础理论和专门知识的基础上，重点掌握从事本专业领域实际工作的基本知识和职业技能，因而对应这种形式的高等教育教材也应有它自己的体系和特色。

为了适应我国高职高专教育对教学改革和教材建设的需要，在国家教育部的指导下，电子工业出版社在全国范围内组织并成立了“全国高职高专教学研究与教材出版编委会”（以下简称“教学研究与教材出版编委会”），旨在研究高职高专的教学改革与教材建设，规划教材出版计划，以推动教育部策划的“21 世纪高职高专规划教材”的出版工作。“教学研究与教材出版编委会”的成员单位皆为教学改革成效较大、办学特色鲜明、办学实力强的普通高校、高等专科学校、高等职业学校、成人高等学校及本科院校主办的二级职业技术学院，而教材的编者和审定者则均来自从事高职、高专和成人高等教育教学与研究工作第一线的优秀教师和专家。

为推动教育部策划的“21 世纪高职高专规划教材”的出版工作尽快实施，“教学研究与教材出版编委会”对高职高专教材的出版进行了规划。规划教材覆盖了计算机、通信、电子电气、财会和管理等专业的主要课程，主要面向课程包括基础课和专业主干课。这些教材全部按教育部制定的“高职高专教育基础课程教学基本要求”编写，适合于各类高等专科学校、高等职业学校、成人高等学校及本科院校主办的二级职业技术学院使用。

“教学研究与教材出版编委会”根据《教育部关于加强高职高专教育人才培养工作的意见》的文件精神，力求规划教材能够反映高职高专课程和教学内容体系改革方向，按照突出应用性、实践性的原则重组系列课程教材结构；力求教材能够反映当前教学的新内容，突出基础理论知识的应用和实践技能的培养。教材中的基础理论以应用为目的，以必要、够用为度，在专业课程教材的内容设计上加强了针对性和使用性；教材内容尽量体现新知识、新技术、新工艺、新方法，以利于学生综合素质的形成和科学思维方式和创新能力的培养。

编写高职高专教材是一个新课题，希望全国高职、高专和成人高等教育院校的师生在教学实践中积极提出意见与建议，并及时反馈给我们，以便我们对已出版的教材不断修订、完善，与大家共同探索我国高职高专教育的特点和发展道路，不断提高教材质量，完善教材体系，为社会奉献更多更新与高职高专教育配套的高质量的教材。

全国高职高专教学研究与教材出版编委会
E-mail: lmliu@phei.com.cn

前 言

市场营销是企业在激烈的市场竞争中求生存、求发展的极富实践性的一门科学、一种技术和一门艺术。从企业经营管理的角度考虑，企业综合竞争力集中体现了市场营销能力；从学生就业的角度展望，我国人才市场需求最旺盛的专业是市场营销；从商务管理类人才职业素养与能力结构优化的角度分析，市场营销知识与技能也是极其重要的；从学生职业生涯规划的方向考虑，掌握一点市场营销的理论与方法，无论是求职就业还是做人做事，无论是齐家理业还是治国安邦，都将受益匪浅。这是因为，几乎每个成功故事的背后，成功者都有意无意地做了大量的营销工作，无不或多或少有过一些精心的策划。在经济实力决定一切的21世纪，最伟大的、最应受到人们尊敬的人，应该是那些遵纪守法、诚信经营、利国利民、以智求富的企业家。他们为国家缴纳了税款，为百姓创造了就业机会，为社会增加了福利，同时也实现了个人价值，减少了政府困难。“多算胜，少算不胜”“凡事预则立，不预则废”，身处21世纪，我们每个对社会、对祖国、对亲人、对自己负有责任心与使命感、想要有所作为的人都应谨记“天时、地利、人和+营销策划=成功”。

本教材由专职从事市场营销高等职业教育的具有深厚理论修养与丰富实践技能的“双师型”教师编著而成，是一本专门面向高等职业技术教育院校学生的专业核心课程教材之一。本教材自2006年3月出版第1版以来，受到广大同人的认可，重印十余次之多。这个版本是第3版，修订后，本教材具有以下几个鲜明的特色。

1．定位准确，简明实用

教材内容坚持“实用、够用”的原则，紧扣高职高专培养应用型人才的要求，力求做到简明扼要、突出“五基”（基本概念、基本知识、基本问题、基本方法、基本技能）。

2．重点突出，逻辑清晰

教材体系使用适量的标题，注重文辞的精练，使得知识表达具有逻辑清晰、层次清楚、重点突出的特点，大大强化了教材的施教功能，也便于学生自学使用；在阐述中全书使用图表100多个，使得内容直观明了、浅显易懂、便于理解。

3．资料前沿，案例丰富

教材内容的选取遵循“实用、够用”的原则，在基本概念解释清楚的原则下，不再深入论述，而是使用经典案例进一步使学生深化理解。书中引用了100多个小案例，这些案例都经过精心选择，力求兼顾时效性与典型性。

4．理论够用，突出实训

本教材设计为 40～60 课时（其中理论教学课时占 60%，实训教学课时占 40%）。各章内容前设置任务导入，便于引导学生对本章内容进行初步思考；各章后还精心设计了较大篇幅的职业知识测试与职业技能训练题目。这些题目精选自国家级相关职业资格考试题目、著名企业营销人员面试与员工培训题目，较好地体现了高职教材技能训练的要求。

5．职业导向，引导创业

为适应职业资格证书在高职院校的推广工作，贯彻“以职业活动为导向，以职业技能为核心”的精神，本教材在编写过程中参考了人力资源和社会保障部就业技术培训指导中心组织编写的营销员、营销师职业资格培训指定教材，较好地适应了高等职业教育发展的需要。

6．教辅丰富，即时更新

为方便教学，在电子工业出版社华信教育资源网（www.hxedu.com.cn）上还提供了与本教材配套的各章职业知识测试与职业技能训练参考答案、教学课件等辅助性教学资源。

本教材由山西省高职高专教学优秀教师太原大学张卫东教授编著，李吉艳讲师参与了本教材的部分修订工作。本教材的编撰参考了较多文献资料，部分内容取材于编著者多年积累的教案资料，在此对这些文献资料的原创者致以诚挚的感谢。由于编著者学识、眼界及经验的局限，书中难免存在缺点、错误，真诚希望读者提出斧正意见与建议。联系方式：tdzh4961@sina.com.cn。

编著者

目　录

第1章
市场营销概述

营销并不是以精明的方式兜售自己的产品，而是一门创造真正客户价值的艺术。

——现代营销学之父菲利普·科特勒

✎ 学习目标

☑ 重点理解市场营销的科学内涵、市场营销管理的过程、市场营销管理的八大任务。

☑ 一般了解市场营销学的学科性质、产生与发展，以及在我国的传播与应用等问题。

CASE

【任务导入】五大理由告诉你学点营销知识很有必要

无论你从事什么样的工作，学点营销知识，学会营销人的思维和行事方式都会有诸多益处！

1. 学会更好地聆听。营销人往往都善于聆听，他们寻找各种方式使机会最大化，与人们建立关系。成为一个好的聆听者，就需要掌握一系列分析技巧。客户分析、焦点小组、受众定位，这些都能让你了解到别人的真正想法。

2. 更好地做出决策。营销的要义在于从一堆数据中挖掘有用信息，从而理解并锁定正确的受众群体。

3. 掌握应变的机智。营销人总是和不同类型的人打交道，优秀的营销人拥有应变的智慧，懂得洞察不同人群的特征，采取不同的策略与他们沟通。

4. 学会精打细算。现在的营销都有着严格的预算限制，不论你在哪个行业，不论生意是大是小，都必须清楚知晓自己的目标，尽一切可能找到实现目标的途径，利用最少的资源实现最多的增益。这正是你的竞争力所在。

5. 更具前瞻性。对行业的未来趋势拥有敏锐感知力是营销人的必备素质之一。同时，营销人也应该深谙流行文化、时代精神等社会因素的最新动向。

1.1 市场营销的内涵

国内外众多学者对市场营销的定义有不同的方法和角度，社会实践中人们对市场营销的理解也是仁者见仁、智者见智。美国西北大学凯洛格管理学院教授，世界著名的市场营销学权威菲利普·科特勒（Philip Kotler）教授认为：市场营销是个人或组织通过创造并同他人交换有价值的产品以满足他们需要的一种社会性经营管理活动。

1.1.1 市场营销的科学内涵

菲利普·科特勒教授的定义科学、准确、概括性强，但较为抽象。图 1-1 较为形象地表述了市场营销构成要素。按照由浅入深、由表及里的顺序，深刻领会市场营销的科学内涵主要应弄清以下几个问题。

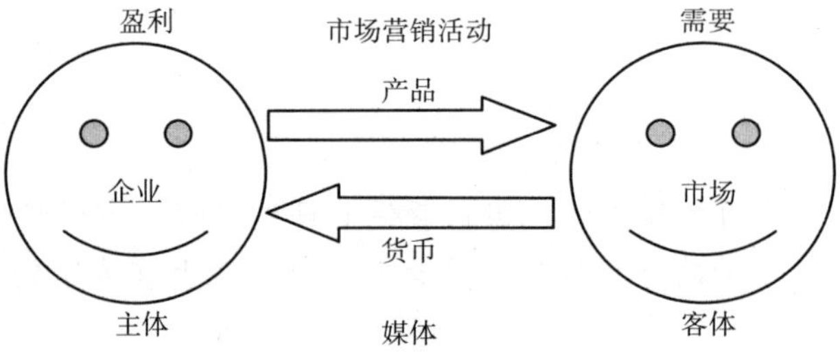

图 1-1 市场营销构成要素

1. 市场营销的实质是一种社会性的经营管理活动

“市场营销”一词源于英语“Marketing”，既指市场营销活动，也指市场营销学。从实质上来说，市场营销指的是一种经营管理活动，广泛存在于各种内容、各种形式、各种主体之间的交换活动中，因此说，市场营销从实质上讲其实是一种社会性的经营管理活动。

从企业的角度来说，市场营销是企业最核心的一项经营管理活动或经营管理职能。甚至可以说，在企业众多经营管理职能中，最显著、最独特、最核心的职能是市场营销。这是因为，现代市场营销贯彻“营销围着顾客走，企业绕着营销转”的指导思想，企业财务管理、人力资源管理、生产管理、技术管理、供应管理等都是为营销活动提供后勤服务的。传统企业与现代企业的组织机制如图 1-2、图 1-3 所示。

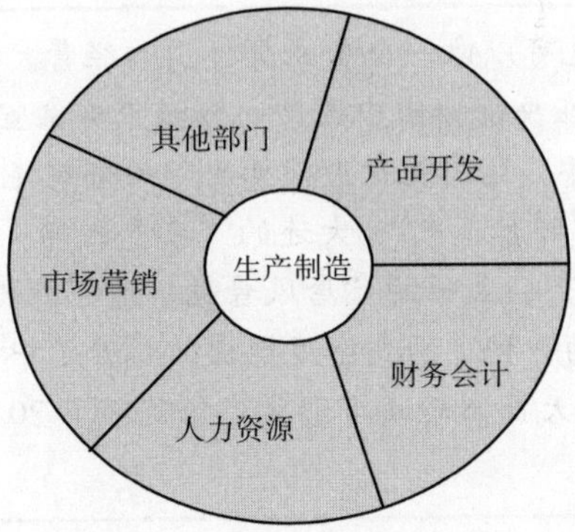

图 1-2　传统企业的组织机制

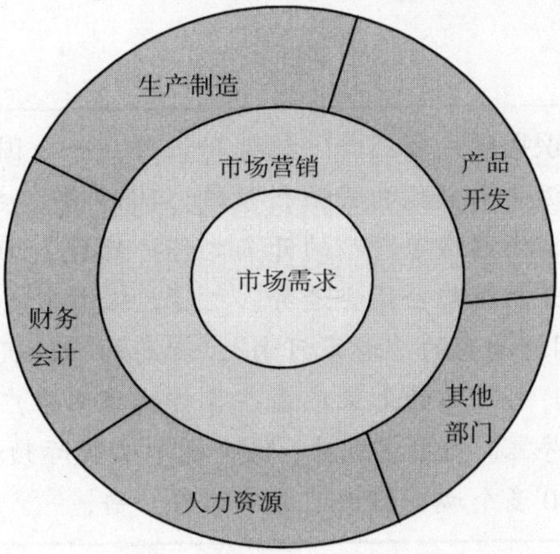

图 1-3　现代企业的组织机制

2．市场营销的本质是一种商品交换活动

通俗地说，市场营销就是做买卖，就是企业围绕产品销售而展开的一系列运筹与谋划活动；而销售就是把产品卖出去，有买才有卖。因此，从本质上来说，市场营销是一种商品交换活动，市场营销是以满足人们各种需要和欲望为目的，变潜在交换为现实交换的一系列管理活动。

人们（包括自然人与法人）为了满足自己的需要，必须获得能满足这种需要的产品。人们获得能满足自己需要的产品可以通过四种方式，即自行生产、强制取得、乞讨及交换。当人们决定以交换方式来满足需要或欲望时，就存在市场营销了。

3．最具典型意义的市场营销主体是企业

市场营销适用于存在交换关系的所有领域。近年来，市场营销主体呈现多元化的发展变化趋势，市场营销理论、方法和技巧不仅广泛应用于企业和各种非营利组织，而且逐渐应用于微观、中观和宏观三个层面，涉及社会生活的各个方面。从广义上说，如图 1-4 所示，市场营销的主体可以是个人、非营利组织、企业等，但最具典型意义的市场营销主体是企业。因此，在对市场营销基本理论与方法的阐述中，我们主要以企业为例展开，其基本思想对其他类型主体仍然适用。

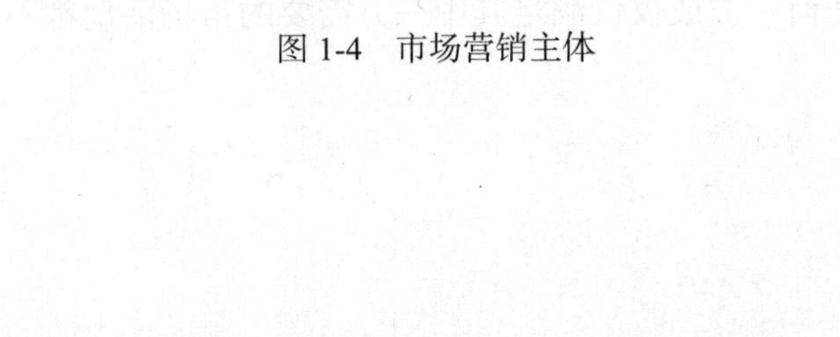

图 1-4　市场营销主体

知识拓展：菲利普·科特勒认为，一个国家也可以像一个企业那样用心经营。城市营销也是近年来兴起的营销新领域。1999 年，威海在央视推出中国第一部城市形象宣传片，这被看作中国城市营销的开山之作。此后，2000 年，昆明也在央视播出了一部风光片，为即将召开的昆明世博会造势。之后，从山东省的“好客山东”，大连的“浪漫之都、时尚大连”，到河南省的“老家河南”，青岛的“扬帆青岛”，太原的“唐风晋韵、清凉胜境”，城市形象广告（省的形象广告也算作城市形象广告的一种）的高密度播出，拉开了中国城市营销的序幕。据央视统计，仅央视中文国际频道每天播出的城市形象广告就不下 20 条，累计有 100 多个城市播出了城市形象广告。

4．市场营销的客体（对象）是市场

市场营销可以是个人与个人、组织与组织或组织与个人之间进行的一种交换活动。在交换双方中，如果一方比另一方更主动、更积极地寻求交换，则我们称前者为市场营销者，称后者为潜在顾客或用户。市场营销者可以是买方，也可以是卖方，但由于买方市场在市场经济体制下较为普遍且长期存在，市场营销学所研究的市场一般就是从卖方的角度来说的。

如图 1-5 所示，在市场营销者看来，卖方群体构成行业，买方群体则构成市场。以企业为主体的市场营销活动的对象（客体）是市场，是消费者，是企业的顾客。市场营销就是企业面向市场开展的一种经营活动，是企业围绕市场需求开展的一种市场经营活动。市场营销应从了解市场需求开始，到满足市场需求结束，市场需求是市场营销活动的中心。

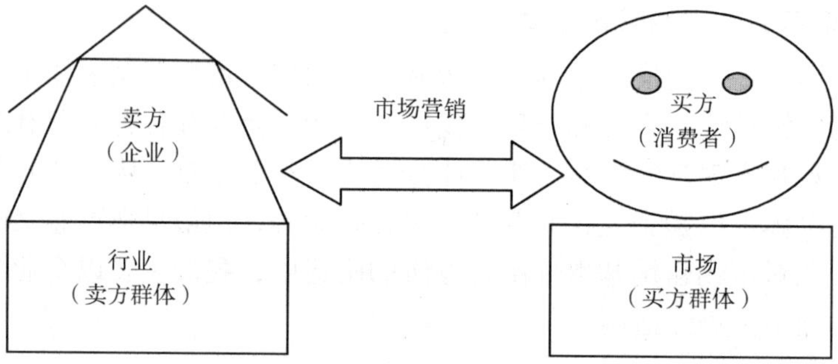

图 1-5　市场营销主客体关系

5．市场营销的目的是满足交换各方的需要

市场营销的本质是一种交换活动，从供给和需求两方面分析，同时满足自己需要和他人需要的唯一途径是商品交换，如图 1-6 所示。只有同时满足交换各方需要的交换活动才是市场营销，不满足任何一方或仅仅满足其中一方需要的市场活动都不是真正的市场营销。

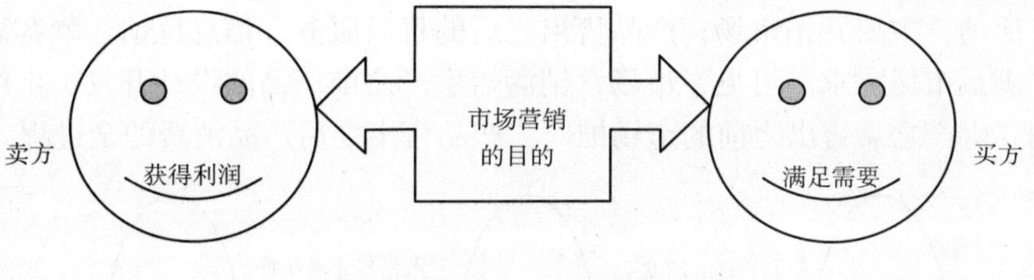

图 1-6　市场营销的双赢目的

6．市场营销的媒介是产品

市场营销的媒介是产品。在这里“产品”是指所有能传送产品价值到消费者的载体，既包括具有实物形态的有形产品，也包括不具有实物形态的无形产品。可以说，“产品”包括一切可以满足消费者需要的因素，如货物、服务、思想、知识、信息、技术、娱乐等种种有形和无形的因素。

营销实践中，有许多企业忘记了顾客购买产品是为了满足需求而不是为了得到某种物体，集中注意力于产品实体而忽视顾客需求等，营销学界称其为“市场营销近视症”。企业只有真正认识并深刻领会产品只是传递满足消费者需求的效用或价值的媒介，才能有效地克服这种“市场营销近视症”。

7．市场营销的宗旨是通过满足消费者需要实现企业盈利的目的

对于企业来说，盈利是宗旨，满足消费者需要是途径。企业只有发现消费者现实需要和潜在需要，并通过商品交换尽力满足它，把满足消费者需要变成企业的盈利机会，才符合市场营销的宗旨与基本道义。

市场营销可以帮助企业同时考虑消费者需要和企业利润，寻找能实现企业利润最大化和市场需要满足最大化的营销决策。交换过程能否顺利进行，取决于企业创造的产品的价值满足顾客需求的强度和交换过程管理的水平。

> 📖 **实例 1-1**　日本松下公司从 1917 年创立以来，不断地进行市场创新，从最初制作电灯插口起家，发展到今天的家电巨人。该公司的创始人松下幸之助被誉为“经营之神”，他认为企业的使命就在于不断创新，降低产品成本和价格，要把各种贵重的产品变得像自来水一样便宜，以造福人类。这就是他的所谓的“自来水哲学”。正是在这种经营思想指导下，日本松下公司不断进行市场创新，制造物美价廉的产品，获得了巨大的市场。

8．市场营销的手段是企业的整体性营销活动

企业的整体性营销活动是指企业为满足目标市场需要而总体规划与开展的各项市场经营活动，包括从了解消费者需要到满足消费者需要各个阶段的各种活动，包括从产品生产之前到产品售出之后全过程的所有营销战略与策略。它涵盖了企业产品生产之前和售出之后的全过程，所有的活动协调统一、紧密配合、不断循环往复。

如图 1-7 所示，市场营销活动包括四个阶段：生产之前的市场调查与分析活动，主要了解市场需求；生产之中对产品设计、开发及制造的指导，主要指导企业生产；生产之后的销售推广活动，主要开拓市场；产品售出之后的售后服务、信息反馈、顾客需要满足等活动，主要满足市场需求。可见，市场营销涵盖生产之前产品的设计开发、生产之中产品生产的策划、生产之后售出之前的市场推广、产品售出之后产品消费的全过程。

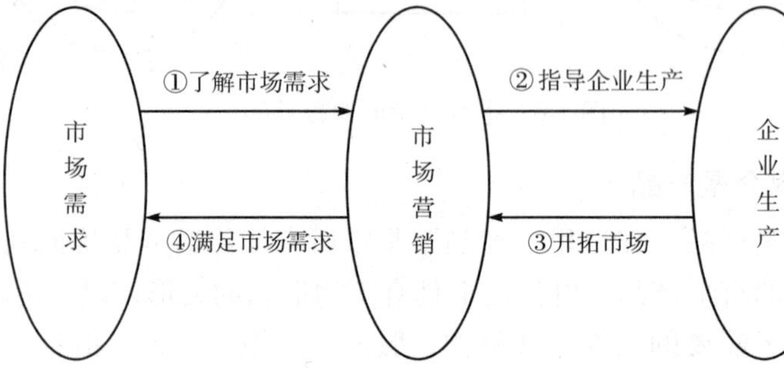

图 1-7　市场营销活动四个阶段

这一点指明了市场营销应有的工作内容，同时也说明，市场营销与推销、促销和销售等不是同一个概念。推销是促销的一种手段，促销除推销外还包括广告、营业推广和公共关系等手段；促销是销售的一部分，销售除促进销售外还包括定价、分销渠道、仓储、运输等；而销售又只是市场营销的一个环节。可见，销售是市场营销发展到一定阶段产生的阶段性成果，但市场营销本身并不等于销售。所以，有些市场营销专家认为，销售只是市场营销冰山的尖端，成功的市场营销就是使销售成为多余。

9. 市场营销的总体原则是等价交换

价值规律是商品经济普遍的客观经济规律，只要存在商品生产与商品交换，价值规律就必然存在并发挥作用。市场营销也是遵循价值规律、依照等价交换原则、体现等价交换机制、实现等价交换效果的商品交换活动。市场营销活动的总体原则是等价交换，那种认为市场营销就是通过灵活定价、精美包装、广告艺术等营销技巧进行促销，以坑害消费者、谋取不当利益的态度是对市场营销的误解；同样，那种不遵循等价交换的市场经济机制，欺骗或损害消费者利益的交换行为，也并非真正的市场营销。当然，价格围绕价值上下波动，有时价格高于价值，有时价格低于价值的现象，也并不违背价值规律与等价交换的总体原则，而且这也恰恰是价值规律发挥作用于市场营销，市场营销遵循价值规律的表现。

1.1.2　市场营销的概念表述

简而言之，市场营销就是企业通过满足消费者需求而实现自己盈利目的的经营管理活动。市场营销的概念可以表述为：企业在现代社会经济条件下，遵循现代营销理念，以市场为对象，以产品为媒介，以等价交换为原则，以整体性营销活动为手段，积极主动创造交换机会，以通过满足消费者需要而实现自己盈利目的为宗旨的一系列经营管理活动的总称。

表 1-1 简要总结了市场营销的科学内涵。

小结

表 1-1　市场营销的科学内涵								
实　质	本　质	主　体	对　象	目　的	媒　介	宗　旨	手　段	原　则
经营活动	商品交换	个人、组织（企业最典型）	市场（买方）	满足需要	产品	利人利己	整体性营销活动	等价交换

1.2 市场营销管理

1.2.1 市场营销管理的概念

美国市场营销协会（American Marketing Association，AMA）1985 年将市场营销管理定义为：规划和实施理念、商品和服务的设计、定价、分销与促销，为满足顾客需要和组织目标而创造交换机会的过程。AMA 根据其董事会的提议和专家们的讨论和评审，于 2007 年公布了最新的市场营销管理定义，即“创造、沟通、传递、交换对顾客、客户、合作伙伴和整个社会具有价值的提供物的一系列活动、组织、制度和过程”。

首先，营销可以是一系列组织、制度。组织指的是一些从事营销活动的组织，如制造商、批发商、零售商、广告公司等；制度指的是一些与营销有关的正式与非正式规范与制度，用于指导、规范营销活动，使企业的营销活动得以自律。

其次，营销是包含创造、沟通、传递和交换提供物的四个基本营销活动的一系列活动过程。这里的提供物可以是有形产品，也可以是无形产品；可以是客观产品，也可以是主观产品；可以是实物产品，也可以是服务产品。为消费者创造、与消费者沟通、向消费者传递提供物以实现交换的目的。

最后，营销的对象是顾客、客户、合作伙伴和整个社会。顾客泛指个体消费者，客户则指营利组织或非营利组织。营销的责任并不只是满足顾客或客户的需要，还要考虑到企业的社会责任，使社会受益。

1.2.2 市场营销管理的过程

任何一种经营管理活动的完成，都是在一定的观念与理论指导下，制定相应的战略，然后规划保证战略得以实现的策略（战术），并且对战略、策略的实施进行计划、组织、协调、控制。市场营销也不例外。市场营销是市场经济条件下企业经营管理的一项重要内容，其管理过程可以概括为以下几个方面，如图 1-8 所示。

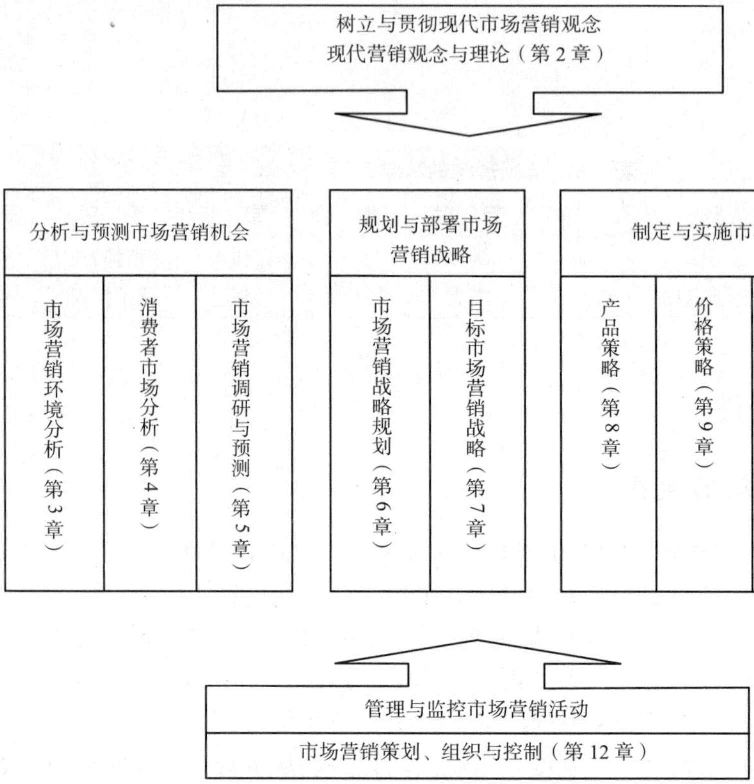

图 1-8　市场营销管理的过程

1．树立与贯彻现代市场营销观念

思路决定出路，营销观念不同，实施的营销行为也会有所不同，不同的营销行为会产生不同的营销效果。面对市场开展营销活动，可以有不同的营销观念做指导，在不同的营销观念指导下会产生不同的营销效果，所以企业要有效开展市场营销，首先必须树立正确的营销观念，这是企业市场营销管理过程的第一步。

2．分析与预测市场营销机会

企业市场营销战略规划的制定必须建立在对内外营销环境科学分析的基础之上。因此，制定企业市场营销战略规划之前，首先，必须分析外部环境变化给企业造成的影响是营销机会还是环境威胁；其次，必须分析企业内部条件面对营销环境的变化处于优势还是劣势，以求得企业内部条件、外部环境、营销目标三者之间的动态平衡与协调。因此，认真分析市场营销机会便是市场营销的第二步。

市场营销机会分析的具体内容是分析企业市场营销环境的各构成因素，特别是对消费者需求、动机与行为的分析；市场营销机会分析的具体方法是营销调研与预测。

3．规划与部署市场营销战略

市场营销管理的第三步便是规划与部署市场营销战略。企业的市场营销战略规划包括确定企业的任务与目标，选择合适的市场机会并制定相应的发展战略，制定业务投资组合计划等工作；企业的目标市场营销战略包括市场细分、选择目标市场、市场定位等工作。

4．制定与实施市场营销组合策略

市场营销管理的第四步便是制定或规划保证战略目标得以顺利实现的营销策略。营销策略主要包括产品策略、价格策略、分销策略和促销策略，也就是通常所说的 4P 策略或 4Ps（如图 1-9 所示）。这四个方面的策略在营销活动中不能孤立看待，而要综合分析考虑，选择最有效的组合，以最好地实现营销战略目标，所以 4Ps 也被称为市场营销组合策略。

市场营销组合策略（4Ps）
- 产品策略（Product Strategy）
- 价格策略（Price Strategy）
- 分销策略（Place Strategy）
- 促销策略（Promotion Strategy）

图 1-9　市场营销组合策略

5．管理与监控市场营销活动

管理活动具有计划、组织、协调、控制、领导、决策等职能。市场营销是企业经营管理活动中的一项重要内容，同样也具有分析、计划、组织、实施、控制等职能。所以，市场营销管理最后一步是对市场营销活动全过程的组织、实施、监督与控制。具体来说，就是要做好市场营销的计划管理、市场营销的组织安排、市场营销控制等管理性工作。

1.2.3　市场营销管理的任务

市场营销管理的总任务就是调节需求的时间、性质和水平，以实现企业的营销目标。在不同的需求状况下，市场营销管理者承担着不同的任务，本节小结中的表 1-2 将各种状况进行了归纳总结。由此可见，市场营销管理的实质是需求管理。

1．转变市场营销：负需求→正需求

负需求（Negative Demand），是指市场上绝大多数消费者对产品不喜欢的一种需求状况。在这种需求状况下，市场营销管理的任务是转变市场营销，即分析市场上消费者为什么不喜欢该产品，并采取适当的营销措施，如重新设计新产品或完善老产品、改变价格、加大促销力度等，改变人们对该产品的态度或信念，变负需求为正需求。

📖 **实例 1-2**　夏季火锅怎么保持销量是火锅店必须考虑的难题。许多消费者喜欢火锅的味道，但是怕炎热，怕上火，一些消费者只能望而却步。广州一家火锅店推出“清凉·夏日冰风暴”促销活动，即针对夏季冰激凌旺销，制作 10 余款冰激凌，到店顾客可以免费选吃；并且，针对一些顾客怕上火，老板在底料中加入菊花、薄荷、柠檬等中药材，烹制出清火锅热锅底，并赠送自制凉茶、冰凉果盘，以及优惠冰啤、低价凉菜等，生意一炮而红。

2．激发市场营销：无需求→有需求

无需求（No Demand），是指人们对某种商品毫无兴趣或漠不关心的一种需求状况。形成这种状况的原因通常有三个：人们认为某些产品无价值；人们认为其有价值，但在特定的目标市场却无价值，如沙漠地区对游泳衣、救生圈的需求；新产品或消费者不熟悉的产品，人们不了解或买不到，所以无需求。针对无需求的状况，市场营销管理的任务是激发市场营销，即采取各种营销措施，激发人们的兴趣和欲望，创造新的需求。

📖 实例 1-3　在美国，有一名收藏家名叫诺曼·沃特，他看到众多收藏家为收购名贵物品而不惜重金，便灵机一动：为什么不收藏一些劣画呢？他收购劣画有两个标准：一是名家的“失常之作”；二是价格低于 5 美元的无名人士的画。没多久，他便收藏了 200 多幅劣画。于是，他在报纸上登出广告，声称要举办首届劣画大展，目的是“让年轻人在比较中学会鉴别，从而发现名画的真正价值”。出乎人们的意料，这一画展非常成功，观众争先恐后地参观，有的甚至不远千里，专程从外地赶来参观。

3．开发市场营销：潜在需求→现实需求

潜在需求（Latent Demand），是指相当一部分消费者对某种产品或服务有强烈的需求，而现有产品或服务又无法使之满足的需求状况。针对潜在市场需求状况，市场营销管理的任务是开发市场营销，即企业通过市场调查研究及预测工作，开发出满足消费者潜在需求的新产品，使潜在需求转变为现实需求。

📖 实例 1-4　心理学家认为，从 1 岁到 100 岁都需要玩具。人在不同的年龄都会有不同的心理需求，成人又是有消费能力和绝对自主权的，他们有资本将这个虚幻世界的游戏进行到底。中国社会调查事务所的一项调查显示，在中国的大城市中，33%的成人认为自己喜欢并愿意购买适合自己的玩具，成人玩具年需求至少为 500 亿元。但中国轻工业协会的调查统计数据表明，在中国，成人几乎没有玩具，在国内玩具市场，99%为儿童玩具。

4．重振市场营销：下降需求→上升需求

下降需求（Declining Demand），是指某种产品或服务的需求呈下降趋势的状况。针对下降需求，市场营销的任务是重振市场营销，即企业采取适当的市场营销措施，改变引起下降的因素，如完善产品性能、改变广告宣传内容、销往新的目标市场、开发新的销售渠道等，使下降趋势得以抑制，变下降需求为上升需求。

📖 实例 1-5　美国的小麦曾一度过剩，于是他们把目光瞄准了日本市场。然而，日本人的饮食习惯是吃米不吃面。美国人无偿向日本人赠送科普电影、举办各种展览，大力宣传吃面有利健康、能长高个。自愧个子矮的日本人对这些宣传深信不疑，许多人硬着头皮吃起面食，学校供应的午餐也把米饭改成了面食，直到把美国小麦吃得差不多了，美国电影才停止放映。

5．协调市场营销：不规则需求→有规则需求

不规则需求（Irregular Demand），是指有些商品或服务的需求在一年的不同季节、不同月份，或者在一周的不同时间，甚至在一天的不同时点上下波动很大、呈现有时多有时少、不规则的状况。针对不规则的需求状况，市场营销管理的任务是协调市场营销，即通过各种措施协调需求。例如，采取需求差别定价策略，在需求少时降低价格，鼓励人们在淡季消费，在需求多时提高价格，限制消费。例如，为了打破冬季饮料销售的瓶颈，喝热露露、煮姜丝可乐等消费方式应运而生。

6．维持市场营销：充分需求→持续充分

充分需求（Full Demand），是指某种产品或服务需求的时间和水平正好等于预期需求的时间和水平的状况。这是一种理想的需求状况。针对这种需求状况，市场营销管理的任务是维持市场营销，即企业采取措施维持目前的需求水平。例如，保持产品的质量、广告频率及次数等，努力降低产品营销成本。

7．限制市场营销：过度需求→适度需求

过度需求（Overfull Demand），是指某种产品或服务的现实需求水平超过了企业或组织所能提供或愿意提供的水平。针对该种需求状况，市场营销管理的任务是限制市场营销，即企业采取各种营销措施，暂时或永久地减少需求。例如，提高价格、减少促销等，使需求水平降低到正常水平。

实例 1-6　大年三十“烧头香”，已成为杭州及周边群众过年必不可少的活动。出于文物保护和群众人身安全因素的考虑，最近几年的农历除夕和大年初一，市佛教协会和市园文局灵隐管理处都对灵隐寺门票实行定量发售，像 2010 年只定量发售 6 000 张，票价为每张 200 元，以限制过度需求。2010 年可以烧头香的寺庙，还新增了永福寺和韬光寺。永福寺有 2 000 张门票，韬光寺有 500 张，价格都是 50 元一张，烧头香的开放时间是除夕的晚上 10 点到大年初一的凌晨 2 点。

8．反市场营销：有害需求→无需求或负需求

有害需求（Unwholesome Demand），是指市场对某种有害产品或服务的需求，如烟、酒、毒品等。针对这种需求，市场营销管理的任务是反市场营销，即企业采取措施劝导人们放弃某种需求，或停止供应有害的产品或服务。例如，劝人们戒烟、戒酒等，以法律形式禁止供应毒品等。

实例 1-7　莫高股份公司为积极倡导广大消费者适量饮酒，率先在所推出的莫高红葡萄酒的瓶标上，印制了酗酒有害健康的字样。这不仅在社会上引起了广泛的赞誉和业内同行的共识，而且开创了我国酒类瓶标内容的先河。莫高股份公司把酗酒有害健康写在瓶标上，既不是为了哗众取宠，也不是一种作秀，旨在秉承引领健康消费、倡导适量饮酒的经营理念，并告诫广大消费者适量饮用有益健康，多饮则有害健康的道理。

表 1-2 总结了市场营销管理的任务。

小结

表 1-2　市场营销管理的任务

需求状态	需求特征（对产品的态度）	任　务	措施（分析原因，对症营销）
负需求	厌恶、回避	转变营销	转变观念、培养习惯、重新设计产品
无需求	漠不关心	激发营销	消费者教育、引导需求、激发需求
潜在需求	不具备满足的条件	开发营销	创设条件、消除壁垒、降低门槛
下降需求	需求呈下降趋势	重振营销	促销激励、产品开发、激发人气
不规则需求	供求时空上不协调	协调营销	差别定价、促销协调、区别对待
充分需求	供求基本平衡	维持营销	保证质量、维持充分、延长寿命
过度需求	远远供不应求	限制营销	提高价格、减少促销、增加供给
有害需求	需求有害于社会或个人	反营销	劝说引导、资格认证、身份限制

1.3 市场营销学

1.3.1　市场营销学的学科性质

1．市场营销学的研究对象

在现代市场经济条件下，市场营销主体呈现多元化、多样化的趋势。市场营销的理论与方法在经济领域与非经济领域都得到广泛的应用。但迄今为止，市场营销的主要领域仍然是企业。因此，市场营销学是以企业的市场营销活动及其所反映的营销关系发展变化规律为研究对象的一门应用学科。

2．市场营销学的性质与特点

市场营销学是建立在经济科学、行为科学和现代经营管理理论基础之上的一门交叉学科、应用学科与原理性学科。从学科性质方面分析，它具有以下几个方面的特点。

（1）综合性与交叉性。市场营销学的研究内容涉及经济学、人口学、社会学、心理学、组织行为学、管理学、决策学、商品学、价格学、法学、广告学、公共关系学、审计学、会计学、管理学、金融学、美学等学科的理论与知识，因此，它具有综合性与交叉性的特点。

（2）实践性与应用性。市场营销学是一门能够直接指导企业市场经营实践的应用性学科，具有较强的实践性与可操作性。

（3）管理性与经营性。从学科归属上来说，市场营销学属于广义的管理类学科；准确地说，它属于经营学的范畴。它与偏重于企业内部管理的狭义的管理学最本质的区别是其市场经营性。

（4）基础性与原理性。市场营销学中所介绍的内容，主要是一些反映一般规律、解决一般问题、具有普遍指导意义的基本知识、基本概念与基本方法。可以说，只要产生交换关系的领域，就会有市场营销学的运用。市场营销学的应用领域十分广泛，目前在不同的领域，又逐步建立起一些以市场营销学为基础的专业市场营销分支学科，如服务市场营销学、旅游市场营销学、铁路运输市场营销学、房地产市场营销学、保险市场营销学、医药市场营销学、电子产品市场营销学、汽车市场营销学、儿童市场营销学、女性市场营销学，甚至还有城市营销学、国家营销学、地点营销学、高校营销学、政府市场营销学或其他非营利组织市场营销学等。因此，学习市场营销学，在解决一些具体的专业性问题时，还需要进一步深入学习一些专业的市场营销理论。

（5）科学性与艺术性。从市场营销的实践应用来说，市场营销具有科学性、艺术性、技术性的特点。也就是说，市场营销是有规律可以遵循的，是可以熟练掌握与操作的，但是，它又具有很强的艺术性，即便把营销知识背诵得“滚瓜烂熟”，也未必一定能够取得好的营销业绩。

1.3.2　市场营销学的产生与发展

1．市场营销学的产生

市场营销学于 20 世纪初创建于美国，在实践中得到不断完善和发展。它的形成阶段在 1900—1930 年。

人类的市场经营活动，从市场出现时就开始了，但直到 20 世纪之前，市场营销都尚未形成一门独立的学科。19 世纪末 20 世纪初，美国开始从自由资本主义向垄断资本主义过渡，社会环境发生了深刻的变化。工业生产飞速发展，专业化程度日益提高，人口急剧增长，个人收入上升，日益扩大的新市场为创新提供了良好的机会，产业界对市场的态度开始发生变化。所有这些变化因素都有力地促进了市场营销思想的产生和市场营销理论的发展。

1902—1905 年，密歇根、加利福尼亚、伊利诺伊和俄亥俄大学等相继开设了市场营销课程。1910 年，执教于威斯康星大学的巴特勒教授正式出版了《市场营销方法》一书，首先使用 Marketing 作为学科名称。但是，此时的市场营销学，讲授的还只是推销、广告等知识，真正的市场营销管理哲学还没有形成。

1929—1933 年，资本主义发生震惊世界的经济危机，生产严重相对过剩，产品销售困难，直接威胁着企业的生存。从 20 世纪 30 年代开始，主要资本主义国家市场明显进入供过于求的买方市场。在此期间，市场营销学有了很大的发展，学术著作日渐增多，理论体系逐步建立。但是，真正的现代市场营销学是在第二次世界大战后的 20 世纪 50 年代开始形成的。

2．市场营销学的革命

第二次世界大战后，市场营销学从概念到内容都发生了深刻的变化。战后的和平条件和现代科技进步，促进了生产力的高速发展。社会产品数量剧增，花色品种日新月异，买方市场全面形成。另外，西方国家政府先后推行所谓高工资、高福利、高消费的政策，并且缩短了工作时间，大大刺激了市场的需求，使市场需求在数量与质量方面都得到很大提高。在这种情况下，传统的市场营销学不能继续适应企业市场经营的需要，需要进行重大变革。于是，营销理论出现了重大突破，现代市场营销管理哲学以及一整套现代企业的营销战略、策略和方法应运而生。西方国家有人把这一变化称为“营销革命”，甚至把它同产业革命相提并论。

3．市场营销学的蓬勃发展

20 世纪 50 年代以后，各种营销学理论层出不穷，各种营销学著作如雨后春笋般纷纷出版，市场营销的地位得到空前的提高，在实践中取得显著的效果，受到社会各界的普遍重视。与此同时，美国的市场营销学又先后传入日本、西欧等国家与地区。可以说，市场经济越发达的地方，市场营销学也越盛行。

1.3.3 市场营销学在中国大陆的传播

1．新中国成立之前

20 世纪三四十年代，市场营销学在中国已有零星的传播。现存最早的教材是丁馨伯编译的《市场学》，由复旦大学于 1933 年出版。当时一些大学的商学院开设了市场学课程，教师主要是欧美留学归来的学者。

2．新中国成立至改革开放以前

新中国成立后一直到改革开放以前，由于西方的封锁和我国实行高度集权的计划经济体制，商品经济受到一定的限制，市场营销学在我国的研究进展非常缓慢。

3．20 世纪 80 年代以后

20 世纪 80 年代以来，适应我国市场经济建设的需要，西方国家一些较为成熟的市场营销理论，以美国西北大学教授菲利普·科特勒的营销理论为主流，被逐渐引进我国。随着我国社会主义市场经济体制建设的日益深入，我国经济与世界经济一体化速度加快，买方市场全面形成，我国企业面临着空前激烈的市场竞争。由于这种环境变化所带来的压力，市场营销理论的学习、市场营销战略和策略的运用也日益受到我国企业界的重视，许多企业运用市场营销原理、技术和方法改进了经营，提升或增强了竞争实力，取得了显著的效果。但是，不可否认的是，许多企业对市场营销的认识和运用还很不完善，常常只注重片面营销，而不注重整体营销；抓住了个别环节却忽略了整个过程；学会了某种形式却背弃了市场营销的灵魂，最终导致营销活动事倍功半，甚至适得其反。

30 多年来，我国营销学界一方面密切关注国外市场营销研究的最新进展，广泛吸收我国市场经济建设中既需要又可行的前沿理论和观点，另一方面也密切关注国内市场营销理论与实践的新发展，积极吸纳市场营销新成果，努力形成既具有中国特色、能解决中国本土问题，又适应国际市场竞争要求的中国市场营销理论，逐步实现市场营销理论研究和实践应用国际化与本土化的完美结合。

【职业知识检测】

1．名词解释

市场营销　　市场营销管理　　负需求　　无需求　　潜在需求　　需求管理

2．填空题

（1）市场营销学是以（　　）为研究对象的一门（　　）学科。

（2）市场营销学最早产生于（　　）世纪（　　）年代的（　　）国。

（3）我国大陆对市场营销的理论研究、实践应用及人才培养，是在（　　）世纪（　　）年代开始的。

（4）市场营销的实质是（　　）。

（5）在市场营销者看来，卖方群体构成（　　），买方群体构成（　　）。

（6）市场营销，就是企业面向（　　）开展的一种经营活动，是企业围绕（　　）开展的一种经营活动，市场营销应从了解（　　）开始，到满足（　　）结束。

3．选择题

（1）市场营销理论的中心问题是（　　）。

A．消费　　B．交换　　C．需求　　D．欲望

（2）对于不规则需求，市场营销管理的任务是（　　）。

A．转变市场营销　　B．开发市场营销

C．刺激市场营销　　D．协调市场营销

（3）香烟的盒子上，都印有“吸烟有害健康”的字样，这属于（　　）。

A．刺激市场营销　　B．反市场营销

C．限制市场营销　　D．一种营销策略

（4）当前我国引进的市场营销理论主要以（　　）的理论为主流。

A．美国波特教授　　B．美国菲利普·科特勒教授

C．美国萨缪尔森教授　　D．美国麦克锡教授

（5）消费者不喜欢某一产品，甚至宁愿支付一定的代价来躲避该产品的需求属于（　　）。

A．负需求　　B．无需求　　C．有害需求　　D．潜在需求

（6）对于充分需求，市场营销管理的任务是（　　）。

A．反市场营销　　B．维持市场营销

C．协调市场营销　　D．限制市场营销

（7）企业开展市场营销活动的对象，下列备选答案中，最佳选项是（　　）。

A．企业　　B．组织　　C．个人　　D．市场

（8）最典型的市场营销主体是（　　）。

A. 企业　　B. 组织　　C. 个人　　D. 消费者

（9）销售活动属于市场营销四项基本任务中的（　　）。

A. 了解市场需求　　B. 指导企业生产

C. 开拓市场　　D. 满足市场需求

（10）买方市场是指（　　）市场态势。

A. 供不应求　　B. 供求平衡　　C. 供求均衡　　D. 供过于求

（11）由于蜜橘成熟季节出现了持续干旱，四川蜜橘的价格比往年同期上涨了三倍，这就大大提高了橘汁酿造业的成本，因此，估计橘汁价格将有大幅度的提高。以下（　　）项最能削弱上述结论。

A．其他替代原料可以用来生产仿橘汁

B．干旱并不如专家估计的那样严重

C．除了四川外，其他省份也可以提供蜜橘

D．近年来，橘汁生产工艺有了很大改进

4．简答题

（1）如何科学准确、通俗易懂地把市场营销解释或介绍给他人？它与销售有何区别与联系？

（2）简单叙述市场营销学产生的时间、地点、原因，以及在我国传播的时间、地点、原因及现状。

（3）现代市场营销管理的过程包括哪几个阶段？具体包括哪些工作内容？如果由你来编写一本市场营销学教材，你将如何安排其体系结构？

（4）举例说明市场营销管理的八种任务各是什么。

【职业技能训练】

1．方案策划

（1）有一群小孩在外面玩，那个地方有 A、B 两条铁轨，B 还在使用，A 已经停用，只有一个小孩选择在停用的 A 铁轨上玩，而其他的小孩则全都在仍在使用的 B 铁轨上玩。很不巧，火车飞驰而来，已无停车可能，而且它的行驶方向是上面有很多小孩的、仍在使用的 B 铁轨。如果你是一名扳道工，正站在铁轨的切换器旁，你该怎么办？

（2）男性美容院在我国一直得不到快速发展。请你分析原因，策划一个将男性消费者对美容产品与服务无需求或负需求转变为高需求的方案，并为某投资商撰写一份创业计划（500 字以上）。

2．分析讨论

（1）有人认为，营销策划的目的就是获得超额利润。既然市场营销的总体原则是等价交换，那么改善服务、优化包装等营销策划工作还有什么意义？你是如何理解的？

（2）如何理解“市场营销就是要使销售成为多余”？

（3）海尔的张瑞敏曾经说过：“促销是手段，市场营销才是战略；先开市场，后开工厂。”如何理解这句话？

（4）学习市场营销知识、掌握市场营销技能对你的职业生涯规划有何重要意义？

3．案例分析

耐克公司创建于 20 世纪 60 年代，当时公司首席执行官耐特断定高档优质跑鞋定会有销路，于是发动了一场制鞋业的革命。70 年代初期，耐克公司在短短 10 年内一跃成为美国最大的鞋业公司。到 80 年代，耐克公司的年营业额已经超过了 37 亿美元，占领美国运动鞋市场一半以上；自 1986 年以来，该公司的股票收益率每年平均增长 47%，在 1986—1996 年期间，《财富》杂志排出的全美 1 000 家公司中，该公司排在前 10 名之内。耐克 1997 年度的营业额达到 91.865 亿美元，猛增了 46%，这种增幅不仅在全球 500 强传统行业中寥若晨星，甚至还超过了微软（31%）、康柏（35.8%）等高科技新贵。

然而，更令人难以置信的是，年销售额近 100 亿美元的耐克，没有一件产品是它自己生产出来的。它从注册创立至今，没有自己的一间厂房，没有一个生产工人，也没有购置一分钱的生产设备，它的总部只有一支不到 70 人的经验丰富的市场营销和产品设计工程师队伍。耐克公司最主要的策略是将公司所有的人力、物力、财力等资源集中起来，然后全部投入产品设计和市场营销两大部门中去，全力培植公司强大的产品设计和市场营销能力，生产则通过特别许可的形式“外包”给韩国、中国等生产基地。这就是著名的“耐克模式”，这一模式用耐克人自己的话来说，就是“抓两头，放中间”。其实，耐克抓的“两头”就是我们所说的市场营销。这是耐克由大变强的点金术，也是世界所有强大跨国公司的制胜法宝，因为这是保持和提升企业竞争优势的必由之路。

分析与思考：什么是市场营销？市场营销部门的工作内容与任务有哪些？

4．模拟实训

一架飞机坠落在荒岛上，只有六人存活，此时小岛上没有水和食物，可利用的逃生工具只有一个只能容纳一人的橡皮气球吊篮。六位同学一组，分别扮演六种角色，以说服别人让自己乘坐气球吊篮先行离岛。要求先复述并分析其他人的理由，然后再申述自己的理由。最后，由大家根据复述别人逃生理由的完整性与陈述自己先行离岛理由的充分性决定可先行离岛的人，此人即为胜利者。

存活的六人分别是：怀胎八个月的孕妇；正在研究新能源（可再生、无污染）汽车的发明家；常年研究艾滋病的治疗方案、已取得突破性进展的医学家；即将远征火星、寻找适合人类居住新星球的航天员；负责热带雨林抢救工作组的生态学家和流浪汉。

训练目标：训练沟通理解能力、分析推理能力、口头表达能力和说服营销能力。

第2章 现代营销观念与理论

思路决定出路！思路决定成败！

学习目标

☑ 重点理解典型营销观念、传统营销观念与现代营销观念的区别。

☑ 一般了解大市场营销、绿色市场营销、顾客让渡价值、顾客满意、内部市场营销、服务市场营销、整合营销、直复营销、网络营销等新理论。

CASE【任务导入】现代优秀营销人员应具备的基本素质

1. 坚定的信念。克服横在路上的障碍、困难以及战胜其他对手的动力，都来源于信念。优秀营销人员需要一个很好的心态和坚定的信念，激发内心的动力。

2. 良好的语言表达能力。营销人员具有运用有声语言及行为语言准确、迅速地传达信息的能力，是胜任销售工作的基本条件。

3. 敏锐的观察能力。这对营销人员来说很重要，它可以帮助营销人员深入了解顾客的心理活动和准确判断顾客的特征，并且还可以判断和使用恰当的销售技巧。

4. 较好的自我控制能力。作为营销人员，一定要有比普通职业者更强的自我控制能力。如果没有自我管理、自我激励的能力，就无法完成销售任务。

5. 灵活的应变能力。这是销售活动多样性、多变性对营销人员的客观要求。

2.1 传统市场营销观念

2.1.1　营销观念的概念

营销观念，又称营销导向、营销理念、营销管理哲学等，是企业制定营销战略、实施营销策略、组织开展营销活动所遵循的一系列指导思想的总称。

企业树立科学的现代营销观念，在市场营销活动中具有重要的作用。现代营销管理的首要环节就是要通过教育、培训、引导、说服等一系列活动，使企业全员树立科学正确的现代营销观念。

以西方市场经济发达国家特别是美国工商企业实践为例，企业典型的市场营销观念如图 2-1 所示，可归纳为五种，即生产观念、产品观念、销售观念、市场营销观念和社会市场营销观念。其中，前三者属于传统市场营销观念，后两者属于现代市场营销观念。

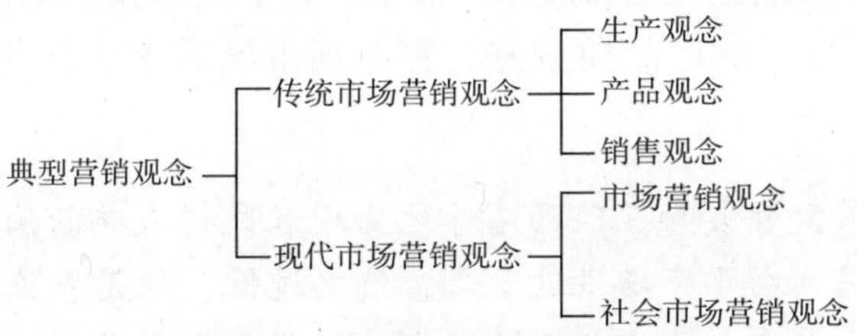

图 2-1　典型的五种营销观念

2.1.2　生产观念

生产观念是指导企业市场经营行为的最古老的观念之一。这种营销观念产生于 20 世纪 20 年代以前，其考虑问题的出发点是企业的生产能力与技术优势；其观念前提是“物以稀为贵，只要能生产出来，就不愁卖不出去”；其指导思想是“我能生产什么，就销售什么，我销售什么，顾客就购买什么”；遵循这种营销观念的企业的主要任务是“提高生产效率，降低产品成本，以量取胜”。

生产观念认为，消费者喜欢那些可以随处买得到而且价格低廉的产品，企业应致力于提高生产效率和分销效率，扩大生产，降低成本以扩展市场。显然，生产观念是一种重生产管理、轻市场营销的企业经营哲学。这种观念形成的原因主要有两个方面：一是供不应求，因而消费者更看重或最紧迫的需求是从无到有的满足；二是产品成本居高不下，要想扩大市场，提高销量，首要的工作是加强内部生产管理，提高劳动生产率，降低生产成本。

📖 **实例 2-1**　美国的汽车大王亨利·福特是一位富有创新精神的企业家，他不断地采用新材料、新技术和新方法来制造各种新型汽车。自 1902 年推出 A 型车以后，到 1908 年，英文字母中仅剩下七个字母未被福特公司用来命名车型了。1908 年福特宣布，他的公司从今以后只生产一种汽车，即 T 型车，因为它集中了先前所有各种型号汽车的最优良的特点。其营销哲学就是：千方百计地增加 T 型车的产量，降低成本和价格，以便更多地占领市场，获得规模效益，并宣称“不管顾客需要什么颜色的汽车，我只有一种黑颜色的T型车”。在T型车上获得巨大成功的福特公司，后来也不得不以多样化的产品适应多样化的市场需求。

2.1.3 产品观念

产品观念也是一种较古老的企业市场营销观念。这种观念的出发点仍然是企业的生产能力与技术优势；其观念前提是“物因优为贵，只要产品质量好，就不愁卖不出去”；其指导思想仍然是“我能生产什么，就销售什么，我销售什么，顾客就购买什么”；遵循这种营销观念的企业的主要任务是“提高产品质量，以质取胜”。

产品观念认为，消费者最喜欢高质量、多功能和具有某种特色的产品，企业应致力于生产高价值产品，并不断加以改进。它产生于市场产品供不应求的“卖方市场”形势下。最容易滋生产品观念的时机，莫过于当企业发明一项新产品时。此时，企业最容易产生“市场营销近视症”，即不适当地把注意力放在产品上，而不是放在市场需要上，在市场营销管理中缺乏远见，只看到自己的产品质量好，看不到市场需求在变化，致使企业经营陷入困境。

📖 **实例2-2** 2015年夏季，陕西省等地出现农民将成熟的油桃倒入河道的事件。倾倒油桃事件的发生固然由于市场供过于求，价格过低，但是农民在种植过程中缺乏远见，不按市场需求控制生产也是造成油桃生产过剩的重要原因。

2.1.4 销售观念

销售观念或推销观念产生于20世纪20年代末至50年代前，是为许多企业所遵循的另一种营销观念。这种营销观念的出发点仍然是企业的生产能力与技术优势；其观念前提是“只要有足够的销售（推销或促销）力度，就没有卖不出去的东西”；其指导思想是“我能生产什么，就销售什么，我销售什么，顾客就购买什么，货物出门概不负责”；遵循这种营销观念的企业的主要任务是“加大销售力度，想方设法（不择手段）将产品销售出去”。

这种营销观念认为，消费者通常表现出一种购买惰性或抗衡心理，如果顺其自然的话，消费者一般不会足量购买某一企业的产品，因此，企业必须积极推销和大力促销，以刺激消费者大量购买本企业产品。销售观念在现代市场经济条件下被大量用于销售那些非渴求物品，即购买者一般不会想到要去购买的产品或服务。许多企业在产品过剩时，也常常奉行销售观念。销售观念产生于由“卖方市场”向“买方市场”过渡的阶段，特别适用于供求平衡的“均衡市场”条件。

📖 **实例2-3** 秦池酒厂成立于1990年3月，是白酒行业的一个小企业，年产白酒1万多吨，销售区域只局限在潍坊。1995年，秦池酒厂以6 660万元中标央视黄金广告时段，成为“标王”。根据秦池酒厂对外通报的数据，当年秦池酒厂实现销售收入9.8亿元，利润2.2亿元，增长5~6倍。1996年，秦池酒厂又以3.2亿元的天价再次成为央视“标王”。但是，巨额的资金投入也使得秦池酒厂的发展捉襟见肘。为了保证市场需求，秦池酒厂盲目增加生产线，扩大生产规模。1997 年年初，秦池酒厂各项指标开始大幅度下滑，随后由于不堪 3.2 亿元巨额广告费用的重负，中途被迫转卖广告时段，对产品的整体营销和品牌形象造成了不良后果。

秦池酒厂惊天动地的广告行为，自然引来了媒体的关注。1997 年，《北京参考报》报道，秦池酒厂的原酒生产能力只有 3 000 吨左右，它从四川等地收购大量的散酒，再加上它的原酒，勾兑成低度酒，然后销往全国。而秦池酒厂的罐装线基本上是手工操作的，酒瓶的内盖是专门由一个人用木榔头敲进去的……这篇报道给沉浸在喜悦中的秦池酒厂以猝不及防的一击。当年，秦池酒厂销售额持续下滑，只完成 6.5 亿元销售额，而不是预期的 15 亿元。1998 年年销售额下滑至 3 亿元，该厂从此一蹶不振。2000 年 7 月，一家酒瓶盖供应商指控秦池酒厂拖欠 300 万元货款，地区中级人民法院判决秦池酒厂败诉，并裁定拍卖“秦池”注册商标抵债。

2.2 现代市场营销观念

2.2.1 市场营销观念

市场营销观念是应对上述诸观念的挑战而出现的一种新型的企业经营哲学。这种营销观念的出发点是顾客的需求；其观念前提是“产品只要能满足顾客的需求，就能销售出去”；其指导思想是“顾客需要什么，企业就销售什么，市场能销售什么，企业就生产什么”；遵循这种营销观念的企业的主要任务是需求管理，即“发现顾客需求，设法满足顾客需求，通过满足顾客需要，实现企业盈利的目的”。

市场营销观念产生于 20 世纪 50 年代中期。第二次世界大战后，欧美各国的军事工业很快转向民用工业，工业品和消费品生产的总量剧增，造成了生产相对过剩，随后导致了市场上的激烈竞争。在这一竞争过程中，许多企业开始认识到传统的销售观念已经不能继续适应市场竞争的需要，于是它们开始关注消费者的需求和欲望，并研究其购买行为。企业开始从以生产管理为中心转向以消费者需求为中心，从此结束了企业“以产定销”的局面。

📖 **实例 2-4**　美国有家商学院为学生设立了一个天才销售奖，要想获得这个奖项，学生需要把一把旧式斧头销售给现任总统。

一位学生在经过精心策划以后，向刚上任的总统发出了这样一封信：“尊敬的总统，祝贺您成为美国新一任的总统。我非常热爱您，也热爱您的家乡。我曾经到过您的家乡，那里美丽的风景给我留下了难忘的印象。但是，我发现庄园里一些树上有许多枯树枝，我建议您将这些枯树枝砍掉，以免影响庄园里美丽的风景。现在市场上的那些斧头都是轻便型的，不太适合您。正好，我这里有一把祖传的比较大的斧子，特别适合您，而且，我只收 15 美元，希望它能帮到您。”总统在看了这封信后，立刻给这位学生寄去了 15 美元。于是，一次几乎不可能的销售实现了，销售天才奖也有了得主。

2.2.2 社会市场营销观念

社会市场营销观念认为，企业的任务是确定各个目标市场的需要、欲望和利益，并以保护或提高消费者和社会福利的方式，比竞争者更有效、更有利地向目标市场提供能够满足其需要、欲望和利益的物品或服务。企业不仅要满足消费者的需要和欲望并由此获得企业利润，而且要符合消费者自身和社会的长远利益，要正确处理消费者需要、企业利润和社会利益之间的矛盾，统筹兼顾，求得三者之间的平衡与协调，如图 2-2 所示。

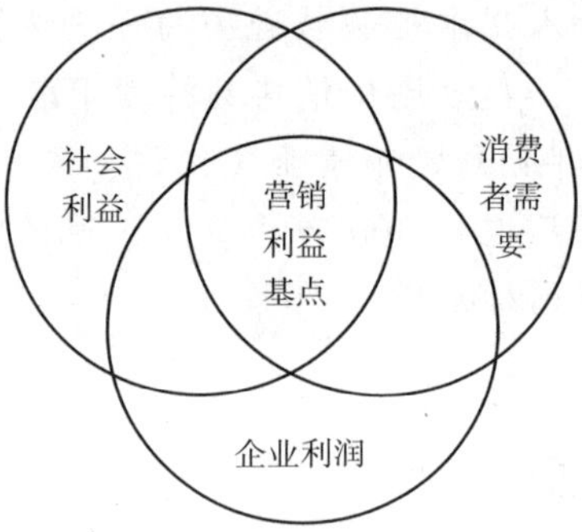

图 2-2　社会市场营销观念利益基点

社会市场营销观念是对市场营销观念的修正和补充，产生于 20 世纪 70 年代西方资本主义国家能源短缺、通货膨胀、失业增加、环境污染严重、消费者保护运动盛行的新形势下，因为市场营销观念回避了消费者需要、企业利润和长期社会利益之间隐含着冲突的现实。例如，洗衣粉满足了人们对清洗衣服的需要，却污染了河流，不利于鱼类生长；汽油作为主要能源，使人们可以驱车驰骋，但汽油的大量使用却污染了空气，有害人们的健康。

📖 **实例 2-5**　三鹿集团是一家位于石家庄市的中外合资企业，主要业务为奶牛饲养、乳品加工生产，主要经营产品为奶粉，一度成为中国最大的奶粉制造商之一，其奶粉产销量连续 15 年全国第一。2008 年年初，三鹿集团开始陆续接到消费者投诉其生产的乳制品中含有对人体有害的物质。2008 年 6 月 28 日，位于兰州市的解放军第一医院收治了首例因长期食用三鹿奶粉而患“肾结石”病症的幼儿。此后，全国陆续报道的因食用三鹿乳制品而发生负面反应的病例一度达几百例，事态之严重，令人震惊！2008 年 8 月，其产品爆发三聚氰胺污染事件，企业声誉急剧下降。2009 年 2 月 12 日，石家庄市中级人民法院正式宣布三鹿集团破产。

小结

如表 2-1 所示，五种典型的营销观念，其产生和存在都有其历史背景和必然性，都是与一定的条件相联系、相适应的。当前，由于诸多因素的制约，并不是所有企业都树立了市场营销观念和社会市场营销观念。事实上，还有许多企业仍然以产品观念及销售观念为导向。

表 2-1　五种典型营销观念的主要区别

观念类型		出发点	观念前提	主要任务	指导思想	产生时间	适用环境
传统	生产观念	生产能力	物以稀为贵	以量取胜	以产定销	20 世纪 20 年代以前	卖方市场
	产品观念	生产能力	物因优为贵	以质取胜	以产定销	20 世纪 20 年代左右	卖方市场
	销售观念	生产能力	推销取胜	强力推销	以产定销	20 世纪 50 年代以前	均衡市场
现代	市场观念	市场需求	顾客是上帝	需求管理	以销定产	20 世纪 50 年代中期	买方市场
	社会市场营销观念	兼顾社会、企业与消费者利益	内部条件、外部环境、营销目标动态平衡	战略性市场营销管理	企业优势与市场需求统一	20 世纪 70 年代以后	买方市场

2.2.3　现代市场营销观念与传统市场营销观念的区别

现代市场营销观念与传统市场营销观念相比，具有以下七点区别。

1. 营销管理的理论基础不同

传统市场营销观念指导下的营销活动以生产者主权论为基础，而现代市场营销观念指导下的营销活动则以消费者主权论为基础。也就是说，企业生产什么、生产多少、如何定价、如何分销配送、如何促销等问题的决策，在传统市场营销观念指导下，基本上由企业说了算，而在现代市场营销观念指导之下，则完全取决于市场的需求状况、消费者的需要与欲望。因而，有人感慨地说："其实，消费者是企业的最高领导。"

2. 营销规划的战略性不同

传统营销观念指导下的营销活动属于"亡羊补牢""事后诸葛亮""后知后觉"式的对策性营销活动，这种营销管理具有滞后性、盲目性、被动性等缺点；而现代市场营销观念指导下的营销活动则属于"先知先觉"式的战略性营销活动，这种营销管理具有超前性、主动性、战略管理性的优点。

3. 营销决策的思维模式不同

传统市场营销活动，如图 2-3 所示，遵循"以产定销、以销定销"的思维模式；现代市场营销活动，如图 2-4 所示，则以"以需定销、以销定产、以产定供"为思维导向，组织安排企业的生产经营活动。

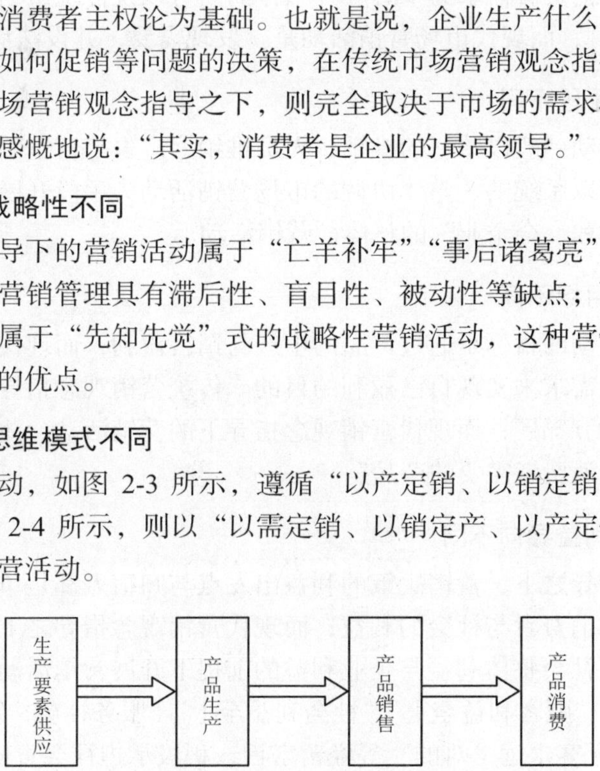

图 2-3　传统的"以产定销、以销定销"营销观念

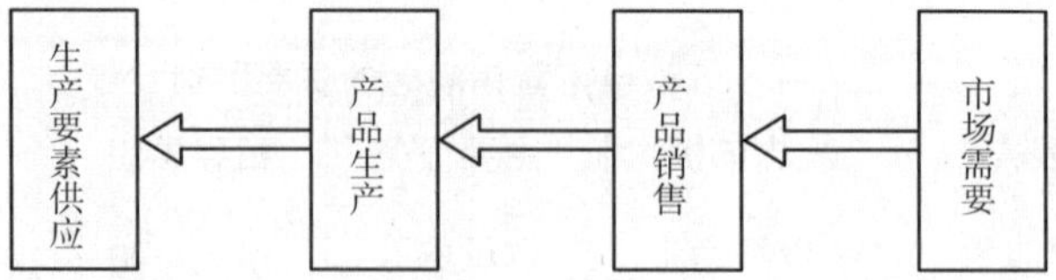

图 2-4　现代的“以需定销、以销定产、以产定供”营销观念

📖 实例 2-6　从 IT 业跨界到家具业的尚品宅配，利用大数据、云计算、移动信息技术等将家具定制与顾客体验统一起来。顾客只需要提供自家新居的平面图纸，告诉设计师自己的偏好、习惯、家中装修风格，设计师就可以从公司拥有的数据库中调取出多种符合顾客需要的家具组合样式供顾客选择。不仅如此，顾客也可以提出自己的修改意见，根据自己的需要改变形状、大小、层数、颜色等。除此之外，在尚品宅配的官方网站上，顾客只要根据自己的户型图、参照房间形状、长度、宽度、门位和窗户等，就能得到多款由设计师提供的家具解决方案。自 2004 年成立以来，尚品宅配一直采用 B2C 的模式，通过定制规模化、订单个性化、生产柔性化，于 2012 年实现年销售额突破 10 亿元。

4．营销工作的中心不同

传统市场营销活动的开展都是以现有的、已经生产出来的产品为中心开展的，而现代市场营销活动则是以消费者需求为中心展开工作的。可以说传统市场营销活动是“制造产品，并设法销售出去”，而现代市场营销活动是“发现需要，并设法满足它们”。

5．营销实践的手段不同

传统市场营销活动一般以单一的推销、人员推销、广告等营销手段开展营销活动；而现代市场营销活动则以系统的、整体协调的市场营销活动为手段开展市场营销活动，体现为企业“全员、全过程、全企业”的整体性营销活动。

6．营销活动的目标不同

传统市场营销活动的目标是通过产品的生产与销售盈利；而现代市场营销活动则通过最大限度满足消费者需求来实现自己盈利的目的。传统营销观念指导下的营销活动，注重“销售已经生产出来的产品”；而现代营销观念指导下的营销活动，注重“生产能销售出去的产品，生产能满足消费者需要的产品”。

7．营销决策的利益导向不同

传统营销观念指导之下，营销决策的利益出发点与归宿点都是单一的企业的利益，而忽略了或根本不考虑消费者与社会的利益；而现代营销观念指导之下的营销决策，则在统筹兼顾消费者利益、社会整体利益与企业利益的前提下开展营销活动，在三者利益发生冲突与矛盾时，则崇尚“顾客利益至上”“社会利益至上”“服务社会，发展自己”“消费者是企业的衣食父母”“顾客永远是对的”等经营宗旨，积极承担社会责任，维护消费者利益，表现为利益兼顾的多元性。

2.3 现代市场营销理论

2.3.1 大市场营销理论

大市场营销是 1984 年由美国市场营销学家菲利普·科特勒提出的一种营销理论。他认为企业不仅必须服从和适应外部宏观环境，而且应当采取适当的营销措施，主动地影响外部营销环境；在实行贸易保护的条件下，企业的市场营销策略除了 4Ps 之外，还必须加上两个 P 策略，即权力策略（Political Power）和公关策略（Public Relations）。这种战略思想，他称之为大市场营销。如图 2-5 所示，他给大市场营销的定义是：企业为了成功地进入特定的市场，并在这个特定的市场上经营，不应该消极地顺从与适应外部环境与市场需求，而应在战略上同时实行政治的、经济的、心理的、公共关系的技巧以赢得参与者的合作。

大市场营销（6Ps）
- 产品策略（Product Strategy）
- 价格策略（Price Strategy）
- 分销策略（Place Strategy）
- 促销策略（Promotion Strategy）
- 公关策略（Public Relations）
- 权力策略（Political Power）

图 2-5　大市场营销的 6Ps 组合策略

如果企业面对规模狭小的，甚至单个消费者的市场开展营销活动时，4Ps 策略是必须考虑的四大营销策略。但是，当企业面对规模巨大、人数众多、跨地区、跨国界的市场，甚至全球市场时，原先采用的 4Ps 策略尽管不可或缺，却会"力不从心"。这是因为，市场规模的扩大，会带来"小市场"原先并不曾遇到的问题。例如，市场越大文化差异越大，市场越大需求差异可能越大，市场越大环境越复杂，市场越大市场割据越有可能。特别是随着世界范围内贸易保护主义和政府干预经济的日益加强，政治权力对企业营销的影响也会格外增强。在这种情况下，除了传统的 4Ps 外，企业还必须利用政治权力和公共关系，取得政府官员、立法部门、企业高层决策者及社会民众的支持和合作，扫清营销障碍，变封闭性市场为开放性市场。

📖 **实例 2-7**　2015 年 6 月 1 日，北京最新禁烟条例生效后，督查组在一家海底捞店铺的男厕所纸篓里发现了两个烟头，当即对海底捞开出了首张"责令改正通知书"，要求该店立即整改，一两天内将复查，若再不合格，将面临至少 2 000 元的罚款。为此，海底捞以北京最严禁烟条例下领到首张罚单的企业形象，被媒体以《洗手间发现俩烟头 海底捞领到首张禁烟责令整改书》为题大范围曝光，几乎所有的门户网站、新闻 App 都转发了该新闻，让海底捞得到了一次广泛的媒体曝光。而这样的媒体曝光，海底捞没有出一分钱的营销宣传费用。

当然，海底捞这次的新闻算负面新闻，但是并没有对它产生实质性的负面影响，相反，很多人还为它打抱不平。因此，海底捞随后配合督察组进行整改工作，实际上是借助“两个烟头”为自己做了一场正面营销。

2.3.2 绿色市场营销理论

在可持续发展理论指导下，针对日益严重的环境问题而提出的绿色市场营销观念，将成为 21 世纪市场营销重要的指导思想，它的要求体现在市场营销的方方面面。绿色市场营销观念的实质，就是强调企业在进行营销活动时，要努力把经济效益和环境效益结合起来，努力消除和减少生产经营对生态环境的破坏和影响，尽量保持人与环境的和谐，不断改善人类生存环境。展望未来，开发绿色产品，争取绿色标志，传播绿色文明。开展绿色营销的前提是产销双方绿色意识的树立；基础是绿色产业的形成与绿色产品的开发与生产；其手段是树立企业绿色形象、获得绿色标准认证（ISO 14000 系列标准）、获取绿色产品标志；具体策略则表现在产品的绿色设计、清洁生产、绿色包装、绿色价格、绿色分销、绿色促销及绿色消费等方面。

📖 **实例 2-8** 经过数十年的观念培育，越来越多的企业认识到环境的重要性，越来越多企业追求废物的减少（Reducing）、再利用（Reusing）和再生（Recycling）。麦当劳的餐巾、袋子、托盘用再生纸制成，每年减少 100 万磅的废料；3M 公司实行的“预防污染有奖”的计划带来了污染和成本的大量减少；道尔公司在阿尔伯特新建一座聚乙烯厂少用了 40%的能源，少排放了 97%的废水；沃尔玛向供应商施加压力，要求他们提供更多的再生产品。在商店里，利用录像对顾客进行废物处理的教育。甚至还开办了“生态友好”商店，在这些商店里，空调系统用的是不损耗臭氧的制冷剂，停车场、屋顶的雨水被收集起来浇灌草坪，受光电传感器调节的荧光照明得到自然光补充，而路标是太阳能的。

2.3.3 顾客让渡价值理论

1994 年，菲利普·科特勒提出了顾客让渡价值理论。如图 2-6 所示，“顾客让渡价值”是指顾客总价值与顾客总成本之间的差额。顾客总价值是指顾客购买某一产品与服务所期望得到的一组利益，包括产品价值、服务价值、人员价值和形象价值等。顾客总成本是指顾客为购买某一产品所耗费的时间、精力、体力，以及所支付的货币资金等，包括货币成本、时间成本、精力成本和体力成本等。企业要想在竞争中获胜，必须能提供比竞争对手具有更大顾客让渡价值的产品，这样，才能使自己的产品为消费者所注意，进而购买本企业的产品。为此，企业可从两个方面改进自己的工作：一是通过改进产品、服务、人员与形象，提高产品的总价值；二是通过降低生产与销售成本，减少顾客购买产品的时间、精力与体力的耗费，从而降低货币与非货币成本。

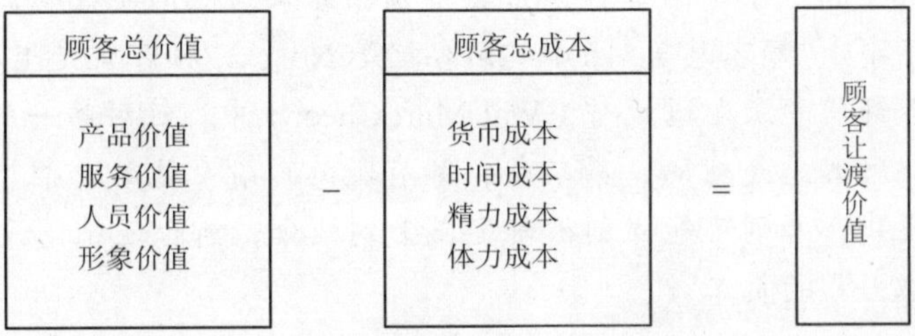

图 2-6 顾客让渡价值理论

📖 **实例 2-9** 星巴克认为它的产品不单是咖啡，还有咖啡店的体验，如气氛、个性化的店内设计、暖色灯光、柔和音乐等。就像麦当劳一直倡导售卖欢乐一样，星巴克把美式文化逐步分解成可以体验的东西。

“以顾客为本”“认真对待每位顾客，一次只烹调顾客那一杯咖啡”。这取材自意大利老咖啡馆工艺精神的企业理念，贯穿了星巴克快速崛起的过程。星巴克还极力强调美国式的消费文化，顾客可以随意谈笑，甚至挪动桌椅随意组合。这样的体验也是星巴克营销风格的一部分。

星巴克在上海的每家店面的设计都是由美国方面完成的。在设计上，星巴克强调每栋建筑物都有自己的风格，让星巴克融合到原来的建筑物中去，而不去破坏建筑物原来的设计。例如，位于城隍庙商场的星巴克，外观就像座现代化的庙；而黄浦江边的滨江分店，则用花园、玻璃、帷幕营造出宫殿般的华丽感觉，夜晚时分，可以悠闲地坐在江边，边欣赏外滩夜景，边品尝香浓的咖啡。

2.3.4 顾客满意理论（CS 理论）

CS 是英语 Customer Satisfaction 的缩写。进入 20 世纪 90 年代，正当国内企业纷纷导入企业形象（Corporate Identity，CI）设计之时，日美等西方国家代之而起的是与 CI 思想与方法颇为不同的 CS。CS 营销即顾客满意营销，其核心思想是企业的全部经营活动都要从满足顾客的需要出发，以提供满足顾客需要的产品或服务为企业的责任和义务，以满足顾客需要、使顾客满意为企业的经营目的。在美国，从汽车业到旅游服务业现在都已开始发布顾客满意度排行榜。在日本，经济报业集团最新研究显示，提供顾客满意的产品和服务，已经成了未来日本企业最重要的优先考虑问题，许多大企业，无论是电子、汽车还是旅游业，都更重视他们的顾客满意职能。CS 营销战略把顾客满意所引发的对企业的信任和忠诚视为企业最重要的资产。CS 营销开辟了企业市场营销的新视野、新观念和新方法，已被国外企业界人士看作增强市场竞争能力、塑造良好企业形象的主要武器。

📖 **实例 2-10** 沃尔玛规定，员工要对 3 米以内的顾客微笑；服务要使顾客感觉到 200%的满意。如果鲜食部门的自制食品出现任何质量问题，沃尔玛都保证退货并免费赠送一份。在沃尔玛，如果顾客发现前台扫描的价格比货架标签的价格高，原则上商店必须按较低价格售出商品。员工必须认真回答顾客的提问，永远不要说“不知道”。而且原则上哪怕再忙，都要放下手中的工作，亲自带领顾客来到他们要找的商品前面，而不是指个大致方向就了事。“顾客总是对的”“顾客就是No.1”“顾客就是老板”。后两句话经常出现在各店或各部门的沃尔玛欢呼（Wal-Mart Cheer）中。针对第一句，沃尔玛自有一套理论：第一条，顾客总是对的；第二条，如有疑义，请参见第一条。面对顾客，你需要打不还手骂不还口，否则可能立刻被辞退或受到处分，前台还特意设立了“委屈奖”，奖励那些能够“担当”的员工。

2.3.5 内部市场营销

内部市场营销是将传统上企业用于外部的营销思想、营销方法用于内部，以便使企业的每个员工、每个部门、每个层次形成顾客导向的内部最大合力来满足最终顾客的需求，以求得企业的长期发展。

📖 实例 2-11 一名罗马尼亚客商来中国参加海尔的订货会，在乘坐海尔的车从机场到宾馆的路上，司机观察到他对车上播放的腾格尔歌曲非常感兴趣，于是就买了一张腾格尔歌曲CD送给了他。在订货会上，这位客商说：“连一个司机都能够对客户的需求做出快速、准确而细致的反应，海尔的产品一定好。”这就是海尔的全员营销。

实施内部市场营销，一方面，要求强化与员工的沟通、理解，并满足他们的需求，激励他们在工作中发挥最大的潜能；另一方面，要求通过培训提高员工的服务水平，掌握与顾客融洽相处的技巧。其目的是获得受到激励的有顾客意识的员工。

📖 实例 2-12 王先生素来是个严肃的人，很少夸奖别人。一天他在吃晚饭的时候突然发现桌子上的烤鸭只有一只脚。他感到非常奇怪，于是就问厨师：“为什么这只鸭子只有一只脚？”

“这有什么奇怪的？我们的鸭子都只有一只脚。”厨师回答说。

“我不信，所有的鸭子都有两只脚，为什么我们的鸭子只有一只脚？”王先生反问。

“要是不信，那就到花园里去看看吧！”厨师说。

于是，王先生冲到花园仔细查看鸭子。由于鸭子都在睡觉，用一条腿站着而把另一条腿藏在羽毛里了，所以看上去就只有一只脚。王先生于是朝着鸭子用力鼓掌，鸭子被惊醒后放下了第二只脚。王先生得意地对厨师说：“看见了吧，它们是不是有两只脚？”

厨师看了他一眼，不无幽默地说：“你如果希望鸭子有两只脚，就应当多鼓鼓掌啊！”

2.3.6 服务市场营销理论

服务市场营销理论主要从两个角度切入：一是研究服务业的市场营销活动；二是研究实物产品市场营销活动中的服务策略。由于服务产品与实物产品比较，具有无形性、生产与消费的同步性、服务产品的非储存性及服务质量的差异性等特点，所以，有学者将服务业市场营销组合修改和扩充为七个基本的要素，即在传统的产品、价格、渠道和促销组合策略之外，增加了“人”（People）、“有形展示”（Physical Evidence）和“服务过程”（Process）

三个变量，从而形成 7Ps 策略组合。

1．人

服务产品的生产与消费过程，是服务提供者与顾客广泛接触的过程，服务产品的优劣、服务绩效的好坏不仅取决于服务提供者素质的高低，也与顾客行为密切相关，因而对服务员工素质的提高、服务业内部管理的加强来说，研究人的行为十分重要。人是服务的重要构成部分，服务业企业必须重视员工的甄选、训练、激励和控制。

📖 **实例 2-13**　到东京迪士尼乐园去游玩，碰到最多的是清洁工，所以迪士尼乐园将更多的训练集中在他们身上。

- 学扫地。第一天上午培训如何扫地。扫地有三种扫把：一种是用来扒树叶的；一种是用来刮纸屑的；一种是用来掸灰尘的。这三种扫把的形状都不一样。怎样扫树叶，才不会让树叶飞起来？怎样刮纸屑，才能把纸屑刮得干净？怎样掸灰尘，才不会让灰尘飘起来？这些看似简单的动作却都有严格培训。而且扫地时间也有规定：开门时、关门时、中午吃饭时、距离客人 15 米以内等情况下都不能扫。
- 学照相。第一天下午学照相。十几台世界最先进的数码相机摆在一起，有各种不同的品牌，每台都要学会使用，因为客人可能会带世界上最新的照相机，来这里度蜜月、旅行，会叫员工帮忙照相。如果员工不会照相，不知道这是什么东西，就不能照顾好顾客，所以学照相要学一个下午。
- 学抱小孩与包尿布。第二天上午学怎么给小孩包尿布。孩子的妈妈可能会叫员工帮忙抱一下小孩，但如果员工不会抱小孩，动作不规范，不但不能给顾客帮忙，反而会增添顾客的麻烦。
- 学辨识方向。第二天下午学辨识方向。有人要上洗手间，“右前方，约 50 米，第三号景点东，那个红色的房子”；有人要喝可乐，“左前方，约 150 米，第七号景点东，那个灰色的房子”；有人要买邮票，“前面约 20 米，第十一号景点，那个蓝条相间的房子”……顾客会问各种各样的问题，所以每名员工要把整个迪士尼乐园的地图都熟记在脑子里，对迪士尼乐园的每个方向和位置都要非常明确。
- 怎样与小孩讲话。迪士尼乐园里有很多小孩，迪士尼的员工碰到小孩问话，统统都要蹲下，蹲下后员工的眼睛跟小孩的眼睛要保持一个高度，不要让小孩抬着头去跟员工讲话。因为他们是未来的顾客，将来都会再回来的，所以要特别重视。
- 怎样送货。迪士尼乐园里有喝不完的可乐、吃不完的汉堡包、享受不完的三明治、买不完的糖果，但从来看不到送货的。因为迪士尼规定在客人游玩的地区里是不准送货的，送货统统在围墙外面。迪士尼的地下像一个隧道网一样，一切食物、饮料统统在围墙的外面下地道，在地道中搬运，然后再从地道里面用电梯送上来，所以客人永远有吃不完的东西。

在迪士尼乐园中，碰到训练有素的员工，人们会觉得很舒服，下次会再来迪士尼，这也就是所谓的引客回头。可以看出，迪士尼多么重视顾客。顾客站在最上面，员工去面对顾客，经理站在员工的下面来支持员工。员工比经理重要，顾客又比员工更重要，这个观念人们应该建立起来。

2．有形展示

有形产品可以自我展示，服务则不能。顾客看不到服务，但是，顾客可以看到服务的工具、设备、员工、信息资料、其他顾客、价目表等，一切可以用来展示或传递服务特色与优点的有形因素，均可以称作服务的有形展示。

3．服务过程

服务过程是服务生产与服务消费的统一过程，服务生产过程也是消费者参与的过程。因而，服务营销必须把对顾客的管理纳入有效的推广服务及进行服务营销管理的轨道上去。例如，在市场营销过程中，顾客接受服务的途径，市场营销系统运作政策和程序的采用，顾客参与服务提供过程的程度等，都是市场营销需要考虑的问题。

📖 **实例 2-14** 麦当劳制定出以 QSCV（Quality——汉堡包质优味美、营养全面；Service——服务快速敏捷、热情周到；Cleanness——店堂清洁卫生、环境宜人；Value——价格合理、优质方便）为核心的统一经营系统。麦当劳宣称："我们卖的不是汉堡包，而是服务。"麦当劳清楚地知道，其食品绝不是吸引顾客的关键因素，因而为了切合本土需求，将经营的重心放在了服务和氛围上。麦当劳餐厅的设备先进便捷，保证顾客排队不超过 2 分钟，服务员上食品在 1 分钟内完成，服务员对一个顾客说的问候语总耗时保持在 32 秒……麦当劳的桌子是清洁的，地面是干净的，从厨房到门前的人行道，处处体现了麦当劳对清洁卫生的注重，那些戴着公司标志帽的年轻人随时随地使一切保持干净整洁；按麦当劳的规定，如果汉堡包超过了 10 分钟、炸薯条超过了 7 分钟还未售出，就必须丢弃，不允许再出售给顾客。

2.3.7 整合营销理论

20 世纪 90 年代后期兴起的整合营销是强调顾客、注重沟通的现代营销理论。它与传统营销最大的区别在于重心的转移，从传统的消极、被动地适应消费者，转向积极、主动地与消费者沟通交流。如图 2-7 所示，它把企业营销战略的重心由 4Ps 转向了 4Cs，体现了现代整合营销理论强调顾客、注重沟通的思想。

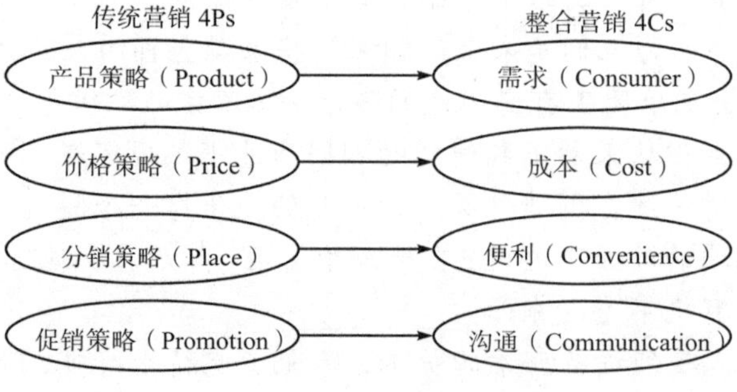

图 2-7 企业营销战略的重心由 4Ps 转向 4Cs

整合营销与传统的 4Ps 相对应，从全新的营销角度提出了 4Cs 主张，即在营销活动中，企业产品或服务策略（Product）的制定要以研究顾客的需求和欲望（Consumer's Wants and Needs）为中心，向顾客提供能最大限度满足其需求的产品和服务；企业产品或服务价格（Price）的制定，应以顾客为满足其需求所愿付出的成本（Cost）为中心，而非以企业生产产品或服务的成本为中心制定；企业渠道策略（Place）的制定要以最大限度地向顾客提供便利（Convenience）为中心，企业首先要考虑如何让顾客比较便利地得到企业的产品或服务，以此来制定企业的渠道策略；企业促销策略（Promotion）的制定不能以企业为中心，不能以是否有利于产品的销售为中心，而应以顾客需求为中心，以与顾客能否实现充分的交流与沟通（Communication）为中心。

📖 **实例 2-15**　提高顾客满意度是提升顾客价值的基础。为了赢得顾客的“芳心”，宜家采取了一系列推广措施，如鼓励顾客在选购时“拉开抽屉，打开柜门，在地毯上走走，或者试一试床和沙发是否坚固”，亲身体验宜家的产品给他们带来的美好享受，努力让宜家的品牌深入人心。

宜家家居的服务理念是“让购买家具更为快乐”。在入口处，宜家为顾客提供铅笔、卷尺和纸张，以方便他们进行测量和记录。在选购过程中，除非消费者提出需要帮助，否则宜家的店员不会上前打扰。地板的箭头指引着消费者按照最佳的路线逛完整个商场，宜家还精心制作了详细的标签，告知产品的购买指南、保养方法和价格。

宜家在设计产品之初就确立好一个顾客能够接受的成本，然后在此成本内，尽可能地做到精美实用，以“模块”化方法生产产品，加上独特的平板包装，既避免产品在运输中的损害，也降低了储运成本。

2.3.8　直复营销理论

直复营销用英文表示为“Direct Response Marketing”，“Direct”即直接的意思，是指不通过营销中间商而直接由企业利用媒体面对顾客的营销活动。直复营销中的“直复”是直接回复的意思，是指企业与顾客之间的交互，顾客对企业的营销努力有一个明确而直接的回复，企业也可通过对这种明确回复的统计，做出对以往营销效果的评价。

根据美国直复营销协会为直复营销下的定义，直复营销是一种为了在任何地方产生可度量的反应和（或）达成交易，而使用一种或多种媒体相互作用的市场营销系统。

直复营销的主要形式有电话营销、直接反应印刷媒介、电视直销、直接邮寄营销、直接反应广播。

📖 **实例 2-16**　“三只松鼠”是由安徽三只松鼠电子商务有限公司于 2012 年强力推出的第一个互联网森林食品品牌，代表着天然、新鲜及非过度加工。仅仅上线 65 天，其销售在天猫坚果行业就跃居第一名，在花茶行业跃居前十名，发展速度之快创造了中国电子商务历史上的一个奇迹。在 2012 年天猫“双十一”大促中，成立刚刚 4 个多月的“三只松鼠”当日成交近 800 万元，一举夺得坚果零食类目冠军宝座，并且成功地在约定时间内发完 10 万笔订单，创造了中国互联网食品的历史。2013 年，其销量突破 3 亿元。

2014年“双十一”，三只松鼠创下1.02亿元的销售额。一家成立仅两三年的公司，其坚果系列已位居全网销量第一。

2.3.9 网络营销理论

1. 网络营销的概念

网络营销是20世纪末出现的市场营销新领域，是企业营销实践与现代信息通信技术、计算机网络技术相结合的产物，是企业以电子信息技术为基础，以计算机网络为媒介和手段而进行的各种营销活动的总称。

广义地说，企业利用一切电子信息网络（包括企业内部网、行业系统专线网及互联网；有线网、无线网；有线通信网与移动通信网等）进行的营销活动都可以称为网络营销。狭义地说，凡是以互联网为主要营销手段，为达到一定营销目标而开展的营销活动，都可以称为网络营销。

2. 网络营销的不同阶段

（1）网络信息发布。在网络营销初级阶段，企业可以利用各种网络技术资源，开展全方位的信息发布工作。企业网络信息发布可以分为自有网站信息发布和非自有网站信息发布两种情况。非自有网站信息发布主要利用一些免费的或收费的网络资源，或者利用第三方经营的电子商务平台，发布供求信息或宣传企业及其产品的信息。自有网站信息发布则是以建立企业自己的网站为前提的网络信息发布活动。

📖 **实例2-17** 1981年出生的赫畅来自哈尔滨，曾留学丹麦学设计，回国后先后就职于百度、去哪儿、谷歌等互联网公司。2009年他首次创业，和广告公司一起做营销公司，后来尝试做“黄太吉”品牌的餐饮。在做煎饼上，赫畅可以说把用户体验做到了极致。创业初期，他几乎利用了所有社会化媒体平台做营销，不只微博，还有即时通信工具，如微信，通过这些途径来订餐和推送促销信息。除此之外，赫畅还亲自和网友互动。在饭前、饭后与食客微博互动，食客第一时间将意见和感受反馈给商家，同时食客利用互联网分享照片美图，等于免费为“黄太吉”做了宣传。黄太吉拥有10万个粉丝，包括微博和微信上的粉丝。它有专门的微信订阅号，专门用来发自己的原创文章。它有六个“当家人”，把高管团队打造得像一个乐队，每个粉丝都可以在这个团体里找到某种共鸣。

（2）网络营销调研。网络营销调研阶段，是企业利用各种网络技术资源进行信息收集、整理与分析的过程。在此阶段，企业网络营销活动的重点是通过互联网完成企业全部或部分营销调研活动。

一般企业开展网络营销调研活动有两种方式：借助互联网服务提供商或专业的网络营销调研公司的网站进行调研，以及企业通过自己的网站进行营销调研。

（3）网络营销联系。网络营销联系阶段的主要内容，是在互联网上实现与供应商、分销商、最终用户的信息沟通与联系，而其他诸如谈判、合同签订、交易结算等工作还在网下完成。

（4）网络直接销售。网络直接销售阶段是指网络营销基本上已实现网上信息发布、网上订货、网上结算，甚至网上配送的网络营销活动。

（5）网络营销集成。网络营销集成是指企业市场营销活动的全过程，基本上都在互联网上完成。这一阶段，企业依靠网络与供应商、制造商、营销中介、消费者建立密切的联系，并通过网络收集、传递信息，从而根据消费者需要充分利用网络伙伴的生产能力，实现产品设计、制造及售后服务的全过程。这是最高层次的网络营销阶段。

实例 2-18 海尔对烤箱产品的受众群体的定位是热衷烘焙美食的人群。2015 年 5 月，海尔推出一款智能烤箱产品，他们给这款产品起了很“羞涩”的名字：嫩烤箱。这款嫩烤箱可以通过手机实现远程控制，在 App 上实现一键采购和一键烘培；此外，结合“海尔 U+”智慧烘焙生态圈后，它还帮助使用者实现从“烘焙菜单”到“烘焙培训”的全套流程，提供更多人性化的服务。

所谓“烘焙生态圈”，就是通过硬件（烤箱）搭建人与服务的平台，在这个链条内整合生态圈内部的各种企业服务。海尔“嫩烤箱”自上线京东众筹几天以来，筹集到的资金突破了百万元。这很大程度上证明了在细分领域当中精准用户对产品和模式的认可。（资料来源：摘自钛媒体，2015 年 5 月 3 日）

请分析与思考，在互联网时代，企业该如何发挥好“互联网+”营销战略，以开拓更为广阔的市场？

【职业知识检测】

1．名词解释

市场营销观念　　大市场营销观念　　网络营销　　绿色市场营销

社会市场营销观念　　整合营销　　直复营销　　内部市场营销

2．填空题

（1）整合市场营销的 4Cs 组合策略是（　　）、（　　）、（　　）、（　　）四个方面的营销策略组合。

（2）社会市场营销观念是指企业在营销活动中要正确处理好（　　）、（　　）和（　　）之间的矛盾，统筹兼顾，求得三者之间的平衡与协调。

（3）大市场营销观念的 6Ps 组合策略是指（　　）、（　　）、（　　）、（　　）、（　　）、（　　）六种营销策略的组合。

（4）绿色市场营销观念的实质是强调企业在进行市场营销活动时，要努力把（　　）效益和（　　）效益结合起来，努力消除和减少生产经营对（　　）的破坏和影响。

（5）开展绿色营销的前提是产销双方（　　）的树立。

（6）网络营销就是以（　　）为主要营销手段为达到一定营销目标而开展的营销活动。

3．选择题

（1）某沙发厂的电视广告情节是一件沙发从高楼落地后完好无损，这一广告反映了该沙发厂的营销观念是（　　）。

A．生产观念　　B．产品观念　　C．销售观念　　D．营销观念

（2）消费者喜欢那些可以随处买得到而且价格低廉的产品，企业应致力于提高生产效率和分销效率，扩大生产，降低成本以扩展市场。这种市场营销观念叫作（　　）。

A．生产观念　　B．销售观念　　C．产品观念　　D．市场营销观念

（3）"酒香不怕巷子深"的经营理念属于（　　）。

A．生产观念　　B．销售观念　　C．产品观念　　D．市场营销观念

（4）我国的"抵羊牌"毛线，创牌之初谐音意指"抵制洋货"；非常可乐打出"中国人自己的可乐"的旗号，这反映了企业的（　　）。

A．社会市场营销观念　　B．大市场营销观念

C．产品观念　　D．市场营销观念

（5）下列观念中属于现代营销观念的是（　　）。

A．生产观念　　B．销售观念　　C．产品观念　　D．市场营销观念

（6）民谚"萝卜多了不洗泥"反映的是在（　　）环境下的营销策略。

A．买方市场　　B．均衡市场　　C．卖方市场　　D．完全竞争市场

（7）内部市场营销观念是指（　　）。

A．企业最起码要让自己的员工热爱企业，购买自己企业的商品

B．顾客就是企业的主人，企业一定要把顾客当作内部人来看待

C．我国企业近年来的一种改革措施，即企业内模拟市场，下道工序就是上道工序的顾客

D．企业要提高绩效、满足顾客的需求，首先要了解员工的需求、满足员工的需求

（8）市场营销观念的中心是（　　）。

A．销售已经生产出来的产品　　B．发现需要并设法满足它们以盈利

C．制造质优价廉的产品　　D．谋划产品的销售工作

（9）直复营销就是直接销售，简称直销。这一说法（　　）。

A．错误　　B．正确

（10）广大消费者对使用一次性筷子、塑料包装袋，食用野生动物，燃放烟花爆竹等有着很大需求，商家产销这些产品也有利可图，但这不符合（　　）。

A．社会市场营销观念　　B．大市场营销观念

C．产品观念　　D．市场营销观念

4．简答题

（1）传统营销观念与现代营销观念有哪些区别？

（2）解释整合营销、直复营销理论的主要思想。简单叙述绿色营销观念、整合营销观

念、大市场营销观念、顾客让渡价值理论的主要思想。

（3）什么是网络营销？你是如何理解的？联系实际谈谈企业该如何开展网络营销。

（4）市场营销观念有何缺陷？为什么说社会市场营销观念是市场营销观念的修正与完善？

（5）自己查阅资料，了解关系营销、体验营销、概念营销、伙伴营销、生态营销、战略性竞争营销观念、市场营销 11Ps 原则等理论的主要思想。你还知道哪些营销理论与观念？请介绍给你的同学。

【职业技能训练】

1．方案策划

某商店柜台前，一个年轻小伙子用一张面值 100 元的人民币购买了一支牙膏。一小时后，一位中年人用一张面值 10 元的人民币购买了一块香皂，收到找回的零钱时，此人高声喊叫自己给营业员的是 100 元，营业员反复回忆，坚信收到的是 10 元，两方相持不下，聚集的围观者越来越多。中年顾客说自己能说出自己交付的 100 元人民币的编号及自己在上面写的钢笔字，围观者此时皆为中年顾客鸣不平。作为该商店负责人的你，该如何应对此事件？说出你的方案来。

2．分析讨论

史料记载：晋商十分重视同业交往中的“慎待相与”。某一商号欠祁县乔映霞在包头的商号 6 万两白银，无力偿还，后来欠账商号财东给乔映霞磕了一个头了事；另有商号欠其他商号几千两白银，为照顾借入商号自尊心，还把斧头了事。类似记载还有很多。有人认为，这是讲求信义的体现。但也有人认为，资本是商业的命根子，这显然是商人缺乏资本意识的一种体现，与现代市场经济并不相融。你认为，现代市场营销该如何处理好义利关系？

3．案例分析

日本索尼公司 20 世纪 80 年代提出“创造市场”这一口号，改变了传统的“消费者需要什么，我就生产什么”的生产观念，提出了“我生产什么，就准是消费者真正需要的”现代市场观念，因而索尼公司的电器产品总是“领导世界新潮流”。这一事例告诉我们，虽然“上帝”操纵着市场，但只有善于揣摩和把握“上帝”的好恶，才能真正赢得“上帝”，赢得市场。换句话说，市场终究是掌握在企业家手中的。

（1）日本索尼公司提出的“创造市场”口号体现的是哪种营销观念？

（2）企业如何做到“让市场跟我们走”？

（3）联系实际谈谈这一案例对你的启示。

4．模拟实训

（1）全班每位同学设计一个将特定商品销售给特定人群（完全拒绝这些商品）的营销

难题（如把梳子卖给和尚，把计算机卖给没有通电村庄的农民等），写在卡片上交给老师。两位同学一组，从老师手中抽取卡片。一名同学充当推销员，另一名同学充当顾客，在 10 分钟内，推销员向顾客推销出产品。然后二人互换角色，重新实践这一推销难题。最后根据表现决定两位同学的胜负情况。

游戏规则：根据推销员在推销过程中所体现的营销观念的现代性，推销词激发消费者需求的有效性，推销口头表达能力的影响性等评定成绩，记入其平时成绩。

（2）在茫茫冰海上，一艘客船触礁沉没，在沉没前，有七个人登上了救生艇，分别是身体受伤但神智清楚的老船长、戴罪潜藏在客船上的水手、独臂少年、未婚的孕妇、日本籍年轻女子、主持国家重大经济项目的老专家、经验丰富的老医生。这七个人在惊恐中发现，救生艇只能承受三个人的重量，如果不能在 20 分钟内决定哪四个人离开，小艇就会沉没，七个人都无法生存。

游戏规则：四名同学一个小组，一名同学充当模拟招聘者，另三名同学充当模拟应聘者。三名模拟应聘者在 10 分钟内决定哪三个人留下，但条件是：① 三人必须能达成一致的意见；② 在讨论当中，不仅考察团队结果，还要考察个人表现。模拟招聘者决定三名应聘者中唯一的胜出者是谁。四位同学都要系统阐述自己做出决策的理由，全班同学讨论分析各种决策体现了什么样的指导思想。

第3章 市场营销环境分析

优胜劣汰，物竞天择，适者生存。

——达尔文进化论观点

学习目标

☑ 重点理解营销环境的概念，营销环境分析包括的12类因素；重点掌握营销环境的分析方法。

☑ 一般了解各类营销环境因素的具体分析内容与发展变化趋势。

CASE 【任务导入】刘备问诸葛亮天下大势

《隆中对》中，刘备问诸葛亮天下大势，诸葛亮回答："自董卓以来，豪杰并起，跨州连郡者不可胜数。曹操比于袁绍，则名微而众寡。然操遂能克绍，以弱为强者，非惟天时，抑亦人谋也。今操已拥百万之众，挟天子而令诸侯，此诚不可与争锋。孙权据有江东，已历三世，国险而民附，贤能为之用，此可以为援而不可图也。荆州北据汉、沔，利尽南海，东连吴会，西通巴、蜀，此用武之国，而其主不能守，此殆天所以资将军，将军岂有意乎？益州险塞，沃野千里，天府之土，高祖因之以成帝业。刘璋暗弱，张鲁在北，民殷国富而不知存恤，智能之士思得明君。将军既帝室之胄，信义著于四海，总揽英雄，思贤如渴，若跨有荆、益，保其岩阻，西和诸戎，南抚夷越，外结好孙权，内修政理；天下有变，则命一上将将荆州之军以向宛、洛，将军身率益州之众出于秦川，百姓孰敢不箪食壶浆以迎将军者乎？诚如是，则霸业可成，汉室可兴矣。"

3.1 营销环境分析概述

3.1.1 营销环境的概念

营销环境是指在企业内部与外部对企业营销活动有影响而又不可控的各种因素的总称。营销环境分析是企业制定营销战略与策略的前提。

如图 3-1 所示，企业的营销行为既要受自身内部条件的制约，也要受外部环境的制约。因此，关注并研究企业内外营销环境的变化，把握环境变化的趋势，识别由于环境变化所带来的机会与威胁，是营销管理的主要任务之一。

图 3-1　企业营销环境

3.1.2 营销环境的内容

根据营销环境对企业营销活动直接影响的程度，营销环境可以分为微观环境与宏观环境两部分。微观环境是与企业营销活动联系较为密切且作用比较直接的各种因素的总称，主要包括企业、供应商、营销中介、顾客、竞争者，以及营销公众等与企业开展营销活动发生联系的上中下游六类因素，如图 3-2 所示。宏观营销环境是对企业的营销活动影响较为间接的各种因素的总称，主要包括政治法律、社会经济、社会人口、社会文化、科学技术、自然地理六类环境因素，如图 3-3 所示。

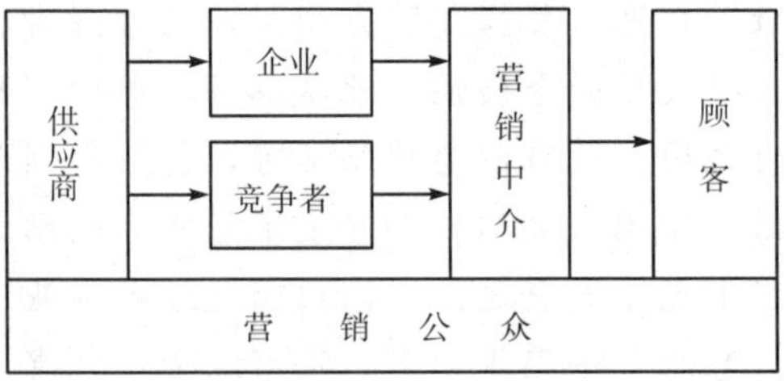

图 3-2　市场营销微观环境

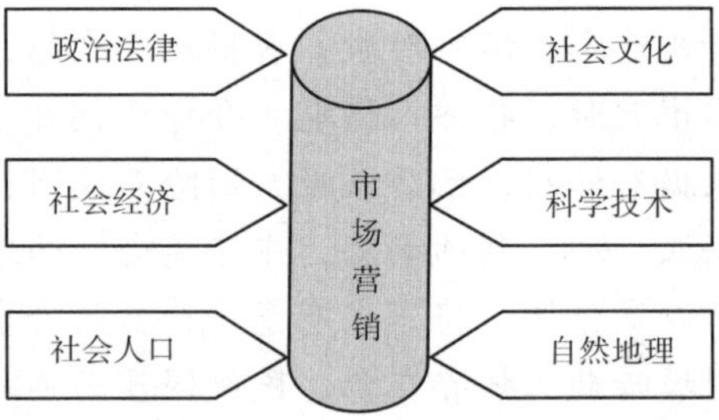

图 3-3　市场营销宏观环境

3.1.3 营销环境分析的目的

市场营销环境分析的目的是：发挥优势、克服劣势，寻求机会、避免威胁，谋求企业外部环境、企业内部条件与企业营销目标之间的动态平衡（见图 3-4）。

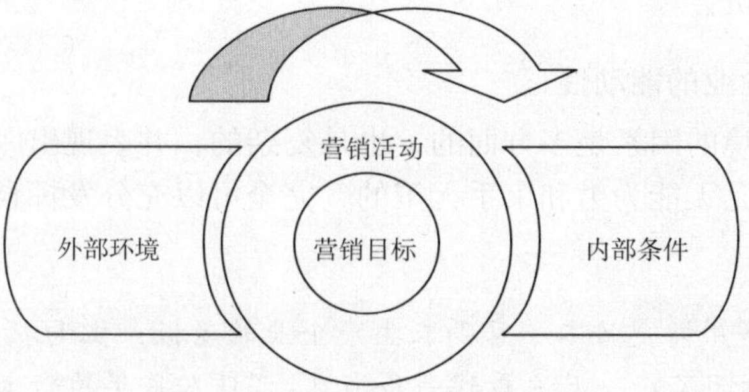

图 3-4　企业营销环境分析

3.1.4　营销环境的特点

1．客观性与认识上的差异性

市场营销环境的差异性不仅表现在不同的企业受不同环境的影响上，而且表现在同样一种环境因素的变化对不同企业的影响也不相同上。同时，不同企业对同一环境因素及其变化所产生的影响也会有不同的认识与理解。

📖 实例 3-1　有两家皮鞋厂的推销员到某岛推销皮鞋，他们都发现当地人没有穿皮鞋的习惯，但是两人做出了不同的反应。一位推销员认为情况不好，此岛无人穿皮鞋，决定马上离开；而另一位推销员则认为机不可失，如果能通过自己的促销努力改变人们不穿皮鞋的习惯，市场规模将是巨大的，因而决定长驻下去开发这块处女地。认识不同，效果迥异。长驻下来的那位推销员努力开拓了这个皮鞋市场的处女地，从而取得了推销的成功，而离开此岛的那位推销员显然失去了这个极好的机遇。

2．相关性与相对分离性

市场营销环境是一个系统。在这个系统中，各影响因素之间既是相互依存、相互作用和相互制约的，同时又具有一定的相对分离性与相对独立性。因此，要充分注意与认识到各环境因素之间的这种双重性关系。

📖 实例 3-2　青岛港以前只是一个无名的小港，然而一次灾难带来了转机。1995 年 1 月 17 日，日本大阪发生了大地震，整个大阪码头陷于瘫痪。而此时受难最重的是中国远洋国际集团（中远），因为大阪是中远的重要中转站。青岛港意识到中远此时一定急于寻找新的中转站，自己的机会来了。青岛港立即打报告给中远，最终达成协议。2 月 9 日，中远怀着万分感激的心情与青岛港签署协议，青岛港成为国内第一家集装箱中转站。

3．动态性与相对稳定性

营销环境总是处在一个不断变化的过程之中，它是一个动态的概念。同时，营销环境也具有一定的相对稳定性，也就是说，“变化是绝对的，静止是相对的”。企业的营销活动既要适应环境的变化，不断地调整和修正自己的营销策略，又要认识到营销环境的相对稳定性，及时捕捉市场机会。

4．不可控性与企业的能动性

影响市场营销环境的因素是多方面的，也是复杂的，并表现出一定的不可控性。但企业面对营销环境并非是无能为力和束手无策的，完全可以充分发挥自己的主观能动性，以避免威胁，利用机会。

📖 实例 3-3　多川博是日本一家雨衣生产企业的老板，但雨衣市场已经饱和，多川博的企业就要停业倒闭了。一天他看到一条消息："日本每年的新生儿是 250 多万名。"他马上想，婴儿生下来急需的什么商品与生产雨衣的技术相关联呢？经过思考，他发现和雨衣一样，新生儿的尿布也是要防漏的。他一计算，每个婴儿需要 5～6 块尿布，250 万乘以 5 就是 1 250 万块尿布。多川博找到专家制作出柔软、吸湿、美丽、方便的尿布，然后大规模生产。同时制作出礼品尿布，一上市就被抢购一空。结果多川博成为"尿布大王"。

3.1.5　营销环境分析的方法

构成某一企业营销环境的诸因素及其变化，有的可能给该企业带来市场营销机会，有的可能给该企业带来环境威胁。企业必须对市场营销环境提供的机会与带来的威胁进行全面的分析、评价。企业营销管理者可以通过下列三种矩阵分析法来分析评价营销环境。

1．威胁-损失矩阵分析法

可以利用环境威胁-损失矩阵图来分析评价市场营销环境诸因素及其变化给企业带来的环境威胁。图 3-5 中横坐标表示环境威胁出现的可能性的大小；纵坐标表示威胁的影响程度，即威胁一旦出现后会给该企业带来的损失的大小（潜在损失）。

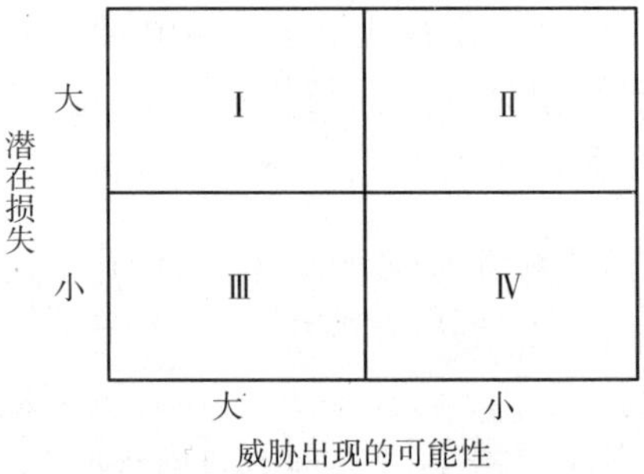

图 3-5　威胁-损失矩阵分析法

（1）对于情况 I，威胁出现的可能性很大，而且一旦威胁出现，给企业带来的损失也特别巨大，很可能是灭顶之灾，企业应予以特别重视。

（2）对于情况 II，威胁出现的可能性不大，但一旦出现威胁，损失很可能也是惨重的，因此企业也应注意其发展变化趋势。

（3）对于情况 III，威胁出现的可能性很大，不过就算威胁出现，给企业带来的损失也不会很大，因而企业应予以一般性注意。

（4）对于情况Ⅳ，威胁出现的可能性很小，而且就算威胁出现，也不会给企业带来太大的损失，企业可以暂时不予考虑。

运用上述方法，对营销环境诸要素及其变化给企业带来的威胁进行分析、评价，可以准确地发现企业面临的环境威胁，找到主要威胁之所在，便于企业有重点地采取适宜的对策。

2．机会-收益矩阵分析法

利用机会-收益矩阵图来对市场机会进行分析评价，图3-6中横坐标为营销机会出现的可能性的大小；纵坐标表示该营销机会对企业营销活动的影响程度，即机会一旦出现可能给企业带来的收益的大小（潜在收入）。

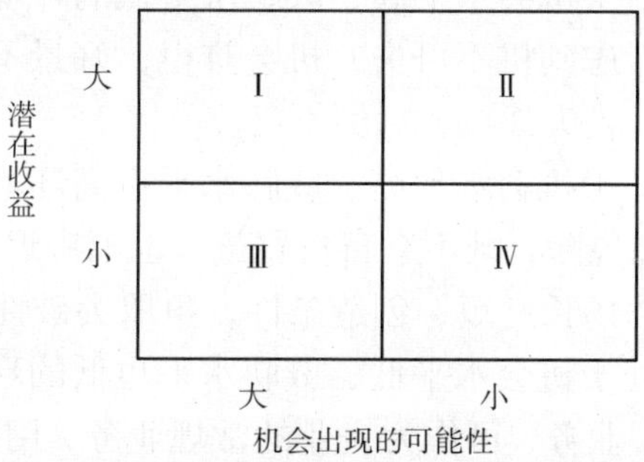

图3-6　机会-收益矩阵分析法

（1）对于情况Ⅰ，机会出现的可能性很大，而且一旦机会出现，企业如能成功利用该机会，则能给企业带来极大的收益，企业应该重点考虑，尽量争取。

（2）对于情况Ⅱ，机会出现的可能性不大，但一旦机会出现，企业如能及时有效利用，也会给企业带来可观的收益，企业应尽量创造条件，利用该机会。

（3）对于情况Ⅲ，机会出现的可能性很大，但就算这个机会出现，也不会给企业带来太大的收益，企业应给予一般性考虑。

（4）对于情况Ⅳ，机会出现的可能性很小，而且机会利用后给企业带来的收益也不会太大，企业可以暂时不予考虑。

运用上述方法，对营销环境诸因素及其变化给企业带来的营销机会进行分析与评价，可以准确地找到企业面临的最有盈利潜力和最有可能出现的市场营销机会，以便企业找到主攻方向。

3．威胁-机会矩阵分析法

环境变化在给企业带来机会的同时，机会的背后也常常隐藏着威胁；企业在面临环境威胁的同时，威胁背后也常常孕育着机会。因此，企业还需要对营销机会和环境威胁进行综合比较与分析，面对威胁与机会水平不等的各种处境，企业应该采取不同的对策。如图3-7所示，横坐标表示威胁水平的高低，纵坐标表示机会水平的高低，根据所处营销环境不同，可以将企业或企业的业务划分为四种类型。

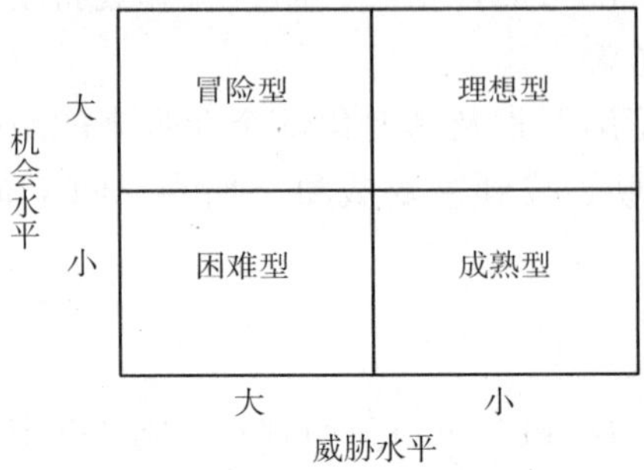

图 3-7　威胁-机会矩阵分析法

（1）理想型企业或业务。处于机会水平高、威胁水平低的环境下的企业或业务属理想型企业或业务。理想型企业要考虑到机不可失，机会难得，好景不长，甚至转瞬即逝，必须抓住机遇，迅速行动；否则，丧失战机，后悔不已。

（2）冒险型企业或业务。处于机会水平高、威胁水平也高环境下的企业或业务属冒险型企业或业务。面对高利润与高风险，既不宜盲目冒进，也不应迟疑不决，以免坐失良机；应全面分析自身的优势与劣势，扬长避短，创造条件，争取突破性的发展。

（3）成熟型企业或业务。处于机会水平低、威胁水平也低的环境下的企业或业务属于成熟型企业或业务。对于成熟型业务，可作为企业的常规业务，用以维持企业的正常运转，并为开展理想型业务和冒险型业务准备必要的条件。

（4）困难型企业或业务。处于机会水平低而且威胁水平高的环境下的企业或业务属困难型企业或业务。困难型企业要么努力改变环境，走出困境或减轻威胁；要么痛下决心，快刀斩乱麻，立即转移，摆脱无法扭转的困境，寻求新的出路。

3.1.6　企业的对策

1．面对环境威胁的对策

如图 3-8 所示，企业面对环境威胁的对策主要有反抗、减轻与转移三种。

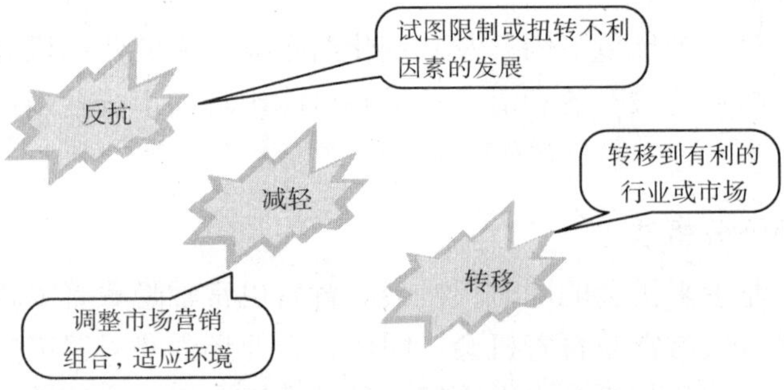

图 3-8　企业面对环境威胁的对策

（1）反抗对策。反抗对策又称正面对抗或促变对策，是指企业通过各种手段扭转不利的环境或限制不利环境的发展。企业联合起来要求取消不利于企业发展的某项法令、政策便属于反抗对策。例如，当前我国电动自行车生产经销企业，面临某些政府限令，应成立行业协会与有关管理部门协商，以争取有利的政策。

（2）减轻对策。减轻对策又称改良市场营销组合对策，指企业适应环境的变化要求，通过调整自身市场营销组合来适应环境，以减轻环境威胁的程度。例如，造纸厂适应政府出台的污染治理政策、法规，采取新的污水处理设备，使排放污水达到排放标准要求。

📖 **实例 3-4** 1945 年，战败的德国一片荒凉。一个德国年轻人曾经以在街上叫卖收音机为生，可由于当时在联军占领下的德国已禁止制造收音机，即使卖收音机也违法的。于是，这位年轻人将组合收音机的所有零件全部准备好，一盒一盒以玩具卖出，让顾客动手组装。这一做法果然奏效，一年内卖掉了数十万组，奠定了德国最大电子公司的基础。

（3）转移对策。转移对策又称改变市场营销组合对策，指企业遇到不可逆转的环境威胁，果断地主动将投资转移到其他有利的行业或市场上去，或实行多元化经营等。例如，生产卷烟转为生产食品，或减少卷烟生产，增加食品和饮料生产等业务，实行多元化经营。

2. 面对市场机会的对策

企业利用市场机会的对策如图 3-9 所示，主要有及时利用、适时利用与放弃不用三种。

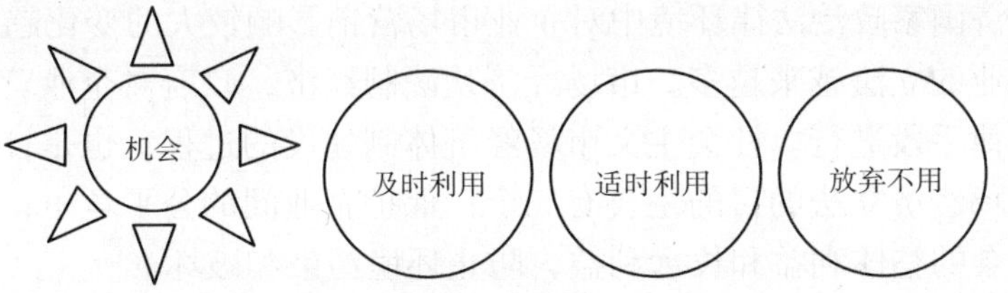

图 3-9 面对市场机会的对策

（1）及时利用。及时利用是指当市场机会出现时，企业马上通过自身可控因素的调整，为目标市场提供产品或服务，以充分利用市场机会。

📖 **实例 3-5** 1959 年，哈罗德公司研制出施乐 914 复印机时，IBM 公司预测复印机在未来 10 年内仅能销售 5 000 台，而拒绝与之合作。但事实上，复印技术被迅速推广，10 年后的哈罗德公司已售出 20 万台施乐 914 复印机，成为一家 10 亿美元的大公司。

（2）适时利用。适时利用是指针对在一定时间内不会发生变化的市场机会，企业目前各种条件暂时不完全具备时，积极准备条件，待各方面条件成熟后，再利用这一市场机会。

（3）放弃不用。放弃不用是指企业对那些即使通过自身努力也无法取得理想效果、利用反而得不偿失、做不如不做的市场机会主动放弃，而另辟蹊径。

📖 实例 3-6　个人计算机的开发始于 20 世纪 70 年代末期，当时，使用中的大部分计算机都是大型计算机，较小型的计算机刚刚开始出现。当时很多做计算机的人认为个人计算机没有前途。IBM 甚至认为，做个人计算机会损害其“巨人”的光辉形象。在许多人对个人计算机业不屑一顾时，独具慧眼的风险投资家却大力投资于该行业，苹果公司就是他们引以为傲的杰作之一。到今天，个人计算机销售量年增长率还在 15%以上，令世人瞠目！

3.2 宏观营销环境分析

3.2.1 政治法律环境

1．政治法律环境的概念

政治环境是指那些对企业营销活动有一定影响的各种政治因素的总和，主要包括一个国家（或地区）的政治制度、政治体制、政治局势、政府在企业营销方面的方针和政策等因素。

法律环境是指能对企业的营销活动起到规范或保障作用的有关法律、法令、条例和规章制度等法律性文件的制定、修改与废除，以及立法与司法等因素的总称。

2．政治法律环境因素发展的变化趋势

现代市场经济国家政治法律环境中对企业市场营销影响较大的变化趋势有四个方面。

（1）管制企业的立法越来越多。市场经济是法制经济，政府对企业营销活动的管理和控制主要通过法律手段进行。社会主义市场经济体制建设的过程，也是社会主义法制日益完善的过程。市场经济立法的目的主要有三个：保护企业间的公平竞争；维护消费者的合法权益；保护社会的整体利益和长远利益，防止环境污染和破坏。

（2）政府机构的执法越来越严。市场经济的发展不但需要建立完善的经济法规体系，而且要有严明的执行机构。随着民主法制建设的日益深入，政府的执法将更加积极和严格。

（3）消费者的维权意识越来越强。随着社会的发展与进步，消费者维权意识越来越强，社会舆论监督力度也日渐增强。

（4）社会公众利益团体的力量越来越大。市场经济的有序运行仅靠政府的力量是远远不够的，必须借助大量的代表一定群体利益的社会性组织，它们能够形成一种强大的社会力量、社会压力。对此，企业的生产经营者要善于应对这一力量的挑战，同时，又要善于捕捉消费者权益保护和环境保护力量所提供的机会。

📖 实例 3-7　1891 年，纽约消费者协会成立。这是世界上第一个以保护消费者权益为宗旨的组织。1899 年，世界上第一个全国性消费者组织——美国消费者联盟诞生。1914 年，美国成立了联邦贸易委员会，这是第一个保护消费者权益的政府机构。1962 年 3 月 15 日，美国总统约翰·肯尼迪在国会发表《关于保护消费者利益的总统特别咨文》，首次提出消费者的“四项权利”，即获得消费安全（安全权）、取得消费信息（认知权）、自由选择商品（选择权）及合法申诉（投诉权）的权利。此后，随着消费者权利保护者的努力，消费者运动成为一项全球性运动。1983 年，国际消费者组织联盟决定将每年的 3 月 15 日作为“国际消费者权益日”。我国在 1985 年 1 月 12 日经国务院批准成立了中国消费者协会。

20 世纪 90 年代之后，消费者运动随着世界经济的发展也出现了新的变化。消费者运动所关心的问题已经从个人的权益发展到如何实现人权、环保、民主等公共价值。

3．政治法律环境因素对市场营销的影响及企业的对策

政治法律环境因素对企业市场营销活动的影响有两个方面：一是保障作用，二是规范作用。市场营销活动中企业相应的策略主要有以下几个方面。

（1）企业的市场营销活动要遵守目标市场东道国的相关法律法规的规范。

（2）企业的市场营销活动要服从国家有关发展战略与政策的要求。

（3）企业要积极利用国家政策给市场营销带来的机会，尽量争取对企业、对社会、对消费者皆有利的法律、法规和政策出台。

（4）企业要积极运用国家法律法规武器，保护自己在市场营销活动中的合法权益。

📖 **实例 3-8**　100 多年前，现代汽车之父卡尔·奔驰发明汽车时，驾驶座是位于车身中央的，但随着汽车在各国的普及，汽车驾驶座的位置也发生了变化。依据人体工程力学原理，90%的人习惯使用右手，早期汽车自然设计成右驾右行。然而在如今的现实生活中，国别不同、文化风俗不同，交通规则也不同。世界上大部分国家是人、车靠右行走；但还有 50 多个国家和地区是左行，英国是其鼻祖，还有印度、澳大利亚、日本、泰国、南非、巴基斯坦、印度尼西亚、新加坡等，多数是过去的英国殖民地和英联邦国家沿袭这条规则。对于汽车生产营销企业来说，毫无疑问应该无条件按照市场国交通规则设计生产汽车。

3.2.2　人口环境

从企业营销的角度看，市场是有现实或潜在需求且有货币支付能力的消费者群。市场的构成要素是人口、购买欲望和购买力。人口的数量、结构、分布及变化趋势，都会对企业的市场营销产生一定的影响。从事国际营销的企业还必须注意世界人口的变化趋势。

1．人口规模及增长速度

人口规模即总人口的多少，是影响基本生活消费品需求的一个决定因素。从总体上来说，一个国家的市场规模大小与人口规模成正比。统计一个国家、一个地区的人口总数及人均收入，就可以大致了解该国家、该地区的市场容量。

一个国家、一个地区的人口增长速度对企业营销的影响有两个方面：一是人口增长促使社会总需求增长，从而为企业营销带来新的市场机会；二是人口增长过快也会限制经济发展，限制人均国民收入的提高，导致某些市场需求的下降。

2．人口结构

如图 3-10 所示，分析人口结构主要应考虑性别结构、年龄结构、家庭结构、民族结构、城乡结构和地区分布六个方面。

图 3-10　人口结构分析的六个方面

（1）性别结构。人们的性别不同，不仅在需求上存在较大差别，而且在购买习惯与购买行为上也存在很大的差别。例如，女性需要化妆品，从而生产化妆品的企业主要以女性为目标市场；男性需要烟、酒，生产烟、酒的企业则主要以男性为目标市场；由于女性多操持家务，大多数日用消费品由女性采购，因此，很多家庭用品都可纳入女性市场。

（2）年龄结构。不同年龄段的消费者对商品和服务的需求也不相同。例如，婴儿需要奶粉、尿布，儿童需要糖果、玩具，青少年需要书籍、文具，老人则需要医药保健等，由此形成了各具特色的市场。随着社会的发展，物质、文化生活水平的提高、医疗卫生事业的发展，人均寿命大大延长；随着人们生育观念的转变，人口出生率下降，因此，在总人口中，老年人所占的比例将逐渐增大，从而老年人用品的需求量也将随之不断增加，将形成一个庞大的“银发市场”。按有关国际组织的规定，一个国家 65 岁以上老人占该国人口总数的 7%以上，这一国家便为老龄化国家。

（3）家庭结构。家庭是商品采购的基本单位。一个国家、一个地区拥有的家庭数及每个家庭成员的多少，都对企业营销活动有着很大的影响。例如，家庭数目多，对家具、家电的需求量必然就大；随着家庭人数的减少、家庭规模的小型化发展，小型炊具市场规模将越来越大，而大型炊具市场将日渐萎缩。我国家庭规模趋于小型化也是一个较明显的趋势。

（4）民族结构。不同民族消费者生活习惯、价值观念、消费模式、文化水平等方面都会有比较大的差异。

（5）城乡结构。我国还是一个农村人口大国。不可否认，在城乡消费者之间，还客观地存在诸多需求差异。

📖 **实例 3-9**　由于信息不对称，外面的产品进不来，村里的产品出不去，这是当今农村产品市场的生动写照。解决了这一问题，不仅是为国家排忧解难，于企业、创业者来说也是重大的商机。全国最大的农村门户平台村村乐，为每个村庄建立一个信息专区，然后通过平台连接起全国 60 多万个村庄、20 余万名网络村官资源，打造了一个企业、平台、村民共赢的生态圈。

（6）地区分布。居住在不同地区的人，由于地理位置、气候条件、自然资源、风俗习惯的不同，不仅存在不同的需求，而且在购买习惯与购买行为方面也存在差别。我国还存在人口地理分布不均匀的特点，如果从黑龙江漠河至云南腾冲画一条线，差不多把我国分为面积几乎相等的左右两部分，东南部人口约占总人口的 94%，西北部人口仅占 6%。

3.2.3　科技环境

科学技术是影响企业营销活动的诸多因素中，作用最直接、力度最大、变化最快的因素。随着社会的发展，科技在一个国家发展中的影响与作用也越来越明显，科技的进步深刻地改变着企业的生产与人们的生活。

2015 年 3 月 5 日，在十二届全国人民代表大会三次会议上，李克强总理在政府工作报告中首次提出“互联网+”行动计划。“互联网+”不仅仅是互联网移动、泛在、应用于某个传统行业，更加入了无所不在的计算、数据、知识，造就了无所不在的创新。新一代信息技术发展催生了“创新 2.0”，而创新 2.0 又反过来作用于新一代信息技术形态的形成与发展，重塑了物联网、云计算、社会计算、大数据等新一代信息技术的新形态。新一代信息技术的发展又推动了创新 2.0 模式的发展和演变，Living Lab（生活实验室、体验实验区），Fab Lab（个人制造实验室、创客），AIP（“三验”应用创新园区），Wiki（维基模式），Prosumer（产消者），Crowdsourcing（众包）等典型创新 2.0 模式不断涌现。

（1）科技的变革在给企业带来营销机会的同时，也形成了发展威胁。新技术对企业的发展来说，是一种“极具创造性与毁灭性的力量”。技术的每次进步都会给某些企业带来新的市场机会，甚至会催生一些新的行业。同时，新技术的出现，特别是科技浪潮的推动，也会给某些行业带来环境威胁，甚至会给某些企业带来灭顶之灾，使旧行业受到冲击甚至被淘汰。

（2）科技的变革为企业改善经营管理提供了有力的技术保障。科技的发展不仅对企业经营管理提出了更高的要求，也为企业改善经营管理提供了物质条件。

（3）科技的变革创造出许多新的营销方式。近年来，由于新技术的发展与应用，在我国“电视购物”“网络购物”“网络营销”“电子商务”“无人售货机”“电子钱包”“商业自动化”等新的营销方式，也不再是什么新鲜的事物了。

率先提出工业 4.0 概念的德国走得更远。如今在德国一些城市的街头，停着不少有特殊标识的汽车，只要是会员，就可以用一张卡片把任意一辆车开走，办完事停在路边走人即可，而你驾驶车辆的所有数据会及时传回车厂，并从你的账户扣除相关费用。这一模式未来很可能颠覆传统汽车的销售模式，很多人今后可以不必再买车，而类似奔驰、宝马这类传统制造企业，也很可能会演变成汽车服务提供商……

3.2.4　社会文化环境

1. 社会文化的概念

文化包括精神文化与物质文化两部分内容。这里讲的主要是精神文化，是人们对客观物质世界的一种主观认识，或者说，是人们对客观的无差别的物质世界赋予的有差别的、主观的、意识形态的内涵。

社会文化是指社会成员共有的、共同的对客观物质世界的看法、态度及观念等，它反映社会成员精神财富的总和。每个消费者都生活在一定的社会文化之中，其消费行为也必然带有社会文化的烙印。

2．社会文化的构成要素

如图3-11所示，分析社会文化环境主要应分析认识体系、宗教信仰、风俗习惯和文化禁忌四个方面。

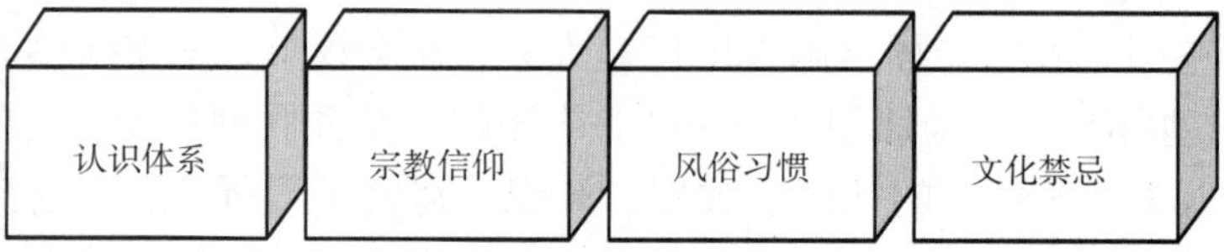

图3-11　社会文化的构成要素

（1）认识体系。认识体系是由感知、思维方式、世界观、价值观、信仰、艺术、伦理道德、审美观念、语言文字，以及其他具体科学构成的。其中，价值观和世界观最为重要，是认识体系的核心。例如，黄色书刊在中国是指色情淫秽书刊，而在美国却是指无所顾忌制造耸人听闻消息的书刊；在中国，红色指革命性的内容，而在美国，红色往往与色情服务有关，如“红灯区”；喜鹊在中国是吉祥喜庆的象征，而西班牙认为其是贼鸟；猫头鹰在中国意味着不吉利，而在欧美却是智慧的象征等。

（2）宗教信仰。宗教影响着信教人们的消费需求与消费行为，特别在一些信奉宗教的国家里，其影响更大。为了增加营销的有效性，企业必须了解各种宗教兴什么、忌什么，并生产与销售符合宗教信仰、符合宗教习惯的产品。例如，伊斯兰教不仅忌食猪肉，而且还禁用猪皮、猪油等与猪有关的产品。

（3）风俗习惯。风俗习惯一般是指世代相袭固化而成的一种风尚。不同国家之间、同一国家不同地区和不同民族之间，往往存在不同的风俗习惯，从而人们在生活方式、消费偏好、饮食习惯、穿着打扮等方面也常常是大相径庭的。企业开展市场营销活动，必须了解各地的风俗习惯，根据不同地区、不同民族的风俗习惯开展有针对性的营销活动。

（4）文化禁忌。禁忌是犯忌讳的话和行为。营销活动过程中需要注意，切不可违反某一国家或某一群体，特别是目标市场顾客群的文化禁忌。例如，日本忌讳绿色，认为绿色不吉利；忌荷花图案，忌9、4等数字，因为“9”在日语中发音与“苦”相同，“4”的发音和“死”相同。又如，美国人忌“13”和“星期五”，忌蝙蝠做图案的商品和包装。英国人忌用人像做商品装潢，忌用大象图案，认为大象是蠢笨的象征；讨厌孔雀，认为它是祸鸟；忌送百合花，认为百合花意味着死亡。法国人忌黄色的花，认为黄色的花象征不忠诚；忌黑桃图案，视之为不吉利；忌仙鹤图案，认为仙鹤是蠢汉和淫妇的象征；忌墨绿色，因为纳粹军服用墨绿色，等等。

📖实例3-10　2013年8月20日，知名护肤品韩后在《南方都市报》刊登了整版“天下无三”创意广告，内容是“前任张太，你放手吧！输赢已定。好男人，只属于懂得搞好自己的女人！祝你早日醒悟。搞好自己，愿，天下无三。——张太”。此广告语言大胆、出格，以“小三”的口吻叫板“正室”，与现实社会中低调的小三形象有较大差别，引发社会热议，褒贬不一，连带“张太”也一不小心成了热词。虽然韩后一再声明此广告只是一则创意广告，后面还有六则内容，后面的广告中会逐渐披露前任张太和张太就是一个人，但是还没等到后面几则广告出来，当地工商部门就介入调查了，经查实，认定这是一起违反《广告法》的商业炒作。

3．文化环境对市场营销的影响

社会文化是影响企业营销活动的重要因素之一。因此，企业要想使营销活动被目标市场消费者喜闻乐见，必须认真研究目标市场顾客群的文化背景，“投顾客所好”，才能顺利实现预定的营销目标。因此，企业一定要注意“入国守禁，入境问忌，入乡随俗，入门避讳”。

📖 **实例 3-11**　迪士尼乐园是世界第二大娱乐传媒企业，作为一家大型跨国企业，它涉及的业务横跨娱乐节目制作、主题公园、玩具、图书、电子游戏和传媒网络等多个领域。目前在美国洛杉矶、佛罗里达州，日本东京，法国巴黎，中国香港、上海等地拥有迪士尼乐园。除了法国巴黎，其他地方的迪士尼乐园都经营得很成功。为什么巴黎的迪士尼乐园会成为经营最失败的主题公园呢？除了当时经济不景气以外，他们还忽略了一个文化性的原因，即法国人排斥美国文化，再加上美国管理层过于迷信在美国和日本取得的管理经验，不重视法国的实情，也不重视法国员工的合理建议与意见，导致美国迪士尼在法国巴黎遭遇失败。

3.2.5　经济环境

经济环境是指影响企业营销活动的外部经济因素，如图 3-12 所示。分析经济环境应主要分析经济发展阶段、国民经济的运行状况、地区与行业的发展状况、社会购买力水平和居民消费模式等因素。

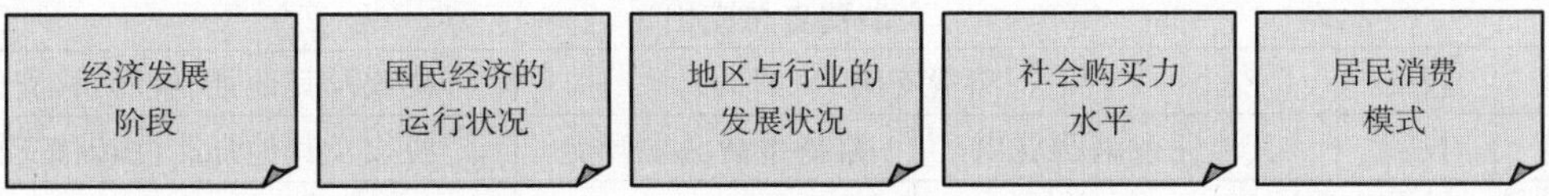

图 3-12　经济环境分析的主要内容

1．经济发展阶段

根据美国经济史学者罗斯托的理论，一国经济发展的阶段可以划分为传统社会阶段、为经济起飞做准备阶段、经济起飞阶段、经济成熟阶段、生活高消费阶段和追求生活高质量阶段六个阶段。一个国家或地区所处的经济发展阶段，会对这个国家的社会需求起到直接或间接的制约作用，进而对企业的营销活动产生很大的影响。

2．国民经济的运行状况

一个国家或地区的经济运行状况，不仅直接影响国民收入的高低，还直接影响到一个国家或地区经济政策、措施的规定与实施。例如，经济过热、经济增长速度过快时，国家往往采取紧缩性的财政政策与货币政策，以给经济增长降温；经济衰退时，国家往往采取扩张性的财政政策与货币政策，以增加社会总需求，使经济增长升温。这对企业的营销活动都会直接或间接造成很大影响。

3．地区与行业的发展状况

在社会化大生产条件下，经济有序运行客观上要求不同部门、不同地区按比例协调发展。地区与行业的发展是否平衡、结构是否合理都将直接影响到社会再生产的顺利进行和社会经济的稳定增长。地区与行业的发展状况及其调整与优化有可能给一部分企业的发展带来市场机会，也有可能造成威胁。

4．社会购买力水平

社会购买力水平是构成市场和影响市场规模大小的主要因素之一。购买力的大小取决于人们的收入多少及其支出状况。

从市场营销的角度看，GDP、GNP、国民收入这三个指标从总体上反映了某一国家或某一地区的总体经济收入状况。而人均国民收入、个人收入、个人可支配收入、个人可任意支配收入等指标则反映了居民收入水平的高低。

消费者收入与支出结构如表 3-1 所示。消费者总收入既包括消费者个人的劳动收入（如工资、奖金等），也包括非劳动收入（如红利、利息、租金、馈赠、遗产等）。个人可支配收入是指从个人收入中，支付税收及其他强制性转移支出后剩下的收入，即个人能够用于个人消费支出或储蓄的数额。个人可任意支配收入，是指从个人可支配收入中减去维持生活必须支出（如必要的食物、房租、水电费等）后所剩下的收入。个人可任意支配收入是影响消费者需求变化的活跃因素，它一般用于发展性、享乐性消费和储蓄与投资。这部分收入是影响消费需求最活跃的因素，也是市场营销应该重点研究的内容。

表 3-1　消费者收入与支出结构

<table>
<tr><td colspan="7">消费者总支出</td></tr>
<tr><td>储蓄</td><td>投资</td><td colspan="2">消费支出</td><td colspan="3">税收及其他强制性转移支付</td></tr>
<tr><td>储蓄</td><td>投资</td><td>其他任意消费支出</td><td>维持生活必须开支</td><td colspan="3">税收及其他强制性转移支付</td></tr>
<tr><td colspan="3">个人可任意支配收入</td><td>维持生活必须开支</td><td colspan="3">税收及其他强制性转移支付</td></tr>
<tr><td colspan="4">个人可支配收入</td><td colspan="3">税收及其他强制性转移支付</td></tr>
<tr><td colspan="5">劳动收入</td><td>非劳动收入</td><td>信贷</td></tr>
<tr><td colspan="7">消费者总收入</td></tr>
</table>

5．居民消费模式

居民消费模式又称消费结构，是指人们的消费总支出包括哪些内容及这些消费支出内容之间的比例关系。

分析消费模式和结构的代表性的方法是运用恩格尔定律。恩格尔是德国统计学家，他在 1875 年研究劳工家庭支出构成时指出：当家庭收入增加时，用于购买食物支出的比例将会下降，而用于服装、交通、保健、文娱、教育的开支及储蓄的比例将上升。这一定律被称为恩格尔定律，反映这一定律的系数被称为恩格尔系数。其公式表示如下：

恩格尔系数=（食物支出总额/家庭或个人消费支出总额）×100%　　(3-1)

对消费者支出的分析有助于了解消费者一定时期内的消费支出结构及购买行为模式及其特点，有助于企业做出有针对性的营销决策。

实例 3-12　恩格尔系数是衡量家庭、地区及国家富裕程度的重要参数。根据联合国粮农组织提出的标准，恩格尔系数在 59%以上为贫困，50%~59%为温饱，40%~49%为小康，30%~39%为富裕，低于 30%为最富裕。

3.2.6　自然地理环境

从企业市场营销的角度来看，自然地理环境是指影响目标市场顾客群需求特征与购买行为的气候、地貌、资源、生态环境等因素。

1. 气候因素

气候是指一个地区经过多年观察所得到的概括性的气象情况。我国幅员辽阔，南北地区之间、东西地区之间，气候差异较大。处在不同气候条件下的人们，对某些产品的需求存在较大甚至根本不同的需求。例如，在寒带，人们对羽绒服、太空衣的需求量很大，对电风扇、制冰机的需求量则很小；而在热带、亚热带地区，人们对这些东西的需求状况则恰恰相反。

2. 地貌因素

地貌的差异，使得人们对生产工具、交通工具的需求存在很大不同。在平原地区，一马平川，大型农机具有较大市场，人们对自行车的需求量大；而在山区，小型农机更受欢迎，人们对自行车的需求量则相对较小。

3. 资源因素

自然资源除少数几种取之不尽、用之不竭外，其他资源可分为两大类：可再生资源与不可再生资源。可再生资源在某一时期里其数量是有限的，但它可以不断地被再生产出来，如粮食、木材等；不可再生资源不仅其数量在一定时期里是有限的，而且其数量只能随着该类资源的使用而减少，不能被再生产出来，如石油、煤和各种矿产资源。一个国家、一个地区的资源状况直接影响到该国家、该地区企业的生产和社会的发展。以不可再生资源为例，随着各种不可再生资源的大量使用，其数量日减，对提供该类资源的企业来说在一定时期内是机会，但对使用该资源的企业来说，随着资源的渐趋枯竭，其产品成本会越来越高，无疑是极大的威胁。

4. 生态环境因素

现代工业的发展，一方面，以前所未有的规模和速度为人们提供了品种更多的产品；另一方面，也带来了严重的污染，破坏了生态环境。目前环保问题已成为一个世界性的问题。毫无疑问，这给一些污染行业、污染大户敲响了警钟，而为生产环保设备及提供无污染新技术、新包装的企业带来了市场机会。

综上所述，对企业营销管理者来说，如图3-13所示，应该注意自然地理环境因素五种变化趋势对市场营销所造成的威胁和机会，这五种变化趋势即自然资源日益短缺、能源成本日益提高、环境污染日益严重、政府干预日益加强、绿色营销全球兴起。

图3-13　自然地理环境因素的变化趋势

3.3 微观营销环境分析

3.3.1 企业内部条件

1．企业内部条件的概念

企业内部条件是指对企业营销活动产生影响而营销部门又无法直接控制或改变的各种企业内部条件因素的总称。这些因素或对企业的市场营销活动起着制约作用，造成企业市场营销的劣势局面；或者对营销活动发挥保障作用，形成企业市场营销的优势地位。企业内部条件分析是企业科学规划营销战略、合理制定营销策略的基础。

2．企业内部条件分析的主要内容

（1）分析企业发展战略对市场营销的重视程度。开展市场营销工作，首先应分析企业发展战略对其的重视程度，主要了解企业决策层对开展营销活动的观念与态度、政策与举措等的现实状况如何。对此，应主要分析企业是否把市场营销作为企业的投资方向或战略重点，是否有切实可行的战略规划等。

（2）分析市场营销所需资源的保障能力。主要分析企业资源的占有状况、资源的配置政策等问题。主要分析企业开展市场营销所需占有的人、财、物、信息和技术等资源的状况。

（3）分析营销部门在企业中的地位。企业系统是由一系列部门构成的有机整体，除营销部门外，还有技术开发部门、原材料采购部门、生产部门、财务部门、人力资源管理部门、物流管理部门等。市场营销活动的开展还必须考虑企业其他相关部门对营销部门工作的配合与支持能力，对此，应主要分析企业组织结构的模式、企业的管理水平、企业的管理体制等问题。

3.3.2 供应商

1. 供应商的概念

供应商是指向企业及竞争者提供生产产品或提供服务所需资源的企业和个人。

2. 供应商对现代市场营销的影响

供应商提供的资源在品种、规格、数量、质量上是否符合企业生产的要求，以及资源的价格、供货时间、供应商的资信等都直接关系着企业营销工作的成败与效果。对企业来说，应选择那些能保证质量、交货及时、供货条件好和价格低廉等因素实现最佳组合的供应商。同时应尽可能选择几家供应商，以避免对某一家供应商的过分依赖，并与供应商建立长期的供销关系，以便在及时供货、价格等方面享受优待。

📖 **实例 3-13** 波音是世界上最大的飞机制造公司，却只生产座舱和翼尖，其余零部件均由来自世界不同国家与地区的供应商提供。

由于互联网的应用，企业和供应商之间可以共享信息、共同设计产品，合作解决技术难题变得更加容易，企业和供应商之间更加容易建立起长久合作的关系。例如，IBM 公司为我国中小企业和服务性机构提供了有针对性的信息化解决方案，同时也使 IBM 公司赢得了巨大的中国市场。

3.3.3 营销中介

1. 营销中介的概念

营销中介是指协助企业推广、销售和分配产品给最终购买者的那些企业和个人。如图 3-14 所示，营销中介主要包括中间商、物流配送机构、营销服务机构和金融中介机构。企业在营销过程中，必须处理好同这些中介机构的合作关系。

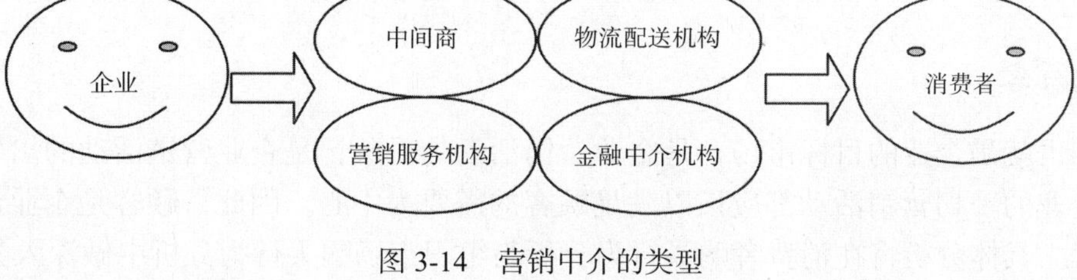

图 3-14 营销中介的类型

2. 营销中介的类型

（1）中间商。中间商是协助企业寻找顾客或直接与顾客进行交易的商业企业。中间商可以分为经销商和代理商两类，经销商又可分为批发商和零售商两类。

中间商是企业开拓市场的重要力量，企业与中间商的关系是一种合作关系。除直接销售外，企业要开拓市场，要解决生产集中和销售分散的矛盾，必须通过中间商的协助才能快速打开市场。

📖 实例 3-14　海尔的“走出去”战略呈现多赢局面，但并不是说海尔进军海外之路一帆风顺。海尔刚刚在美国建厂的时候，美国人根本不认识海尔，打开美国市场谈何容易。1990 年，海尔高薪聘请了美国人迈克成为海尔美国区的总裁。迈克认为，要让美国人认识海尔，事半功倍的方法是让海尔进入美国最大的连锁超市沃尔玛。沃尔玛在全美国有 2 700 多家连锁店，每家都摆满了来自世界各地的名牌产品。让沃尔玛接受一个陌生的品牌非常困难，整整 2 年时间，迈克甚至没有机会让沃尔玛看一眼海尔产品。有一天，他想出了一个好办法，他在沃尔玛对面竖起了一个海尔的大广告牌，这样沃尔玛的高层每天在休息的时候都能看到海尔。功夫不负有心人，终于有一天，沃尔玛的采购高层对海尔产生了兴趣，开始约见海尔代表。进入沃尔玛之后，海尔的产品已从最初的一两种发展到现在的近十种。

（2）物流配送机构。物流配送机构是指协助制造商储存产品或负责把产品从原产地运送到销售地的企业，主要包括仓储企业和运输企业。企业的生产基地一般是集中的，而消费者则有可能分散在全世界，解决这个问题一般来说有三种方案：买方完成（取货）、卖方负责（送货）和第三方物流。第三方物流提供机构是一个为企业提供物流服务的组织，它们并不在供应链中占有一席之地，仅是第三方，但通过提供一整套物流活动来服务于供应链。企业对物流配送企业的依赖性将日渐加强。

（3）营销服务机构。营销服务机构是指市场调研企业、广告代理企业、广告媒体机构、营销咨询策划公司等。企业对营销服务机构的依赖也日益增强。这是因为，现代市场经济条件下，企业面对的市场更加广阔，面临的营销问题也更加复杂，企业只有依靠这些专业的营销服务机构，才能更好地解决这一系列的问题。

（4）金融中介机构。金融中介机构是指对货物购销提供融资、结算或保险的各种企业，主要包括银行、信托公司、保险公司等。银行等金融机构对市场营销所起的作用是支持和服务。在市场经济条件下，企业与金融机构关系密切，企业间的财务往来要通过银行结算，企业的财产和货物要通过保险机构取得风险保障，信贷来源也会影响企业的发展。

3.3.4　顾客

顾客也就是企业的目标市场，是企业营销活动的对象，是企业营销活动的出发点与归宿点，企业的一切营销活动都应该以满足顾客的需要为中心。因此，顾客是企业最重要的环境因素。具体分析将在消费者购买行为分析与组织市场购买行为分析中做深入介绍。

📖 实例 3-15　海尔销往四川地区的洗衣机故障率很高。海尔通过市场调查发现，洗衣机故障率高的原因并不在洗衣机本身，而在于当地人不仅用洗衣机洗衣服，还用洗衣机洗地瓜。于是，海尔及时推出了名叫“小地瓜”的洗衣机，改进了功能设计，使得洗衣机不仅能洗衣服，也能洗地瓜。

3.3.5　竞争者

市场经济是一种竞争经济，竞争给企业以压力，也增强了企业的活力；竞争实现了企业的优胜劣汰，也实现了社会资源的优化配置。在市场营销活动中，企业还应该在全方位研究竞争者的基础上，制定竞争性的营销战略。

📖 **实例 3-16**　两个人在森林里步行，一只猛虎突然呼啸而来。A 赶紧从背包里取出一双更轻便的运动鞋换上。B 见状，急忙吼道：“赶快想个法子逃命啊！你以为你穿上运动鞋就可以跑过老虎啊！”A 说：“我只要跑得比你快就有希望。”

1．识别竞争者

企业要制定正确的竞争战略和策略，就要深入地分析与研究竞争者。分析与研究竞争者的首要问题就是识别竞争者，即明确谁是企业的竞争者。从消费需求的角度划分，企业所面对的竞争者包括以下四类，如图 3-15 所示。

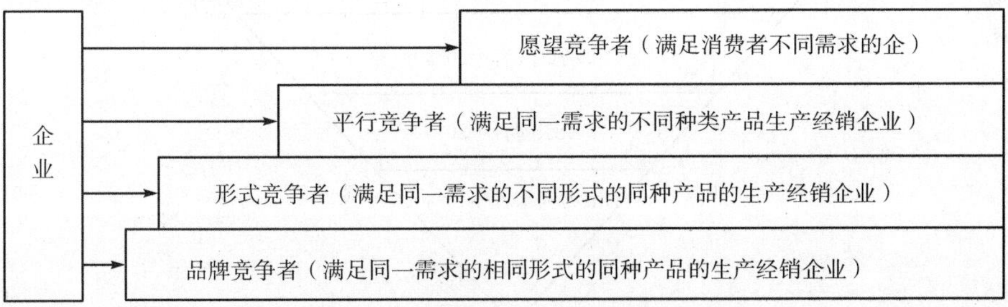

图 3-15　企业面对的竞争者类型

（1）愿望竞争者。愿望竞争者是指提供不同产品以满足消费者不同需求的与企业构成竞争关系的众多企业。消费者的需要是多方面的，但很难同时满足，在某一时刻可能只能满足其中的一个需要。消费者经过慎重考虑做出购买决策，往往是提供不同产品的厂商为争取该消费者成为现实顾客竞相努力的结果。因此，从最广泛意义上说，生产不同产品、满足消费者不同需求的企业间存在竞争关系。

（2）平行竞争者。平行竞争者是指提供不同产品以满足人们同一种需求的与企业构成竞争关系的众多企业。例如，消费者为锻炼身体准备购买体育用品，他要根据年龄、身体状况和爱好选择一种锻炼的方式，是买羽毛球拍和羽毛球，还是买游泳衣，或是买钓鱼竿，这些产品的生产经营者的竞争，将影响消费者的选择。从较广泛意义上说，满足人们同一种需求的所有企业间都存在竞争关系。

（3）形式竞争者。形式竞争者是指提供满足消费者同一需要不同形式的同一种产品的与企业构成竞争关系的众多企业。同一产品，规格、型号不同，性能、质量、价格各异，消费者将在充分收集信息后做出选择。例如，购买彩电的消费者，要对规格、性能、质量、价格等进行比较后再做出抉择。

（4）品牌竞争者。品牌竞争者是指提供满足消费者同一需要的同种形式的不同品牌产品的与企业构成竞争关系的众多企业。例如，生产同一规格各种品牌彩色电视机的企业之间就属于品牌竞争者。

📖 **实例 3-17** 百事可乐曾有这样一则广告：一个小男孩向自动售货机投币，但他的身高不足以碰到百事可乐的按钮，于是他先投币取到两瓶可口可乐，将其踩在脚下，又投币拿到一瓶百事可乐，然后高高兴兴地离开。运用比较性广告，实行进攻性营销，是许多企业在营销战中常用的手段之一。在我国，从法律和商业道德出发考虑，这不是主流的竞争方式。

2．市场地位研究

企业在市场竞争中所处的市场地位，可以根据企业在目标市场上市场占有率的高低而定。一般而言，按照市场占有率由高到低排列，可以把同一目标市场上的企业分成以下四类，如图 3-16 所示。处于不同市场地位的企业应该采取不同的竞争战略与营销策略。

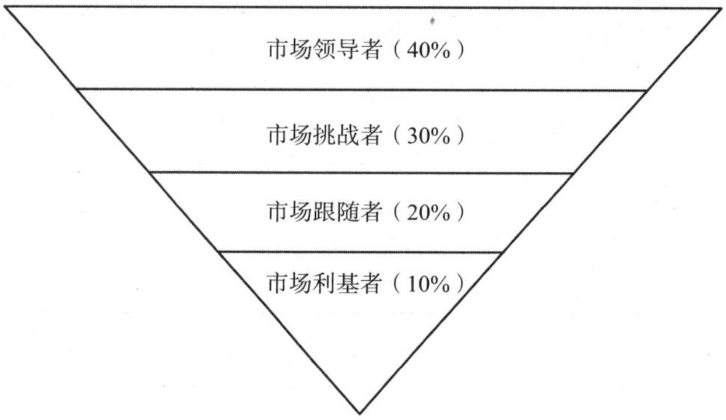

图 3-16　企业市场地位

（1）市场领导者。市场领导者是指占有最大市场份额，在价格变化、新产品开发、营销渠道建设和促销策略等方面对本行业其他企业起着领导作用的企业。市场领导者要想维持自己的领导地位，必须注重三个方面的努力：扩大总需求、维持现有市场份额与逐步扩大市场份额。市场领导者应该不失时机地选择营销策略进行对抗与防御，以保持在传统市场和新兴市场上的竞争优势和领导地位。

（2）市场挑战者。市场挑战者是指在本行业市场上占据第二位及后面位次，有能力对市场领导者和其他竞争者采取攻击行动，希望夺取市场领导者地位的企业。这类型企业一般都积极地把市场营销看作竞争的有力武器，制定营销策略时一般采取的是积极的、全力投入的阵势。

📖 **实例 3-18** 戴尔曾经投放的一则广告被外界视为联想与戴尔营销大战的导火线。广告内容是这样的：售货员卖出一支冰激凌，被一位肥胖的中年人拿走，舔了一口后才递给消费者。很多人指出，广告里的中年人显然是指 PC 企业的分销商，戴尔是在告诉消费者："计算机在到你们手上之前，被分销商占了便宜。"而联想则拥有目前中国最庞大的 PC 分销商队伍。

（3）市场跟随者。市场跟随者是指那些在产品、技术、价格、渠道和促销等大多数营销战略方面都模仿和跟随市场领导者的公司。市场追随者一般采取有利于自身发展且不会引起竞争者报复的营销策略。

（4）市场利基者。利基市场是指在市场中通常被大企业所忽略的某些细分市场。市场利基者是指那些专门为规模较小的或大公司不感兴趣的细分市场提供产品或服务的公司。利基战略，就是指企业根据自身所特有的资源优势，通过专业化经营来占领这些市场，从而最大限度地获取收益所采取的竞争战略。一般而言，市场利基者一般采取拾遗补阙、见缝插针的专业化营销战略。

📖 **实例 3-19**　市场利基者，译自 Niche，来源于法语。法国人信奉天主教，在建造房屋时，常常在外墙上凿出一个不大的神龛，以供放圣母玛丽亚像。它虽然小，但边界清晰，内有乾坤，因而后来被引来形容大市场中的缝隙市场。英语里，它的意思是在悬崖上的石缝，人们登山时常常借助这些微小的缝隙作为支点，一点点向上攀登。20 世纪 80 年代，美国商学院的学者们将这一词引入市场营销领域。

3.3.6　营销公众

1. 营销公众的概念

营销公众是指对企业实现营销目标有现实或潜在影响的群体和个人。得到各类公众的理解与支持，是企业搞好营销的重要条件之一，明智的企业都会采取卓有成效的具体步骤建立并保持与社会公众友好的建设性公共关系。

2. 营销公众的类型

营销公众除了顾客、营销中介及竞争者之外，还包括以下几种。

（1）融资公众。影响企业融资能力的金融机构，如银行、投资公司、证券经纪公司、保险公司等。

（2）媒介公众。主要是报纸、杂志、广播和电视等有广泛影响的大众传播媒体。企业必须与媒体组织建立友善关系，争取有更多更好的有利于本企业的新闻。

（3）政府公众。与企业营销活动有关的政府机构。企业的发展战略与营销计划必须和政府的发展计划、产业政策、法律法规保持一致，注意咨询有关产品安全卫生、广告真实性等法律问题，倡导同业者遵纪守法，向有关部门反映行业的实情，争取有利于产业发展的立法。

（4）社团公众。包括保护消费者权益的组织、环保组织及其他群众团体等。企业营销活动关系到社会各方面的切身利益，必须密切注意来自社团公众的批评和意见。

（5）社区公众。与企业同处某一区域的其他组织和个人。企业必须重视保持与当地公众的良好关系，积极支持社区的重大活动，为社区的发展贡献力量，争取社区公众的理解和支持。

（6）一般公众。上述各种关系公众之外的社会公众，即与企业无直接利害关系，但其言论对企业市场营销有潜在影响的公众。

（7）内部公众。组织机构内部成员，包括高层管理人员和一般员工。企业的营销计划，需要全体员工的充分理解、支持和具体执行。企业应经常向员工通报有关情况，介绍企业发展计划，发动员工出谋划策，关心员工福利，奖励有功人员，增强内部凝聚力。员工的责任感和满意度，必然影响外部公众，从而影响企业在公众心目中的形象。

【职业知识检测】

1．名词解释

营销环境　　营销机会　　环境威胁　　恩格尔系数　　社会文化

2．填空题

（1）营销环境是指对企业营销活动有（　　）而（　　）的各种因素的总称。

（2）市场营销环境分析的目的就是：发挥（　　）、克服（　　），寻求（　　）、避免（　　），谋求企业（　　）、（　　）与（　　）间的动态平衡。

（3）按照市场占有率由高到低排列，可以把同一目标市场上的企业分成以下四类，即（　　）、（　　）、（　　）、（　　）。

（4）从消费需求的角度划分，企业所面临的竞争者包括（　　）、（　　）、（　　）、（　　）四类。

（5）（　　）是指对企业实现营销目标有现实或潜在影响的群体和个人。

（6）一个国家或家庭恩格尔系数越（　　），说明其生活越贫困；恩格尔系数越（　　），说明其生活越富裕。

（7）根据营销环境对企业营销活动影响的直接程度，营销环境可分为（　　）和（　　）两部分。

（8）微观营销环境主要包括（　　）、（　　）、（　　）、（　　）、（　　）、（　　）六类因素；宏观营销环境主要包括（　　）、（　　）、（　　）、（　　）、（　　）、（　　）六类因素。

3．选择题

（1）下列因素中，对企业营销活动影响较为密切且作用比较直接，属于微观营销环境因素的是（　　）。

A．社会文化　　B．政治法律　　C．竞争者　　D．自然地理

（2）西方人普遍认为“13”这个数字是不吉利的，常以 14 或 12 代替，这属于（　　）环境因素。

A．经济　　B．科学技术　　C．社会文化　　D．政治法律

（3）保健品市场的兴起是由于人们观念变化引起的，这一因素属于（　　）因素。

A．经济　　B．科学技术　　C．社会文化　　D．政治法律

（4）某地区由于蚕丝市场不景气，很多农户砍掉了桑树。可以断言，明年该地区蚕农的收入将（　　）。

A．减少　　B．增加　　C．持平　　D．无法判断

（5）S 公司仅派两名管理人员到某亏损洗衣机厂，帮助加强管理，真正把好产品质量关，并允许该厂使用 S 公司的商标生产和销售洗衣机，一年下来后该企业转亏为盈。这表明（　　）。

A．品牌对于现代企业的经营非常重要，创出了品牌就有了一切

B．先进企业帮助落后企业，只要协助加强质量管理就能取得成功

C．质量越高，企业产品的竞争力就越强，企业的经营效益就越好

D．该亏损洗衣机厂的基础还是不错的，否则很难在一年内扭亏为盈

（6）某公司以前主要生产塑料制品，经营状况不理想。后来注意到影视作品及电视广告中出现的家庭居室多使用各色塑料百叶窗，这种现象渐成时尚。于是公司推出了各种款式、尺寸、颜色的百叶窗，取得了不错的经营业绩。该公司的这一调整是对下列哪种环境要素做出的反应？（　　）

A．技术环境　　B．经济环境

C．社会文化环境　　D．政治环境

（7）某企业在进行生产什么产品的经营决策时，预测到国民经济及本地区经济将会出现新一轮的高速增长。这样的话，你认为该企业应该经营哪类商品？（　　）

A．收入弹性大的商品　　B．收入弹性小的商品

C．价格弹性大的商品　　D．价格弹性小的商品

（8）在宏观物价水平基本稳定的情况下，如果银行利率连续下调，预期最有可能出现以下哪种情况？（　　）

A．群众购买欲望增强，市场需求增加

B．群众购买热情下降，物价更趋稳定

C．企业投资减少，银行经营更加困难

D．企业投资大幅减少，物价逐渐下降

（9）处于威胁水平高、机会水平低营销环境下的企业，属于（　　）企业。

A．冒险型　　B．理想型　　C．困难型　　D．成熟型

（10）根据恩格尔定律，一个国家恩格尔系数越大，说明该国国民总体消费水平越（　　）。

A．高　　B．低　　C．无法确定　　D．富裕

（11）在相关产品市场上，市场占有率最高的企业称作（　　）。

A．市场领导者　B．市场挑战者　C．市场跟随者　D．市场利基者

（12）对于汽车生产企业而言，计算机生产企业属于其（　　）。

A．品牌竞争者　B．形式竞争者　C．平行竞争者　D．愿望竞争者

（13）随着中国经济的发展，私人轿车进入家庭，对中国人来说已不再是遥远的梦想。然而随着私家车的日益增多，本来就十分严重的交通紧张状况将面临雪上加霜的困境。因

此，中国的交通问题最终必然限制私人轿车的发展。以下哪项为真，最能反驳上述观点？（　　）

A．私人轿车的增多不是交通紧张状况加剧的主要原因

B．应该先发展交通，再发展轿车工业

C．轿车进入家庭，必将带动中国交通的发展，从来就是先有车然后才有路

D．在中国只有发展公共交通和自行车才不会加剧交通紧张状况

（14）一个国家中央银行利率下调后，本国的进口业务将会（　　）。

A．顺利进行　B．遇到困难　C．无关紧要　D．持续增长

（15）海外旅游公司是上海通用汽车公司的（　　）；空调生产企业与电风扇生产厂家之间是（　　）关系。

A．品牌竞争者　B．愿望竞争者　C．形式竞争者　D．平行竞争者

4．简答题

（1）什么是企业的营销环境？企业的营销环境分析应考虑哪些方面的内容？你是怎样认为的？

（2）恩格尔定律的主要内容是什么？市场营销为什么要研究恩格尔系数？

（3）市场营销中，考虑社会文化因素有何重要性？你是怎样认为的？

（4）查阅我国目前最新的人口统计资料，了解我国企业开展市场营销的人口环境现状。

（5）企业营销环境分析的目的是什么？企业营销环境分析方法有哪些？在工作实践中应该如何应用？

【职业技能训练】

1．方案策划

（1）假设你是可口可乐公司的业务员，负责护送一辆载着一车过期面包的可口可乐公司的卡车，准备到偏远的地区把这些面包销毁，但在半路遇见了一群难民他们十分饥饿，把路给堵住了，当场还有刚刚赶来的记者，那些难民知道车里有吃的。请问你会怎样处理这件事情，不让记者报道公司把过期的面包给人吃，又让难民可以吃掉这些不会影响身体的救命面包。（注：车不可以回去，车上只有面包，不可以贿赂记者。）

（2）心里美超市在每周一份的商品快讯里，印发一条本周促销活动公告：在本周内（2016 年 2 月 13—19 日）凡持本超市购物小票一张，可到服务总台换得价值 3.00 元的 ×× 饮料 1 瓶。请你分析该促销活动公告没有明确哪些细则？

2．分析讨论

联系实际，讨论 21 世纪企业的营销环境有哪些变化趋势。

3．案例分析

百货公司经理查核新售货员的工作情况，问："你今天有几位顾客？"答："一位。"问："只有一位吗？卖了多少钱的货物呢？"答："5.8 万美元。"经理大为惊奇，要售货员详细解释。售货员说："我先卖给他一枚钓钩，接着卖给他钓竿和钓丝。再问他打算去哪里钓鱼，他说要到南方海岸去。我说该有艘小船才方便，于是他买了那艘 6 米长的小汽艇。我又说他的汽车也许拖不动汽艇，于是我带他去汽车部，卖给他一辆大车。"经理喜出望外，问道："那人来买一枚钓钩，你竟能向他推销那么多东西？"售货员答道："不，其实他老婆偏头痛，他来为她买一瓶阿司匹林。我听他那么说，便告诉他'这个周末你可以自由自在了，你为什么不去钓鱼呢？'"

分析与思考：推销员推销成功的关键是什么？对你有何启示？

4．模拟实训

（1）选定某项环境因素变化（可以选定任何一种环境因素，如下雨、奥运会、全球气温变暖等），全班同学按照座次循环发言，轮到的同学必须快速说出这一因素变化会给社会带来的一项威胁及一项机会，由专人记录各位同学的发言。老师选定某项威胁（或机会）。按照同样的规则，轮到的同学必须快速说出针对这一威胁（或机会）的对策。根据发言的独特性与合理性加分，根据每位同学出现冷场的次数减分。

（2）将全班同学分成两组，一组同学坚持这一环境因素变化可能给企业带来机会的观点，另一组同学阐述这一环境因素变化可能给企业造成威胁的观点，双方通过辩论决定胜负。

训练目标：环境分析能力与发散性思维训练等。

第 4 章

消费者市场分析

在一个缺少顾客而不是缺少产品的社会中，以顾客为中心至关重要。仅仅满足顾客并不够，你必须取悦顾客。

——菲利普·科特勒

把握心智的规律和敏锐的观察，才能在消费者心中找到最恰当的空缺。

——艾·里斯，劳拉·里斯

学习目标

☑ 重点理解市场的概念与分类、消费者市场的特点、马斯洛需求层次论的内容、消费者购买决策过程。

☑ 一般了解消费者动机与购买行为的分类与影响因素。

CASE 【任务导入】富翁的大房檐

有位善良的富翁盖了一栋大房子，他特别要求盖房子的师傅把四周的屋檐加倍地建长些，以使穷苦无家可归的人能在其下暂时躲避风雪。

房子建成了，果然有许多穷人聚集在屋檐下，他们甚至摆起摊子做买卖，并生火煮饭。嘈杂的人声与油烟使富翁不堪其扰，不悦的家人也常与檐下的穷人争吵。

冬天，有个老人在檐下冻死了，大家都骂富翁为富不仁。

夏天，一场飓风，别人的房子都没事，富翁的房子因为屋檐特别长，居然被掀了顶，大家都说是恶有恶报。

重修屋顶时，富翁只要求建小小的屋檐，把省下的钱捐给慈善机构，并另外盖了一间小房子。这间房子所能庇荫的范围远比以前的屋檐小，但四面有墙，是栋正式的房子。

许多无家可归的人也都在其中获得暂时的庇护，并在临走前，问这栋房子是哪位善人捐盖的。

没有几年，富翁成了最受欢迎的人。即使在他死后，人们还继续受他的恩泽并因此而纪念他。

为什么同样的善心，结果却有那么大的不同？

故事中富翁的一片善心，从被认为为富不仁、恶有恶报到成为最受欢迎的人，这中间的变化是什么因素造成的？是大屋檐与小房子的差别吗？还是其中的用心有什么不同？是什么原因让富翁被责备为富不仁、恶有恶报？又是什么原因让富翁被感激与纪念？

仔细分析，寄人檐下的感觉和生活在独立房子中的感觉是截然不同的。生活在富翁的大屋檐下，那些穷苦的人们会得到什么样的感受？而生活在独立、受尊重、没有比较的房子中，那些穷苦的人们自然会有完全不同的感受！

• 启示：待人处事要“投其所好”“雪中送炭”，如果“一厢情愿”“自想当然”，常常会落个出力不讨好、自讨没趣的下场。

4.1 消费者市场分析概述

4.1.1 消费者市场概述

1. 市场的概念

站在不同的角度，对市场有着不同的解释。

（1）对有形市场，人们一般把它概括为商品交换的场所或地点。

（2）涵盖有形市场和无形市场，人们一般把市场概括为商品交换关系的总和。

（3）对于卖方来说，市场一般是指人们对某种或某类商品具有的现实或潜在需求的总和。

（4）对于买方来说，市场一般是指人们对某种或某类商品具有的现实或潜在供给的总和。

（5）从某种或某类商品供求力量对比的格局的角度来看，市场有买方市场、卖方市场和均衡市场之分。买方市场是指供给大于需求，买方占主导的市场格局；卖方市场是指供给小于需求，卖方占主导的市场格局；而均衡市场则是供给与需求实现平衡的市场。

在市场营销学里，市场是指在一定的时间和空间条件下，对某种或某类产品具有现实或潜在需求的消费者群。作为有效的市场，应该具备三个基本的要素，即人口、购买欲望及购买能力。

2．市场的分类

在买方市场条件下，企业的一切营销活动都必须以顾客（消费者或用户）的需求为中心。顾客对企业提供的产品或服务是否认可及认可程度的高低，直接反映着企业营销活动成绩的优劣。为了便于深入研究各类市场的特点，国内顾客市场按顾客的购买目的与购买者的身份可以划分为消费者市场、生产者市场、转卖者市场、非营利组织市场四种类型，连同国际市场，企业面对的市场主要有五种类型，如图 4-1 所示。

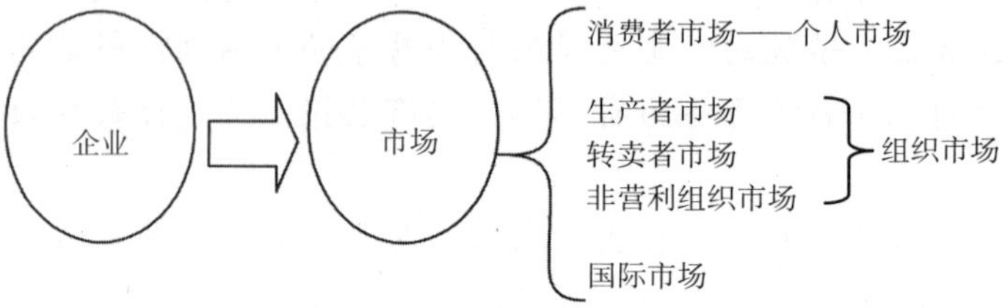

图 4-1　市场类型

（1）消费者市场。由以满足自己生活消费需要为目的而购买商品和服务的居民个人或家庭组成的购买者群。消费者市场是商品与服务的最终归宿，也是整个市场体系的基础。

（2）生产者市场。又称制造商市场，是由以满足自己生产性消费需要为目的而购买商品和服务的组织组成的购买者群。

（3）转卖者市场。又称中间商市场，是由以通过转卖获取利润为目的而购买商品或服务的组织组成的购买者群。

（4）非营利组织市场。由为提供公共产品满足社会公共需要而购买商品或服务的政府机 构、社会团体等非营利组织组成的购买者群。

（5）国际市场。由跨越国境的消费者、生产者、转卖者和非营利组织所构成的购买者群。

一般而言，我们把消费者市场称作个人市场，把生产者市场、转卖者市场与非营利组织市场称作组织市场。显然，这五类市场中的购买者，都有着不同的购买目的，都有着不同的需求，同时也要求企业以不同的方式提供相应的产品和服务，从而影响企业营销决策的制定和服务能力的形成。

4.1.2　消费者市场的特点

如表 4-1 所示，消费者市场与组织购买者市场相比，具有如下特点。

表 4-1　消费者市场与组织购买者市场特点对比

项　　目	消费者市场	组织购买者市场
购买者	个人或家庭	制造商、中间商、非营利组织
需求弹性	伸缩性（富有弹性）、发展性	缺乏弹性
市场分布	分散性、周期性	集中性
购买行为	非专业性购买	专业性购买

续表

项　　目	消费者市场	组织购买者市场
购买决策	简单多变、可诱导性、差异性	复杂、理性
购买需求	源发性（直接需求）、层次性	派生需求
购买数量	零星	大宗
主要分销方式	间接分销	直接分销
主要促销方式	广告	人员推销

1．需求的发展性

人的需求是永无止境的，随着社会经济技术的进步和消费者收入的增长，消费者需求也会不断扩展。通俗地说，消费者一种需求得到满足以后，一定时间以后这种需求还有可能产生，也会产生其他新的需求，这是一个永无止境的发展过程。针对这一特点，市场营销要“与时俱进”，跟踪、适应、预测与引导这种无限扩展的需求，不断开发新产品、开拓新市场。

📖 **实例 4-1**　从 20 世纪 60 年代中期到 70 年代后期，比较时髦的消费品是人们说的“三转一响”（手表、自行车、缝纫机、收音机），消费品的货币水平属于“百元级”。20 世纪 80 年代初期到 90 年代中期，消费品档次大大提高，电视机、电冰箱、洗衣机等电器的消费逐步在消费品结构中占据突出地位。这一时期消费的需求量和消费品货币等级属于“千元级”水平。从 2000 年开始的 10 多年来，中国居民在经历了家电产品全面进入家庭的“万元级”消费后，正进入一个以教育、购房、买车为主要内容的新“三大件”的“十万元级”的消费时期。

2．需求的层次性

需求的层次性，一方面是指同一消费者由于支付能力和其他客观条件的影响，会有高低缓急不同层次的需求；另一方面是指同一时间、同一市场区域，不同消费者群体由于社会地位、收入水平和文化教养等方面的差异，必然表现出多层次的需求。针对这一特点，市场营销要慎重选择目标市场，准确进行市场定位，分析、优选、适应与引导这种多层次的需求。

📖 **实例 4-2**　广西桂林毛嘉工艺品有限公司为一款极具创意的衣架找到了一个名称“锦衣卫”，据此提出了“时尚家居搭档，漂亮服饰伴侣”的核心诉求。相对于广大消费者而言，中产阶层家庭的市场容量要小许多，但他们的消费能量及其出门在外的需求影响却不容小觑。毛嘉正是看到其中蕴涵的巨大市场机会，放弃量大面广的低端市场，侧重高端小众市场，以便向主要的目标市场提供有特色的产品和服务。

3．需求的差异性

由于受各种各样因素的影响，消费者的需求是千差万别的，而且是不断变化的。市场营销应该认识到消费者市场男女有别、老少有别、中外有别、各有所好等需求差异，进行必要的市场细分，开展目标市场营销活动。

4．需求的可诱导性

需求的可诱导性是指消费者需求可以实现由此及彼、由弱到强、由少变多、由潜在到现实等变化。为适应这一特点，市场营销应注意通过各种营销策略正确地影响和引导消费者需求。

5．需求的源发性

需求的源发性是指消费者需求与组织市场需求相比，消费者购买商品或服务的根本目的是满足自己的生活性消费需要，而不是进一步生产其他产品或转卖给他人。

针对这一特点，市场营销在重视向消费者传递产品价值的同时，还要向消费者传递服务价值、人员价值、形象价值，提高消费者的满意度。

6．需求的分散性

从交易的规模和方式看，消费者市场的购买人数多且时空分布分散，购买频率较高而成交量较小，购买商品的种类不少但每次购买的数量不多。

针对这一特点，企业营销策略的重点就应该有所侧重。例如，面对消费者市场，相对而言，广告促销就要比人员推销效果理想一些。

7．购买行为的非专业性

大多数消费者购买商品都缺乏专门知识，尤其在电子产品、机械型产品、新型产品层出不穷的现代市场，一般消费者很难判断各种产品的质量优劣或质价是否相当，他们很容易受广告宣传或其他促销方法的影响。

针对这一特点，市场营销必须十分注意广告及其他促销工作，或努力创品牌建立良好的商誉，这都有助于产品销路的扩大，有助于市场竞争地位的巩固。但要坚决反对利用消费者市场非专业购买这一特点欺骗顾客、坑害消费者的行为。

📖 实例 4-3　“你只需按一下按钮，其他的由我们来做。”这是伊斯曼·柯达公司的最新盒式照相机“布朗尼”的一句广告词。该相机于1900年生产，它是摄影大众化的第一步。“布朗尼”问世第一年，就售出了25万架，打破了所有商品的出售纪录。摄影曾经是一项很专业的技术，手持35毫米单镜头高级照相机，时不时打几下闪光灯，那是专业摄影记者特有的象征，一般人都不会摆弄。而自从有了傻瓜照相机以后，拍照成了谁都会干的简单事情。高级傻瓜照相机使普通的人都能像专业摄影师那样照出曝光恰当、明快清晰的照片。摄影不再限于专业人员，终于可以成为群众性的业余爱好。

8．需求的伸缩性

需求的伸缩性是指相对于组织市场而言，消费者在购买商品数量、品种及品牌的选择上表现出比较大的需求价格弹性、需求收入弹性与交叉需求弹性。针对这一特点，市场营销要区分消费者需求弹性大小，实施有效的促进销售的营销策略。

9．需求的周期性

消费者需求不断出现、满足，再出现、再满足，呈现出周而复始的循环特征。正是需求的周期性特征，才促使人们不断进行活动，不断创造物质和精神财富，推动人类社会的不断文明进步。

4.1.3　消费者行为分析的思路

人们某一行为的产生总是遵循“需求→动机→行为”的规律。对购买者来说，需求是产生购买动机、实施购买行为的直接原因，需求是人们从事一切活动的基本动力。也就是说，购买者总是直接或间接地、自觉或不自觉地为了实现某种需求的满足，由需求产生购买动机，再由购买动机导致购买行为。

特别需要说明的是，在某一时间段，购买者可能同时具有不同层次的各种需求。当然，各种需求的强烈程度是不一样的，但是，到底哪一种需求能够激发动机，要受到众多内部因素和外部因素的影响。动机产生后，达到动机所趋向目标的途径也不止一个，哪些动机能够导致现实的购买行为，则又要受到许多内部外部、主观客观因素的影响。人们习惯称这些影响因素为诱导因素，简称诱因。

因此，对购买者的分析，特别是对消费者的分析，主要从需求、动机、行为及影响因素（诱因）四个方面进行分析（见图 4-2）。

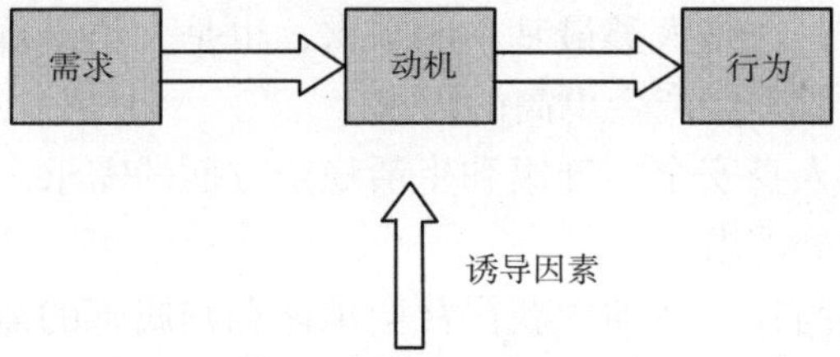

图 4-2　消费者行为模式

4.2　消费者需求与动机分析

4.2.1　消费者需求分析

需求层次论是研究消费者需求结构的理论，由美国心理学家马斯洛（Abraham Maslow）在其 1943 年出版的《人类动机的理论》一书中提出。

1．需求的概念

从心理学的角度来说，需要（Needs）是人们生理上或心理上的一种缺乏的感觉，是人们因为生理上或心理上缺乏某种东西而产生的一种紧张的感觉，即所谓的“不足之感”；欲望（Wants）是人们想要消除或减轻不足之感而想要获得某种东西的追求愿望，即所谓的“求足之愿”；需求（Demands）是不足之感和求足之愿的统一，是需要、想要、追求的统一。

2．马斯洛需求层次论的基本内容

（1）人类是有需求和欲望的，随时有待于满足；需求的是什么，要看已满足的是什么，已满足的需求不会形成动机，只有未满足的需求才会形成导致行为的动机。

（2）按照需求的强度大小，按由低到高顺序排列，人类的需求可以分为五个层次，即生理需求、安全需求、社交需求、尊重需求和自我实现需求，如图 4-3 所示。

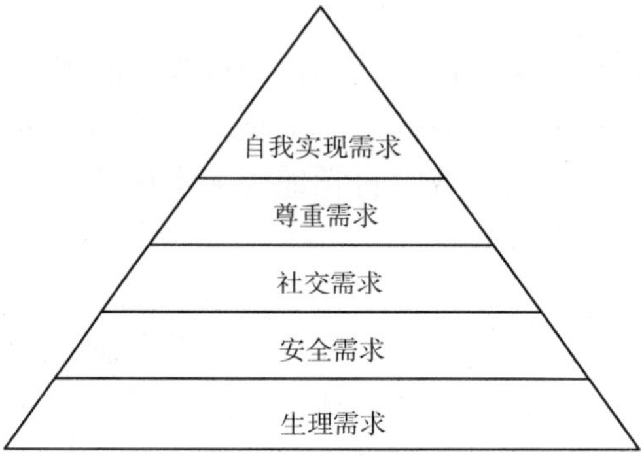

图 4-3　马斯洛需求层次

3．需求层次分析

（1）生理需求。为了生存而对必不可少的基本生活条件产生的需求，包括吃饭、喝水、睡眠、取暖等方面的需求，这是人类最基本的需求，也是人类最首要的需求。在这类需求没有得到满足时，人们一般不会产生更高的需求。

（2）安全需求。保障人身安全、健康和生活稳定方面的需求。最一般的表现是对人身和财产保险、保健、保安的需求。

（3）社会需求。在参与社会活动中获得社会承认和归属感的需求，包括感情、亲昵、合群、爱人和被人爱等。这些需求往往是影响人们行为的最重要的因素。

（4）尊重需求。在社会活动中受人尊敬及取得一定社会地位、荣誉和权力的需求，包括威望、成就、自尊、被人看重和有身份等方面的需求。

（5）自我实现需求。发挥自己最大能力，实现理想与抱负，获得成就感的需求。这是人类最高层次的需求。

只有在低一层次的需求得到相对满足时，高一层次的需求才会起主导作用，形成支配人行为的动机。一般来说，需求强度的大小和需求层次的高低成反比，即需求的层次越低，需求的强度越大。

4.2.2　消费者动机分析

1．动机的概念

所谓动机，是指人之所以进行行动的内部原动力（或称内在的驱动力），即激励人行动的内在原因。动机是由升华到足够强度的需求产生的，它能够及时引导人们去探求满足某一需求的目标。

动机是一种内在的心理状态，不容易被直接观察到或被直接测量出来，但它可根据人们的长期行为表现或自我陈述加以了解和归纳。市场营销可以通过了解消费者的购买动机，有依据地说明和预测消费者将要或可能产生的行为，从而采取相应的营销策略。

2．消费者动机分析及相应对策

消费者动机可以划分为三种类型。

（1）理智动机。理智动机是建立在人的理性认识基础上的动机，它具有客观性、周密性和控制性的特点。这是因为，在理智动机驱使下的购买行为，比较注重商品质量，讲求实用，对价格和售后服务更加关心。

在理智动机驱使下的消费购买动机，一般是建立在人们对商品较客观的认识基础上的，购买动机的形成，基本上受控于理智，而较少受到外界环境的影响。因此，对一些理智性购买比较普遍的商品，要尽量形成自己产品或服务独有的特色或优势；对理智性购买的消费者，则要设法满足他们货比三家的需求，尽量消除他们对本企业产品或服务的疑惑，打消他们不必要的顾虑，从而产生对本企业有利，又令消费者满意的购买行为。

（2）感情动机。感情动机是由于人的情绪或情感需求所引发的购买动机。这种购买动机还可以粗略地划分为两种形态：一种是低级形态的情绪化动机，它是由消费者喜、怒、哀、乐、厌恶、好奇等情绪化需求引起的，这种购买动机一般具有冲动性、即景性和不稳定性的特点；另一种是高级形态的情感性购买动机，它是由于人们的道德感、美感、群体感等人类高级情感引发的动机，这种动机一般具有较强的稳定性、持久性和深刻性的特点，如消费者购买鲜花、名人字画、明星写真集就属于感情购买动机。

市场营销活动中，企业应该深入分析消费者的情绪化与情感性需求，开发出一些适销对路的产品或服务，才能吸引更多的消费者。

📖 **实例 4-4**　美国有家食品公司，生产的水果罐头曾一度无人问津。为摆脱困境，老板想出了一个巧计——在罐头上印上谜语，并注明打开罐头吃完东西，谜底就在罐底。这一新奇招数竟然使得消费者争相购买其水果罐头，产品顿时从滞销变为畅销，打开了市场。

（3）惠顾动机。惠顾动机是在理智的经验和深厚的感情基础之上，消费者对某一品牌商品产生特殊的信任与偏好后，重复性、习惯性地购买某一商品的一种动机。惠顾动机的形成，或者源于某一驰名商标具有的知名地位和权威性；或者因为产品质量在消费者心中已经树立起可靠的信誉。这种情况下，消费者在做出购买决策时，心中已经确立了明确的购买目标，并在具体的购买活动中能够克服和排除其他同类产品的吸引和干扰，按照事先确定的目标顺利实施购买行动。营销活动中，企业应该努力在消费者心目中树立良好的企业形象，激发消费者形成稳定的惠顾本企业的动机。

表 4-2 总结了消费者动机类型。

小结

表 4-2　消费者动机类型

动机类型	产生基础	动机特点	行为特点	营销策略
理智动机	理性认识	客观性、周密性和控制性	注重质量、讲求实用，关心价格、注重服务	形成特色、货比三家
感情动机	情绪或情感	情绪化、情感性	冲动性、即景性和不稳定性或稳定持久性和深刻性	分析消费者情绪化与情感性需求
惠顾动机	经验和感情	相对稳定、长期影响	重复性、习惯性地购买	树立良好的企业形象

4.3 消费者购买行为分析

4.3.1 消费者购买行为分类

消费者购买行为，有多种多样的划分方法。根据品牌差异程度和购买者的介入程度，可将消费者的购买行为划分为四种类型，如图 4-4 所示。

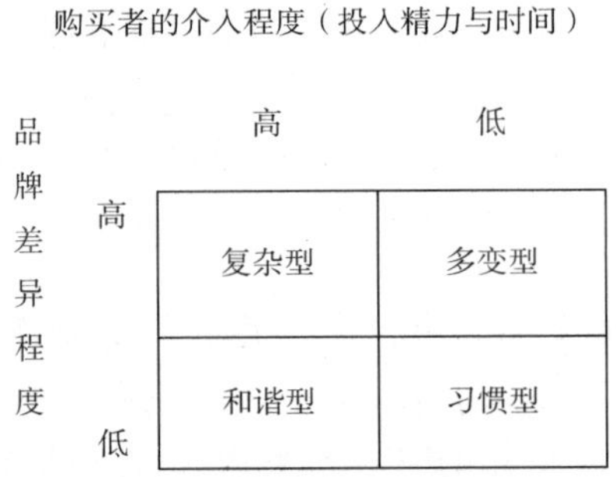

图 4-4　消费者购买行为分类

1. 复杂型

复杂型购买行为的特点是：品牌差异明显，购买者非常投入。一般而言，消费者在购买比较复杂昂贵的高档消费品时需要经过一个学习了解的过程，即建立概念、形成看法、做出选择。

对消费者的这一类购买行为，营销者不仅应给予理解，而且应给予协助。正确的营销对策应是：主动向顾客提供产品知识和产品概念介绍，使其形成客观公正的看法；雇用专业推销员，帮助顾客熟悉本企业产品性能和操作方法。

2. 和谐型

和谐型购买行为的特点是：品牌差异不明显，购买者非常投入。有些高档消费品价格昂贵，品牌质量不易鉴别，购买者投入很大精力四处比较，却发现自己只能在价格和购买地点上进行权衡和选择。

这种购买决策行为的特点是：消费者先将购买决策付诸行动，购后又获得某种新的概念，进而形成某些看法。根据这一特点，企业应主动与顾客沟通，包括主动为顾客介绍商品知识，协助顾客选购，开设咨询和售后服务，以提高顾客购后满意度。

3．习惯型

习惯型购买行为的特点是：品牌差异不大，消费者购买漫不经心，购买者一般不经过建立概念、形成看法、做出选择的心理决策过程，也不专门收集有关商品的购买信息。这主要因为，消费品本身价廉，而且又是消费者经常使用和反复购买的商品。因此，营销者应保持广告宣传的高频率，讲求广告时机和广告方法。

4．多变型

多变型购买行为的特点是：品牌差异明显，但购买者对品牌的挑选并不十分精心。例如，许多女性消费者购买化妆品经常更换品牌。这种决策类型，对新品牌提供了更多的营销机会。

4.3.2　影响消费者购买行为的因素

面对同样的市场营销刺激因素影响，不同的购买者会表现出不同的行为，这主要是诱导因素的影响不同。影响消费者购买行为的因素可以分为文化因素、社会因素、个人因素及心理因素四个方面，如图 4-5 所示。

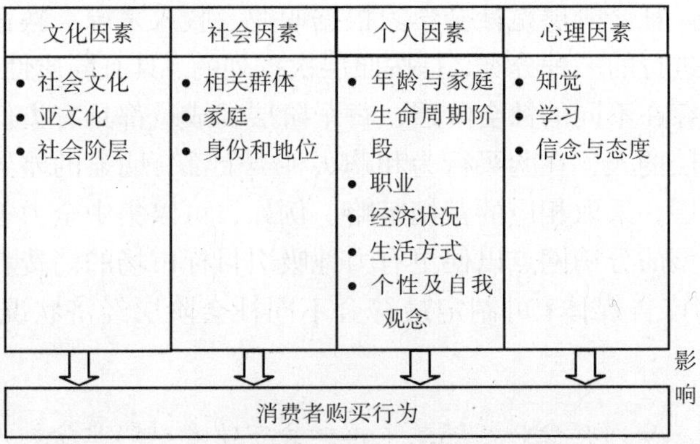

图 4-5　影响消费者购买行为的因素

1．文化因素

文化因素对消费者需求和购买行为有着广泛而深远的影响。其中，最主要的有社会文化、亚文化与社会阶层三个方面。

（1）社会文化。社会文化是影响人类欲望与行为最基本的因素。文化是人类从生活实践中建立起来的价值观念、伦理道德、风俗习惯、文化禁忌、语言文字、宗教信仰、音乐艺术、思维方式、礼仪规范、行为举止等人类社会物质财富与精神财富的总和。

（2）亚文化。社会成员中某一群体共有的、与其他群体相区别的、对客观物质世界的主观认识叫作亚文化，它以特定的认同感和社会影响力将各成员联系在一起，使这一群体持有特定的价值观念、生活格调与行为方式。亚文化有许多不同的类型，其中影响购买行为最显著的有以下四种。

1）民族亚文化。世界上许多国家，除了各具相对统一的某种文化类型外，都还存在许多以民族传统为基础的亚文化。例如，我国除汉族外还有众多少数民族，他们各自有不同的民族习惯和生活方式。

2）宗教亚文化。世界上许多国家，在一国之内，往往存在许多不同的宗教。以我国来说，就同时存在伊斯兰教、佛教、天主教、基督教、道教等，各宗教特有的信仰、偏好和禁忌也形成一种亚文化，在购买行为和购买种类上表现出许多特征。

3）种族亚文化。例如，黑人与白人，他们有不同的文化形态和态度。

4）地理亚文化。例如，我国华南地区与西北地区，沿海地区与内地偏远地区，都有不同的生活方式和时尚，从而对商品的购买也有很大的不同。

📖 **实例 4-5** 我国清朝晋商“大盛魁”为了多做买卖，精心研究蒙古族人的生活习性与心理。鉴于牧民不长于算账，他们就把衣料和绸缎裁成不同尺寸的蒙古袍料，大人有大人的尺寸，小孩有小孩的尺寸，任蒙古族人选购。蒙医治病用的药，习惯用药包，分 72 味、48 味、36 味、24 味四种，大盛魁就将中药按此分包，药包上用蒙、汉、藏三种文字注明药名和效用。甚至每年冬至后用白面和羊肉加工大量饺子，自然冷冻，运往蒙古包销售。

（3）社会阶层。社会阶层是社会学家根据职业、收入来源、教育水平、价值观念和居住区域对社会人口进行的一种分类，是按照层次排列的、具有同质性和持久性的社会群体。

每个社会中都存在不同的社会阶层，每个阶层的成员都具有类似的行为、兴趣和价值观念。不同社会阶层的人，在购买行为和购买种类上都有明显的差异性。市场营销人员可以针对不同社会阶层，采取相应的营销策略。例如，可以集中全力于某些阶层的需求品；可考虑建立适当类型的分销网点以便更有力地吸引目标市场的消费者；可考虑采用不同阶层人士最易接触的广告媒体；可制定最符合不同社会阶层经济状况及心理状况的价格策略等。

📖 **实例 4-6** 中国社会科学院数十位社会学学者以职业分类为基础，以组织资源、经济资源和文化资源的占有状况为标准，对当代中国社会阶层的基本形态进行了划分，分别是：国家与社会管理者阶层，经理人员阶层，私营企业主阶层，专业技术人员阶层，办事人员阶层，个体工商户阶层，商业服务人员阶层，产业服务人员阶层，农业劳动者阶层，城市无业、失业和半失业人员阶层。

2. 社会因素

消费者购买行为不但受到广泛的文化因素的影响，同时也受到社会因素的影响，如受到相关群体、家庭、身份与地位的影响。

（1）相关群体。相关群体，就是能对个人的态度、意见、偏好和行为有重大影响的群体。相关群体可以分成三类，如图 4-6 所示。

1）主要相关群体。那些与消费者关系密切的经常发生影响作用的群体，如家庭、朋友、邻居、同事等。

2）次要相关群体。对其成员影响不太频繁但一般都较为正式的群体，如个人所参加的各种社会团体。

3）崇拜性相关群体。个人并不直接参加，但影响也很显著的群体，如社会名流、影视明星、体育明星等。因此，企业常常高价请明星做广告或做代言人，力求起到消费领袖或消费示范作用。

图 4-6 相关群体的类型

📖 **实例 4-7** 1989 年，一向以深沉练达、持重大方见长的著名影星李默然，首开先河，手持一盒药品向电视观众推荐“胃病良药”三九胃泰。第一个敢吃螃蟹的李默然将中国的广告业带入了一个新的元年。刹那间，名人广告如雨后春笋般，在央视、地方电视台、报纸杂志等传播媒体上四面开花。

相关群体对消费者购买行为的影响，表现在三个方面：第一，相关群体向人们展示新的行为模式和生活方式；第二，由于消费者有效仿其相关群体的愿望，因而消费者对某些事物的看法和对某些产品的态度也会受到相关群体的影响；第三，相关群体促使消费者的行为趋于某种“一致化”，从而影响消费者对某些产品和品牌的选择。

（2）家庭。家庭是社会的基本单位，对购买者的行为显然有着重要的影响。一般人在整个人生历程中所受的家庭影响，基本上都来自两方面：一是来自自己的父母（原有家庭）；二是来自自己组成的家庭，即第二个家庭（现有家庭）。当消费者做出购买决策时，必然要受到这两个家庭的影响，其中，受原有家庭的影响比较间接，受现有家庭的影响比较直接。

不同的商品，在家庭购买决策中，通常有四种情况（见图 4-7），即丈夫有较大影响力的产品（丈夫决策型）、妻子有较大影响力的产品（妻子决策型）、孩子有较大影响力的产品（孩子决策型），以及全家民主决策的产品（民主决策型）。

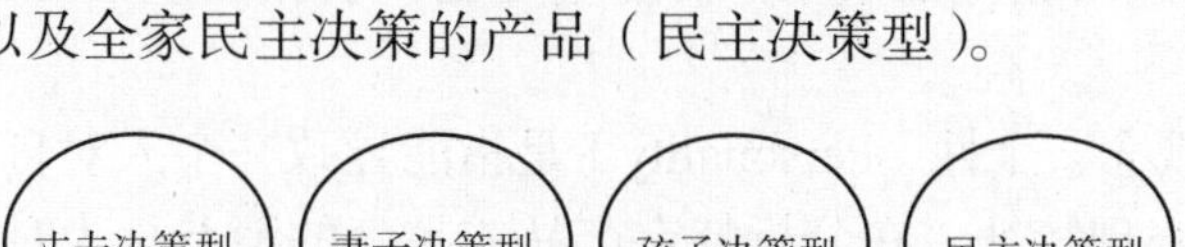

图 4-7 家庭购买决策的类型

（3）身份和地位。一个人在各种群体中的各种身份角色，都会影响其购买行为；每种身份角色又都附着一种社会地位。社会身份角色与社会地位不同会有不同的消费需求和购买行为。

3．个人因素

消费者的购买行为还受到个人许多外在特性的影响，其中比较明显的有年龄与家庭生命周期阶段、职业、经济状况、生活方式和个性及自我观念等。

（1）年龄与家庭生命周期阶段。不同年龄与不同家庭生命周期阶段的人们有着不同的需求和购买行为。以食物为例，人们早年吃的是婴儿食品；长大成年之后，大部分食品都能吃；到了晚年，则往往需禁吃一些食物或有一定的饮食规定。

📖 实例 4-8　家庭生命周期阶段，是指人们在一生中所经历的各种家庭生活的阶段划分。西方学者一般把家庭划分为九个时期：① 单身期，离开父母单身独居的青年；② 新婚期，新婚无子女的年轻夫妻；③ 满巢Ⅰ期，最小的子女在 6 岁以下；④ 满巢Ⅱ期，最小的子女大于 6 岁；⑤ 满巢Ⅲ期，结婚很久，但还有尚未独立的子女；⑥ 空巢Ⅰ期，结婚很久，子女已经独立另过，夫妻仍在工作；⑦ 空巢Ⅱ期，已退休的老年夫妻；⑧ 鳏寡就业期，尚有工作能力的独居老人；⑨ 鳏寡退休期，无工作能力的独居老人。

（2）职业。一个人的职业也影响其对产品和服务的需求。普通工人与农民的需求有很大的不同，一般职员与高校教师的需求也有许多方面的不同。

（3）经济状况。所谓经济状况，包括个人的收入、存款与资产、负债能力及储蓄与消费的态度。个人的经济状况对购买行为有着极大的影响，因此经营那些对于收入反应较敏感产品的企业，应该经常注意消费者个人收入、储蓄及存款利率的变化，根据个人经济状况变化的趋势，采取适当的步骤来重新设计产品，重新定价，改变生产和存货量，或重新选择目标市场，以及采取其他相应的措施来维持或提高自己产品的销售量。

（4）生活方式。人们的购买行为也受其生活方式的影响。虽然有些人可能都来自相同的亚文化、相同的社会阶层甚至同一职业，却可能有不同的生活方式。

可以用 AIO 三个尺度来衡量消费者的生活方式，即活动（Activity），包括工作、爱好、购物、运动、社会活动等因素；兴趣（Interest），包括食物、时尚、家庭、娱乐的兴趣；观念（Opinion），包括关于自己的、社会问题的、商业的、产品的观念。每个企业在制定市场营销策略时，都应探明产品或品牌与生活方式之间的相互关系，并应对目标消费者的生活方式有清晰的把握，然后才能适应消费者各种不同生活方式的商品需求和服务需求，在整体市场营销活动中做出相应的决策，以便尽可能吸引相关生活方式下消费者的注意和购买。

（5）个性及自我观念。个性（Personality）是指能导致一个人对自身环境产生相对一致和持久的反应的独特心理特征。在分析特定产品或品牌的消费行为时，个性会很有帮助。例如，一家啤酒公司发现，常饮很多啤酒的人往往比较外向、自强。企业根据这些，就可以建立能吸引这类消费者的品牌形象，通过广告大力宣传与这些人个性相符的产品特色，使得这些嗜饮啤酒的人有亲切感，觉得这正是属于他们的品牌。

自我观念是描述我们如何看待自己或别人如何看待自己的一幅复杂心灵图画。每个人都会认为自己是什么类型的人，或认为别人会把自己看作什么类型的人，因而在行为上的表现应与自己的身份相符。因此，市场营销所塑造的产品形象，必须与目标市场消费者的自我形象相符。

📖 **实例 4-9**　我国的独生子女一代思维活跃，崇尚个性，追求新奇，是典型的“我一族”。中国移动采用动感地带和“M-ZONE”这个品牌，选用周杰伦作为形象代言人，采用个性鲜明的广告语“我的地盘，听我的”。安踏成功的关键因素就是张扬个性的品牌主张与“我选择，我喜欢”的广告传播。耐克公司的广告词“不做下一个谁，做第一个我”，索爱的“爱我所爱”，可口可乐的“要爽由自己”，都十分符合独生子女一代追求“自我”的价值观，获得了良好的市场反响。

4．心理因素

影响一个人购买行为的心理因素除需求和动机之外，还会受到知觉、学习、信念与态度等主要心理因素的影响。

（1）知觉。知觉是对事物的各种属性和各个部分的整体反映，是人的认识活动的重要环节和基础，也是影响消费者购买行为的一个重要的心理因素。不同的人对同一刺激物会产生不同的知觉，这是因为，知觉是一个有选择的过程，它要经历选择性注意、选择性曲解、选择性记忆三个知觉过程，如图 4-8 所示。

图 4-8　消费者有选择的知觉过程

1）选择性注意。一个消费者每天都会接受数以千计的信息，显然，他不可能全部接受这些信息，于是就产生了选择性注意，即购买者不自觉地控制信息的接受过程。一般来说，有三种信息会引起人们的注意：消费者目前需要的；预期要出现的；刺激强度大的刺激物。

📖 **实例 4-10**　演员 Z 对著名演员 C 很不服气，对别人说：“不论任何时候，我都可以在台上抢他的戏！”C 听说后不屑地说：“我甚至在台外也可以抢他的戏！”演出开始，Z 担任主角，演一个全神贯注打电话的角色，而 C 则只演一个一闪而过的角色——因受不了那无聊的闲扯，搁下正喝着的一杯水悄然退场。然而 C 退场后，Z 发现观众时而窃窃私语，时而寂静无声，时而惊叫，并没有把注意力放在他的身上。原来问题出在那个杯子上，C 退场时好像随便将水杯搁在桌子的边缘，一半在桌面上，一半悬在桌外，观众的注意力都集中到水杯上了。

2）选择性曲解。有些信息虽被消费者注意和接收，但其影响作用不一定会与信息发布者原来所预期的相同。因为在消费者对所接收的信息进行加工处理的过程中，往往在客观的基础上加上自己的理解和想法。也就是说，消费者一旦将信息接收过来，就会将它与自己的观点和以前接收的信息协调一致，因此就使得接收到相同信息的消费者有不同的知觉。

📖 **实例 4-11**　一位青年指着四个雕塑问工作人员各代表什么意思，工作人员回答道："第一个雕塑手摸鼻子代表嗅觉，第二个伸出手臂表示方向，第三个做击球状表示自卫，第四个手捂着眼睛表示害羞。"青年若有所悟地说："哦，我以为是：谁放屁了？他放的。不是我！不好意思，我放的。"

3）选择性记忆。人们对其接触、了解过的许多东西常常会遗忘，而只记得那些与其观点、态度和信念一致的信息。

（2）学习。学习是指人们通过后天获得的经验而引起的个人心理与行为的持久的变化。人类行为大都来源于学习。由于市场营销环境不断变化，新产品、新品牌不断涌现，消费者必须经过多方收集有关信息之后，才能做出购买决策，这就是一个学习过程。

（3）信念与态度。信念是指一个人对于某事物的具体想法。态度是指一个人对某一客观事物或想法的相对稳定的评价、知觉及行为倾向。信念和态度会影响一个人对其他人、其他事物和事件的判断方式和反应方式。

📖 **实例 4-12** 百事可乐定位在年轻人，而研究年轻人并抓住他们，得到他们的认同，是百事可乐向来的营销理念。百事可乐在调研后发现，"70 后""80 后""90 后"三代人最大的区别是："70 后"敢想，"80 后"敢说，"90 后"敢做。从 2009 年开始，百事可乐将在中国宣扬了 10 年的"突破渴望"口号，转变为"百事我创"。百事可乐认为，"突破渴望"不能再满足"90 后"这样一批敢创造并且敢把创造表现出来的年轻人，所以决定用新的理念"百事我创"来宣扬这一代年轻人的精神。同时，百事可乐还用"百事群音"这样的乐队比赛的主题营销活动模式，来承载"90 后"的创造精神，获得高度共鸣。

4.4 消费者购买决策过程

4.4.1 购买决策行为的参与者

对大多数日用消费品而言，购买决策者往往只有一个，而且很容易识别，但对于高档消费品来说，参与其购买决策的人一般不止一个，而且不同的人在购买决策中扮演着不同的角色。按各种角色在决策过程中所起的不同作用，可将购买决策参与者划分为五种类型，如图 4-9 所示。

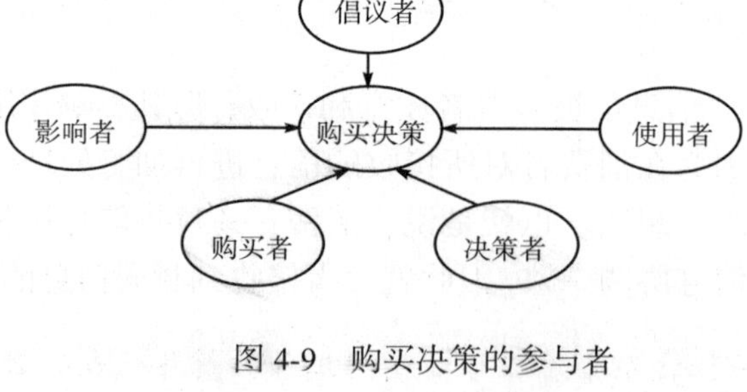

图 4-9 购买决策的参与者

（1）倡议者。最初提出购买某种消费品的人。

（2）影响者。直接或间接影响最终购买决定的人。

（3）决策者。最终决定购买与否，购买什么，何时、何处购买的人。

（4）购买者。执行购买决定的人。

（5）使用者。具体使用该商品的人。

📖 **实例 4-13**　一家汽车零件批发企业 F 公司的推销员，由于推销业绩不佳，特地向一位推销专家咨询。专家问："推销对象是谁？"推销员回答："很多小修理厂。"专家问："谁具有购买决策权？"推销员回答："厂长。"专家问："你见到的厂长一般穿什么衣服？"推销员回答："蓝色工作服。"专家问："推销时你穿什么衣服？"推销员回答："西服。"专家建议："推销时你最好也穿蓝色工作服。"F 公司推销员都换上了蓝色工作服，换装使 F 公司销售业绩得到迅速提高。

明确哪些人参与购买决策及参与者在购买决策中的不同作用，将有助于营销者制订出更有效的营销计划。例如，营销者应根据使用者的实际需要设计产品；从方便购买者出发规划销售网点；根据倡议者、影响者和决策者的不同特点制订不同形式的促销计划。

4.4.2　消费者购买决策要素

分析消费者行为模式，经常用到"5W1H"法，如图 4-10 所示。即消费者购买行为追求的能满足自己需求的产品或服务是什么（What），消费者购买行为一般发生在什么时候（When），消费者获得该产品、服务一般通过什么渠道或消费者的购买行为一般发生在什么地点（Where），消费者购买的主要动机或目的是什么（Why），购买行为的发起者、影响者、决策者、执行者及产品的最终使用者是谁（Who），消费者习惯或喜欢通过什么样的购物方式实现自己的购买行为（How）。在市场营销活动中，可由此确定自己的营销方式，制定自己的营销策略。

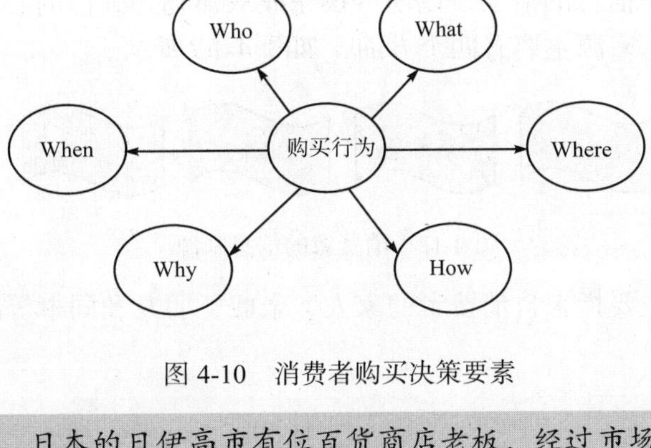

图 4-10　消费者购买决策要素

📖 **实例 4-14**　日本的日伊高市有位百货商店老板，经过市场调查发现，到该店的顾客 80%是女顾客来的而且男顾客多半是来陪女顾客的。这些女顾客白天来的大部分是家庭主妇，而下午 5：30 后来的大部分则是刚下班的年轻女性。针对这种情况，他根据不同时段更换不同商品，以迎合这两种女顾客的不同要求。白天，货架上摆的主要是女性内衣、厨房用品、儿童用品和首饰等实用品。到下午 5：30，就换上年轻女性用品，凡是年轻女性需要的商品应有尽有，所有儿童用品则统统收了起来。这一方式成效很大，3 年时间，他的分店就遍布全日本，达到 102 家。

4.4.3 购买者决策过程

一般来说，最为复杂的、最理性化的消费者的购买过程可以粗略地划分为五个阶段，即激发需求、收集信息、评估选择、决定购买和购后行为，如图 4-11 所示。

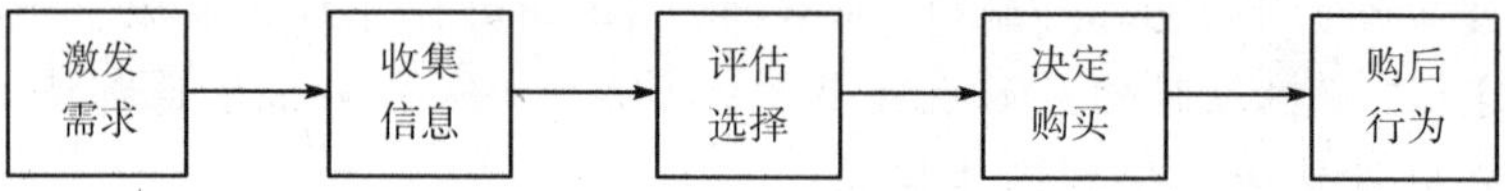

图 4-11 消费者购买决策过程

1. 激发需求

消费者的需求和欲望是购买行为产生的起点，是市场营销活动中消费者行为分析的起点。当消费者感觉到一种生理上、心理上或精神上的缺乏的痛苦，并积极寻求渠道消除或减轻这种不足之感时，购买行为的起点就出现了。这种需求可能是由消费者内在的生理活动引起的；也可能是外界的某种刺激引发的，如看到别人开汽车、用手机很潇洒，自己也想减除自己内心的不平衡，实现这种潇洒；或者是内外两方面因素共同作用的结果。

市场营销活动在此阶段应该注意的是，不失时机地采取适当措施，诱发和强化消费者的这种需求。

2. 收集信息

一般来说，消费者明确了通过什么行动能满足自己的需求后，从理性的角度出发，为了使自己的购物行为更经济，或者能使自己的购物活动付出较少而得到更多，往往要进行一系列积极寻找和收集信息的活动，以便尽快完成从知晓到确信的心理过程，做出购买决策。消费者获取的信息来源主要有四个方面，如图 4-12 所示。

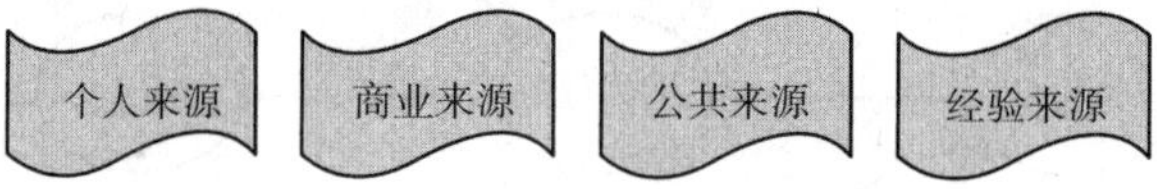

图 4-12 消费者的信息来源

（1）个人来源。主要指来自消费者的家人、亲戚、朋友和同事等的与购买决策有关的信息和体会。

📖 **实例 4-15** 宝洁公司一直通过旗下 Tremor 公司控制着一种口口相传的营销活动。Tremor 公司雇用了 22.5 万名青少年，让他们将伊卡璐等品牌告诉他们的朋友。考虑到这一策略对成年人同样管用，宝洁公司签约了 50 万名自愿者（全都是母亲），要求她们以口口相传的方式宣传宠物食品、纸巾、染发膏之类的产品。宝洁公司把宣传材料和优惠券交给她们，对于这些产品，她们愿意说什么就说什么，也可以什么都不说。

为什么这些市民推销员这么愿意为某些产品无偿当“托儿”？从“内部”获得产品的与众不同的“身份感”和由此产生的自豪感，以及公司如此重视你和你朋友的想法这样一种被尊重的感觉，是促使主妇们行动的强大推动力，这使其他形式的报酬相形见绌。

（2）商业来源。主要指消费者通过企业有意识的信息发布活动所获得的商品信息，如展销会、人员推销、媒体宣传、发布广告等。

（3）公共来源。指消费者从报纸、杂志、电视、网络等大众传媒获得的有关企业及其产品的宣传报道信息，或者消费者从消费者组织（如消费者协会）的有关评论中得到的信息。

（4）经验来源。这是指消费者自己储存、保留的与购买行为有关的信息，包括购买商品的实际经验、对市场的潜心观察等。

一般来说，消费者所得到的消息，大部分出自商业来源，而影响力最大的是个人来源。各种来源的信息对购买者决策都有相当的影响，在正常情况下，商业来源主要起通知作用，而个人来源主要起评估作用。市场营销应综合运用“推”与“拉”的营销战术，把企业及其产品的信息有效地传递给消费者。“推”的战术，即通过各种渠道、各种方式把企业及其产品的信息积极推荐给潜在的消费者。“拉”的战术，即通过各种市场营销战略战术，吸引更多的消费者关注本企业及其产品的信息。

📖 实例 4-16　刘先生由于付不起繁华路段租金，只好在较偏僻的地方开了一家中餐馆。刚开始生意很清淡。分析原因后，他认为是大街上的行人不知道相隔大街道 20 米远的小街道上的中餐馆，市容管理部门又不允许打太显眼的路牌广告。刘先生决定用小型鼓风机通过管道把炒菜的香气往大街上吹，每天一到中午 11：00 或晚上 6：00，大街上弥漫着淡淡的菜香，许多路人循着香气找来，从此餐馆生意兴隆。

3．评估选择

根据所得到的信息，消费者要进行商品及品牌的比较和选择。在比较和选择的过程中，消费者有五种心理现象应引起营销者的注意：产品性能是消费者考虑的首要问题；消费者对各种性能的重视程度不同；消费者心目中的品牌形象及其品牌信念与品牌实际形象常有差距；消费者对产品有各种效用期望；消费者在选择商品时大多以个人理想作为比较标准。

营销者应根据消费者以上心理特点，认真研究使顾客满意的对策。

4．决定购买

做出购买决定和实施购买行为，是购买决策过程的中心环节。消费者对商品信息进行比较和评价后形成购买意图，然而从购买意图到实施购买行为之间，还要受两个因素的影响，如图 4-13 所示。

图 4-13　影响购买决定的两个因素

（1）他人态度。某人已准备购买某一品牌彩电，但如果他的家人或亲友持反对意见，就会影响他的购买意图。反对意见越强烈，或持反对意见者与购买者的关系越密切，修改购买意图的可能性就越大。

（2）突发事件。购买意图是在预期家庭收入、预期价格和预期获益的基础上形成的。如果发生了突发事件，如失业、意外急需、产品涨价、新出现的有关该产品令人失望的信息等，都可能导致购买意图的修改。

消费者修改、推迟或取消某个购买决定，往往受已察觉的风险的影响。察觉风险的大小，随购买金额的大小、产品性能的稳定程度和购买者的自信心强弱而定。因此，营销者应设法使消费者所承担的风险降到最低程度，促使消费者做出购买决定并付诸行为。目前有些大商场做出零风险承诺，对促进消费者做出购买决策无疑是很有效的。

5．购后行为

如图 4-14 所示，消费者购后行为主要有两种：一是购后的满意程度；二是购后的活动。

图 4-14　消费者的购后行为

（1）购后的满意程度。消费者的满意程度，取决于消费者对产品的预期性能与产品使用中的实际性能之间的对比。因此，营销者对产品的广告宣传只有实事求是，才能使购买者感到满意。有些营销者对产品性能的宣传甚至故意留有余地，以增加消费者购后的满意度。

（2）购后的活动。西方有句商业谚语："最好的广告是满意的顾客。"消费者购买并消费商品后，常常要对自己的购买选择进行反省和验证，再次反思这种购买决策是否正确，所购商品效用是否理想，以及服务是否周到等问题。这种购后评价的好坏，往往决定着消费者今后的购买动向，并会影响消费者周围一大批潜在的消费者。营销界有一个著名的等式，即 100–1=0，意思是说，即使 100 个顾客中 99 个对企业的产品或服务表示满意，但其中只要有 1 个顾客持否定态度，企业的美誉就立即归零。虽然这种形象化的比拟是一种夸张的说法，但事实显示：每位非常满意的顾客会将其满意的感觉告诉至少 12 个人，其中大约有 10 个人会产生相同的需求并光顾该企业；相反，1 位非常不满意的顾客会把不满的意见告诉至少 20 个人，当这些人产生相同需求的时候，几乎不会光顾这一被批评的企业。

因此，营销者应积极主动地与消费者做购后联系，采取一些必要措施，促使消费者确信其购买决策的正确性，同时还要加强售后服务。企业还应根据顾客的意见反馈，及时改进产品和改善服务。

【职业知识检测】

1．名词解释

市场　消费者市场　需求　动机　相关群体　社会阶层　亚文化　社会文化

2．填空题

（1）作为有效的市场，应该具备三个基本的要素，即（　　）、（　　）和（　　）。

（2）对于卖方来说，市场一般就是指人们对某种或某类商品具有的（　　）。

（3）一般来说，需求强度的大小和需求层次的高低成（　　），即需求的层次越（　　），需求的强度越（　　）。

（4）消费者获取的信息来源主要有（　　）、（　　）、（　　）、（　　）四个方面。

（5）消费者从购买意图到实施购买行为还要受（　　）、（　　）两个因素的影响。

（6）为了便于深入研究各类市场的特点，国内顾客市场按顾客的购买目的与购买者的身份可以划分为（　　）、（　　）、（　　）、（　　）四种类型，连同（　　），企业面对的市场主要有五种类型。

（7）知觉是一个有选择的过程，它要经历（　　）、（　　）、（　　）三个知觉过程。

（8）按各种角色在决策过程中所起的不同作用，可将购买决策参与者分为（　　）、（　　）、（　　）、（　　）、（　　）五种类型。

（9）相关群体可以分成（　　）、（　　）、（　　）三类。

（10）分析消费者行为模式，经常用到“5W1H”法，这是指企业可以从（　　）、（　　）、（　　）、（　　）、（　　）、（　　）六个方面分析消费者的购买行为。

3．选择题

（1）消费者市场的特点是（　　）。

A．市场比较集中　　B．购买人数多而分散

C．多属专家购买　　D．缺乏弹性

（2）在中国市场上，下列商品中需求弹性最大的是（　　）。

A．食盐　　B．香烟　　C．计算机　　D．面包

（3）中国有句古话“增产不增收”，讲的是当农业获得丰收时，农民的收入却不一定能够增加，主要原因是（　　）。

A．国家政策不利　　B．农产品缺乏弹性

C．消费者购买力不足　　D．奸商收购

（4）需要层次理论中，人的最高层次需求是（　　）。

A．安全需求　　B．生理需求　　C．社会需求　　D．自我实现需求

（5）小王欲购买一台计算机，在此之前他对此类商品并不了解，他的这次购买行为属于（　　）。

A．复杂型　　B．和谐型　　C．习惯型　　D．多变型

（6）纺织企业虽然其用户是服装生产企业，并不是消费者，却要投入很大力量研究消费者需求。这是因为消费者需求具有（　　），而产业市场需求具有派生性的特点。

A．伸缩性　　B．源发性　　C．差异性　　D．分散性

（7）消费者权益保护法中所称消费者，是指为（　　）需要而购买、使用经营者所提供的商品或接受经营者所提供的服务的市场主体。

A．生产消费　　B．转卖　　C．生活消费　　D．储存

（8）消费者购买决策过程的第一阶段是（　　）。

A．收集信息　　B．评估选择　　C．决定购买　　D．激发需求

（9）顾客通过家庭成员、朋友、邻居等获得产品信息，这种来源属于（　　）。

A．经验来源　　B．公共来源　　C．商业来源　　D．个人来源

（10）人们购买养老保险是出于（　　）；曹雪芹食不果腹，仍坚持《红楼梦》的创作，是出于（　　）。

A．安全需求　　B．生理需求　　C．社会需求　　D．自我实现需求

（11）与消费者市场相比，组织购买者市场具有的特点是（　　）。

A．需求弹性大　B．购买量大　　C．购买者人数多 D．非专业性购买

4．简答题

（1）马斯洛需求层次论的主要内容是什么？对市场营销有何指导意义？

（2）消费者市场与组织购买者市场相比，有哪些特点？针对这些特点，企业应采取什么营销策略？

（3）消费者购买行为有哪些类型？影响消费者购买行为的因素有哪些？结合自己的购物经历，分析你做出购买决策的全过程。

（4）消费者购买决策过程可以分成哪几个阶段？在不同阶段，企业应采取什么营销策略？

【职业技能训练】

1．方案策划

（1）一家高级乡村俱乐部的主管为一件事发愁，即总有会员将浴室的高级洗浴液顺手牵羊带回家去。主管想过各种办法试图解决这个问题，却发现这些办法都可能冒犯会员。请你为主管出个高招，在不冒犯会员的前提下，解决此难题。

（2）如果《西游记》团队重组，需要裁去一个徒弟，你认为应该裁谁？请说明理由。

2．分析讨论

为什么要把购后行为包括在购买者决策过程之中?

3．案例分析

某中医院除了给每位就诊患者开出必要的药物处方外，还要开出一张“无药处方”，如给一位老年患者的“无药处方”上写着：多吃蔬菜、水果；食用低盐、低脂、低糖食品；按时服药，测量血压；多活动……这种医疗服务深受患者欢迎。

分析这种“双处方”的医疗服务为什么受到患者的欢迎？体现了什么样的营销观念？较好地满足了消费者的哪些需求?

4．模拟实训

（1）老师安排每位同学从某一小说中摘录（复印）一页描写主人公的内容（条件允许的学校可以放某一小段大家不熟悉的影视资料或录音），然后请各位同学说出该片段情节可能的前奏与后续情节，并尽可能多地说出从该片段中获得的有关主人公的信息，最后与小说全部情节对照，看哪位同学描述的信息点与原文信息一致的最多。

（2）每位同学提供一张彩色照片，交给老师。每位同学从老师手中抽取一张照片，对照片上的人物（心情、身份、性格、年龄、兴趣、生活方式、需求、喜好、行为特点等方面）与背景进行分析，然后请照片提供者评价这位学生分析的准确性。

（3）每位同学提供一张图片，交给老师；两位同学一组，每位同学从老师手中抽取一张图片，每位同学抽到图片后针对该图片提出 10 个问题，请另一位同学回答。例如，可以问这张图片中最显眼的是什么？图片的主题是什么？图片中的人、物、景之间可能有什么联系？图片与你所销售的产品（老师指定）能建立哪些方面的联系（机会或威胁）？老师根据分析的深刻性、全面性与独到性评定成绩。

训练目标：训练洞悉人物内在心理的能力、发现营销机会的能力。

第5章 市场营销调研与预测

知彼知己，百战不殆；不知彼而知己，一胜一负；不知彼不知己，每战必殆。

——《孙子·谋攻篇》

没有调查就没有发言权。

——《毛泽东选集》（第三卷）

学习目标

- ☑ 重点理解市场营销调研与预测的概念与过程。
- ☑ 重点掌握市场营销调研计划的编制方法，调研问卷与调研问题的设计方法，调研报告的撰写方法、定性预测方法。
- ☑ 一般了解市场营销调研的类型、抽样技术与方法、定量预测方法。

CASE【任务导入】决策的依据

某日，老师在课堂上想看看一个学生的智商怎么样，就问他："树上有10只鸟，开枪打死1只，还剩几只？"

学生反问："是无声手枪吗？""不是。"

"枪声有多大？""80～100分贝。"

"那就是说会震得耳朵疼？""是。"

"在这个城市里打鸟犯不犯法？""不犯。"

"您确定那只鸟真的被打死了？""确定。"老师已经不耐烦了，"拜托，你告诉我还剩几只就行了，OK？"

"OK，树上的鸟里有没有聋子？""没有。"

"有没有关在笼子里的？""没有。"

"边上还有没有其他的树，树上还有没有其他鸟？""没有。"

"有没有残疾的或饿得飞不动的鸟？""没有。"
"算不算怀在肚子里的小鸟？""不算。"
"打鸟人的眼有没有花？保证是 10 只？""没有花，就 10 只。"
老师已经满头是汗，且下课铃响了，但学生还在问："有没有傻到不怕死的？""都怕死。"
"会不会一枪打死两只？""不会。"
"所有的鸟都可以自由活动吗？""完全可以。"
"如果您的回答没骗人，"学生满怀信心地说，"打死的鸟要是挂在树上没掉下来，那么就剩 1 只；如果掉下来，就 1 只不剩。"
老师当即晕倒。
启示：要想获得正确的决策，必须占有充分的信息。

5.1 市场营销调研概述

5.1.1 市场营销调研的概念

市场营销调研，即市场营销调查与研究的简称。通俗地说，市场营销调查就是收集市场营销方面的信息，市场营销研究就是整理与分析调查所得到的信息。市场营销调研是个人或组织针对某项特定的市场营销决策，有组织、有计划开展与实施的收集、整理与分析市场营销方面信息的活动过程。

5.1.2 市场营销调研的类型

1. 根据市场营销调研的目的划分

按照市场营销调研的目的，可以将营销调研划分为探测性调研、描述性调研与因果性调研三类。这三类营销调研的比较如表 5-1 所示。

表 5-1　三类营销调研比较

项　目	探测性调研	描述性调研	因果性调研
调研目的	发现存在的是什么问题	明确存在的问题是什么状况	发现问题产生的原因
适用方法	观察法	询问法	实验法
适用阶段	初步调查	正式调查	追踪调查与深入调查

（1）探测性调研。企业通过收集初步的信息以帮助确定需要进行调研的问题的重点和症结所在，这种调研方法叫探测性调研。它只是通过调研明确"存在的是什么问题"，但并不能揭示出问题的本质，因此，它大多作为一个大型的市场营销调研项目的前奏。

（2）描述性调研。描述性调研是一种对客观情况进行如实描述的调研，主要明确"存在的问题是什么状况"。

（3）因果性调研。因果性调研旨在弄清市场变量之间的因果关系，收集有关的数据资料，运用统计分析和逻辑推理等方法，判明什么是自变量（原因）、什么是因变量（结果），以及它们变动的规律。也就是说，因果性市场营销调研进一步回答了“为什么”的问题。

2. 按市场营销调研的范围划分

（1）专题性调研。专题性调研是指调研主体为解决某个具体问题而进行的调查研究。专题性调研的优点是组织实施灵活方便，所需人力、物力、财力和时间有限，对调研人员要求相对较低。但同时调研的信息比较有限，无法对市场营销进行全面了解。在市场营销实践中，大多数的市场营销调研都是专题性调研。

（2）综合性调研。综合性调研是指市场营销调研主体为全面了解市场营销的状况而对市场营销进行的各个方面的调研。综合性市场营销调研提供的信息能比较全面地反映市场营销的全貌。但由于此类调研涉及面广，组织实施比较困难，需要投入较多的人力、物力、财力，对调研人员的要求就相对比较高。因此，在市场营销实践中运用较少。

5.1.3 市场营销调研的内容

由于市场营销调研的内容很广，调查目的又各有不同，因而也就有着不同的归纳方法。总体来说，市场营销调研主要有以下几个方面内容。

1. 宏观环境信息

宏观环境信息主要包括政治法律、社会经济、社会文化、科学技术、自然地理、社会人口六大类影响企业营销活动的宏观环境信息。具体的营销实践中可以根据具体问题，针对其中某一类宏观环境因素进行调研，对于那些影响较小的因素则可以不做考虑。

📖 **实例 5-1** 在日本 7-11 便利店，其门店的系统每天固定五次收集天气动态信息。由于午餐、饭团和三明治等食品占据日本 7-11 每日销售额的一半左右，而这些商品的销售周期短，销售情形又和天气息息相关，因此事先掌握天气情况，是预定当日商品数量的关键。7-11 系统每天收集气象报告数据五次，供各地的门店参考，以免讲求新鲜度的食物数量积压或不足。

2. 微观环境因素

微观环境因素主要包括供应商、企业、竞争者、营销中介、顾客及营销公众六大类影响企业营销活动的微观环境信息。同样，具体的营销实践中可以根据具体问题，针对其中某一类微观环境因素进行调研，对于那些影响较小的因素则可以不做考虑。

📖 **实例 5-2** 单门冰箱相对双门冰箱、三门冰箱来说，是“过时货”，厂家一般都不再生产。但国内一家家电生产企业却根据市场调查，做出决策：恢复生产单门小冰箱。该冰箱一上市，居然异常走俏。原来，很多家庭由于生活条件改善了，卧室、客厅里也需要存放饮料、点心、水果的小冰箱。这种单门小冰箱正迎合了这一需求。

3．企业营销战略与策略实施的效果

企业营销战略与策略实施的效果主要是指调研企业实施某项营销战略或 4Ps 营销组合策略后，市场做出的反应。一般可以通过计算分析市场占有率、销售增长率、企业产品认知率等指标来了解其效果。

5.2 市场营销调研实务

5.2.1　市场营销调研的步骤

一般而言，市场营销调研，主要有明确调研主题、拟订调研计划、收集调研信息、分析调研信息和追踪调研五个步骤，如图 5-1 所示。

图 5-1　市场营销调研的步骤

1．明确调研主题

在这个阶段中，市场营销调研的主要职能是对所要进行的调研课题及目标进行非正式的探测性摸底调研，主要分三个阶段完成。

（1）明确问题。在接受一项市场营销调研任务之初，委托者会对调研的相关情况做介绍，但这种介绍并不总是详尽或确切的。这时市场营销调研人员必须搞清楚所要调研的问题究竟是什么，也要了解调研的目的究竟是什么。

（2）情况分析。情况分析是在明确调研问题的基础上，由市场营销调研人员利用自己的知识和经验，根据已经掌握的资料，进行初步分析。通过情况分析，调研人员应对课题的框架有个大致的了解。

（3）初步调研。初步调研又称非正式调研，是由市场营销调研人员与一些和调研问题相关的、熟悉这方面情况的人士进行交谈，以进一步了解情况、积累资料。通过非正式调研可以及时中止那些不必要的调研项目；可以合理地界定调研的范围和深度，为第二阶段的调研工作打下良好的基础；有些问题如果可以通过非正式调研解决，则可以及时终止下一步复杂的正式调研。

2．拟订调研计划

在进行市场营销调研之前，必须有一个总体的设计和规划，并做好充分的准备工作。具体来说，主要应规划好 6W2H 八个方面的内容，如表 5-2 所示。

表 5-2　调研计划的框架

项　目	含　义	任　务
What	调研什么	明确调研主题
Why	调研目的（原因）	明确调研目的、意义与目标
Which	调研对象	随机抽样、非随机抽样
Who	调研主体	委托外部机构调研、自己独立调研、内外协作调研
When	调研时间	调研日程、信息时限
Where	调研范围	明确调研总体与总体单位
How to do	调研方法	询问法、观察法、实验法；原始资料，二手资料
How much	调研预算	人、财、物消耗预算

3. 收集调研信息

（1）资料来源。营销调研的资料来源与收集方法，主要分为原始资料与二手资料收集两类，如表 5-3 所示。

表 5-3　营销调研的资料来源

<table>
<tr><th colspan="2">项　目</th><th>方　法</th><th>具体方法</th><th>优　点</th><th>缺　点</th></tr>
<tr><td rowspan="8">资料来源</td><td rowspan="2">二手资料</td><td rowspan="2">案头调研</td><td>内部资料查询</td><td rowspan="2">费用成本低、快捷方便</td><td rowspan="2">缺乏针对性，可靠性、准确性、客观性需进一步验证</td></tr>
<tr><td>外部资料收集</td></tr>
<tr><td rowspan="6">原始资料</td><td rowspan="4">询问法</td><td>问卷调研</td><td rowspan="6">信息资料准确可靠，针对性、有效性强</td><td rowspan="6">费用成本高、周期长</td></tr>
<tr><td>访谈调研</td></tr>
<tr><td>电话调研</td></tr>
<tr><td>会议调研</td></tr>
<tr><td>观察法</td><td>人工观察、机器观察</td></tr>
<tr><td>实验法</td><td>无控制实验、有控制实验</td></tr>
</table>

1）原始资料。营销调研所需的信息没有被别人收集或别人已经收集但调研单位无法获取，通常需要调研人员通过现场实地调查直接收集的资料。

2）二手资料。经过他人收集、记录、整理所积累的各种数据和资料的总称。二手信息资料主要来源于：企业内部各部门，如档案部门等；企业外部，如图书馆、档案馆、政府机构、国际组织、新闻出版部门等；行业组织与其他企业等。

（2）调研方法。营销调研收集原始资料的方法，主要有询问法、观察法与实验法三大类，如图 5-2 所示。这三类方法优缺点比较如表 5-4 所示。

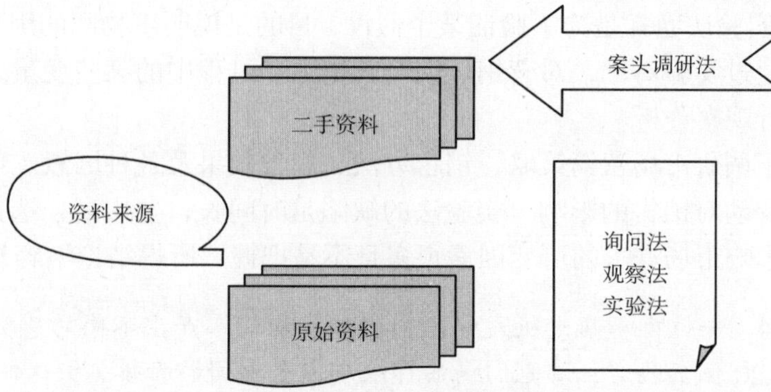

图 5-2　营销调研的资料来源

表 5-4　三类调研方法比较

项　目	询 问 法	观 察 法	实 验 法
优点	调研方法灵活方便 调研问题全面深入	调研方法直接有效 调研结果客观、准确、实用	验证因果关系 发现内在规律
缺点	周期长、组织难度大	重于表象、缺乏深度	时间长、费用高

1）询问法。询问法是调研主体将拟订的调研问题向调研对象通过询问的办法获得回馈资料信息的方法。询问法主要有留置问卷、邮寄问卷、访问法、小组讨论法、电话询问、网站发布调查问卷等方法。

询问法调研的主要优点是灵活性强，可以收集不同场合下的各种信息。询问法的缺点是需要足够的规模与有效的组织策划。如果没有足够的规模，收集到的信息就会缺乏代表性；如果组织不好、问卷设计不好、回收率低，就很难收集到有效的信息。

2）观察法。观察法是指调研人员在收集资料时，在调查现场不直接向被调查者提出问题，而是通过有针对性的观察记录来收集原始资料，以此来研究被调查对象的心理与行为。这种调查多是在被调查者没有觉察的情况下完成的，可用于获取被调查对象不愿意或不能提供的信息。观察法除了人员观察外，还可以由机械来处理，许多广告效果资料通常用机械记录器来收集。

观察法由于是有目的的直接观察，减少了调查者主观偏见带来的影响，所得资料比较客观和准确，实用性也比较高。但是，由于它只能看到事态的现象，不能说明原因，特别是被调查者的感情、动机、态度等无法触摸到，所以，调研人员在使用观察法的时候还要配合使用其他信息收集方法。

📖 **实例 5-3**　美国《福布斯》曾报道过这样一个间谍案。日本一家公司曾派一名叫森本的情报人员，以进修的名义住在美国加利福尼亚州的佛伦奇先生家中。森本经常出入附近居民家中做客，进行广泛的市场调查，对佛伦奇的房间的各种陈设与布局进行反复拍照，并对其生活进行了长达 1 个月的详细记录。森本这些活动的目的只有一个，掌握美国人的生活方式和习惯，了解美国最新政治经济情况，以帮助日本公司研制适合美国人口味的商品，在国际竞争中战胜美国这个强大的竞争对手。

3）实验法。实验法通常是为了验证某个假设，目的是说明事物间的因果关系。它是在给定的条件下，通过实验对比，对营销环境与营销活动过程中的某些变量之间的因果关系及其发展变化进行观察分析。

实验法多用于调研市场营销策略、销售方法、广告效果及各种因素（如产品设计、价格、包装等）的变动对销售的影响。实验法的缺陷是时间长，费用高，选择实验的市场不一定有代表性，影响市场需求的可变因素很多且不易把握，所得结论不容易相互比较等。

实例 5-4 一位咖啡店老板发觉不同的颜色能使人产生不同的感觉，于是做了一个实验。他请来 20 位实验者，请他们喝四杯浓度完全相同的咖啡，但这四个装咖啡的杯子的颜色是不同的。然后，咖啡店老板问实验者哪种杯子的咖啡浓度最好。多数人回答："青色杯子的咖啡淡，味酸；红色杯子的咖啡浓，味美；黄色杯子的咖啡浓度正好，味淡；棕色杯子的咖啡太浓，味苦。"于是，老板改用了红色的杯子。

4．分析调研信息

在此阶段的主要工作是整理、分析所获取的资料，撰写调研报告，提出结论和意见。通过调查和实验得来的原始数据必须加以分析和鉴别。通过整理，务求资料系统化、简单化和表格化，达到准确、适用和完整的目的。调研报告要紧密围绕调研的目的与要求，做到有的放矢，同时应力求简明、准确、完整、客观，作为科学决策的依据。

实例 5-5 好伦哥的投资者当年在美国留学时，看到自助比萨饼这种经营品类相当盛行，于是回国后就与美方合资成立了好伦哥餐饮有限公司，在中国经营比萨饼。

他们在进入中国市场的时候对国内的西式餐饮市场进行了深入的调研和分析，发现以马克西姆、星期五、酒店自助为代表的餐厅几乎占据了西餐的高端市场，人均消费超过 100 元；而必胜客则占据了中高端西餐市场，人均消费在 60~80 元，典型的目标消费者是城市的白领；麦当劳、肯德基、德克士则占据了中低端的西式餐饮市场，人均消费在 10~20 元，消费群以学生和年轻人为主。但是上述餐厅几乎都以零点和外卖为主要经营方式。即使早一步进入中国市场的必胜客、达美乐采取的也都是"全程式"的零点和外卖的销售模式，对于自助这块基本没有涉足。

一番分析之后，好伦哥的管理层发现，在大城市的西式餐饮市场上存在一个巨大的市场空白，那就是中端的非零点餐饮，这个档次的市场主要面向中等收入的消费者，未来的市场空间很大。经过精心策划，1998 年 12 月，好伦哥的第一家餐厅在北京开业，在国内第一个推出了 39 元比萨饼自助的经营模式。好伦哥就这样避开了与必胜客、麦当劳、肯德基的正面竞争，赢得了良好的发展空间。

5．追踪调研

调研报告的编写与提交并不是整个调研过程的结束，需要继续追踪调研，对原结果进行补充、修正和完善。

5.2.2　抽样技术

抽样技术是指在抽样调研时采用一定的方法，抽选具有代表性的样本，也是各种抽样操作技巧和工作程序的总称。市场营销调研的抽样方法如表 5-5 所示（见小结部分）。

1．随机抽样技术

随机抽样技术是对总体中每个个体给予平等的抽样机会，排除了人的主观因素的选择的抽样技术，它又可简单划分为简单随机抽样、机械随机抽样、分层随机抽样和分群随机抽样四种方法。

（1）简单随机抽样。简单随机抽样要求在总体中不做任何有目的的选择，保证样本个体机会均等，同时样本有代表性。常用的简单随机抽样方法有以下几种。

1）抽签法。在抽取样本时，将所要调查的样本总体全部编上号码，写在卡片或纸上，并将其搅拌均匀，任意从中抽选，直到满足预定的样本数目为止。

2）乱数表抽样或随机数表。乱数表是指含有一系列组别的随机数字的表格。利用特制的摇码机或计算机在 0~9 的阿拉伯数字中，按照每组数字的位数的要求（2 位、3 位等），自动随机逐个摇出或由计算机打出一定数目的号码，以备查用，或参照乱数表选择。使用乱数表时，首先要把调查总体中的所有单位加以编号，根据编号的位数确定使用若干位数字，然后查乱数表。在乱数表中任意选定一行或一列的数字作为开始数，接着可从上而下，或从左至右，或一定间隔（隔行或隔列）顺序取数，凡是编号范围内的数字号码即可视为被抽取的样本。如果不是重复抽样，碰上重复数字应该舍掉，直到抽足预定样本数目为止。

（2）机械随机抽样。机械随机抽样是在总体中先按一定标志顺序排列，并依据总体单位数和样本单位数计算出抽样距离（相同的间隔），然后按相同的距离或间隔抽取样本。例如，调查某城市 5 000 户居民购买计算机的需求，计划抽出样本 25%，一共 250 家，即每 20 家选取一家，或者说，每隔 19 家抽取一家。

机械随机抽样方法比较简单，而且由于样本在总体中分配比较均匀，不会集中于某些层次，样本的代表性比较大。

（3）分层随机抽样。分层随机抽样是指把调查总体按其属性不同分为若干层次或类型，然后在各层或各类型中随机抽取样本。例如，在调查人口时，可以按年龄、收入、教育程度、居住位置等标志划分为不同阶层，然后按照要求在各个阶层中进行随机抽样。由于每层群体所包含的要素在内部看是同质的，但在各层的群体之间却是异质的，所以抽出的样本也比较有代表性。

（4）分群随机抽样。分群随机抽样又称整群抽样，是把调查总体区分为若干群体，从中抽取某些群体，对抽出来的某些群体进行全面调查。分群抽样比较简单方便，但由于抽中的样本单位集中在某些群体，分布不均，如果群群之间差异较大，则抽样误差就大。

2．非随机抽样技术

非随机抽样技术是指总体中每个个体不具有被平等抽取的机会，而是根据一定的主观判断标准来抽取样本的抽样技术。非随机抽样可以充分利用已知材料选择较为典型的样本以更好地代表总体，同时节约调查时间、费用与人力等。但所选的标准由于主观因素多，因此，无法判断误差和检查结果的准确性。非随机抽样技术一般有下列四种类型。

（1）任意抽样。为了使调研人员的工作方便，在调研对象中任意抽选一定数量的样本进行调查。例如，进行现场访问，任意选择一群消费者或营业人员进行谈话，了解他们对商品质量的看法或购买动向。任意抽样一般适宜非正式的探测性调查，一般在调查总体中的每个个体都同质时才会采用，但在现实中，并非所有总体中每个个体都是相同的，所以抽样结果偏差比较大，可信度较低，在正式调研中很少采用。它的显著优点是简便，能够节约时间和费用。

（2）判断抽样。判断抽样是由调研人员依据自己的经验抽取样本或由专家选定样本。判断抽样技术简便易行，符合调查目的和特殊需要，但易产生由于主观判断带来的抽样误差。同时，由于判断抽样中各个调查单位被抽取的概率不知道，因而无法计算抽样误差和可信度。如果调查者经验丰富、知识面广、判断能力强，抽取的样本代表性就大，反之则小。此法适宜调查总体中各调查单位差异比较小，调查单位少，选择的样本有较大代表性时采用。

（3）配额抽样。配额抽样是由调研人员对总体中所有单位按其属性特征进行分类，然后按其属性特征分配样本数额，并在分配数额内又由调研人员任意抽取样本。

（4）固定样本连续调查。固定样本连续调查是把选定的样本固定下来，长期进行调查。固定调查的调查对象稳定，可以及时全面地取得各种可靠的资料，费用低、效果好。它的缺点是调查户登记、记账的工作量大，长年累月地记账，负担比较重，难以长期坚持。为了保证样本的代表性和资料的连续性，同时减轻调查户的负担，可采用样本轮换的方法。在连续调查过程中，每隔一定的时期（一般一年或半年）部分轮换调查户（轮换数量大约是总体的 1/4）。这样，既可减少因样本的多变而增加的误差，又可保证资料质量的稳定性，减轻调查户的工作负担。

小结

表 5-5　营销调研的抽样方法

项　目	抽样方法		方法特征
随机抽样	简单随机抽样	抽签法	将样本标号后随机抽取
		乱数表抽样或随机数表	对总体单位编号查乱数表抽取
	机械随机抽样		按顺序排列总体单位后，等距离抽取
	分层随机抽样		按某属性将总体单位分层，然后按层抽取
	分群随机抽样		将总体分群，抽出某一群后全面调查
非随机抽样	任意抽样		在总体中任意抽取一定数量样本调研
	判断抽样		由调研员或专家依据主观判断抽样
	配额抽样		按属性将总体单位分类后分配样本数额
	固定样本连续调查		固定选定的样本，长期进行调查

5.2.3　问卷设计技术

问卷，又称调查表，是一种以书面形式了解被调查对象的反应和看法，并以此得到资料和信息的载体。问卷设计是依据调研与预测的目的，开列所需了解的项目，并以一定的格式，将其有序地排列组合成调查表的活动过程。按照询问方法不同，调查问卷可以划分为访问问卷、小组讨论问卷、电话访问问卷、邮寄访问问卷四种。

问卷设计的根本目的是设计出符合调研与预测需要的问卷，能获取足够、适用和准确的信息资料，以保证访问调查工作能够准确、及时、圆满地完成。

1．访问问卷设计

访问问卷是由访问员入户、在街头或其他地点根据被调查者的口头回答来填写，或者在访问员协助下，由被调查者自己填写的调查问卷。

（1）访问问卷的结构。一份完整的访问问卷通常情况下由说明词、问题及备选答案、被调查者背景资料、计算机编号和作业证明记载等内容组成。

1）说明词。如图 5-3 所示，说明词是开始询问前的前导介绍词，主要包括介绍调查员自己，介绍调研咨询公司或企业，说明调查访问目的，请求被调查对象的合作和合作的重要性及感谢对方合作等。通常，如果访问时有礼品送给被调查者也可在说明词中写明。

尊敬的先生/女士：

我是×××公司的调研员，我们公司正在进行一项中国家电市场的调查研究。占用您几分钟的宝贵时间，请教您一些问题，您的意见和看法将对此次调查产生直接的影响。希望能得到您真诚的合作，谢谢！

×××公司

××××年××月××日

调查时间______年_____月_____日____时　　问卷编号_________

调查员姓名________被访问者合作情况__________核查员姓名_________

被访问者姓名______被访问者住址_____________被访问者联系方式_______

图 5-3　访问问卷说明词

2）问题及备选答案。这是整个调查问卷的主体部分，也是调研目的的集中体现。主要包括问题、答案、填答问题指导性说明等内容。

3）被调查者背景资料。这是有关问卷所收集的被调查者的基本资料部分，一般情况下，如果样本是个人，则资料包括性别、年龄、受教育程度、职业及职务、收入水平、婚姻状况等；如果样本是单位，则资料应包括单位名称、营业面积、经营范围、员工人数、注册资金、销售量、地址及法人代表等。样本的特性很多，但不一定要对样本所有的特性进行收集，要依据调研目的来选择收集样本的特性。

4）计算机编号。询问作业完成以后，需要由计算机对资料进行统计分析，因此，对问卷本身和问卷的基本资料及收集到的资料都要预先做好计算机编号，方便计算机作业。问卷和答案的计算机编号通常也作为问题的编号，放在问句和答案的前边。问卷本身和问卷基本资料的计算机编号除了前述的功能，有时还有助于调研项目的管理。这些编号还包括问卷的编号，问卷中涉及的主要因素、主要单位、主要地区、主要品牌的编号等。

5）作业证明记载。这部分主要出于调查访问管理和监督的需要。它主要包括被调查者的姓名或名称、访问地点、调查员姓名、访问时间等。如果问卷有封面的话，这一部分一般放在封面的右下角；如果是简单的问卷，就放在最后，独立成为一部分。

通常，一份完整的问卷包括以上五个部分，但在实际调研过程中，不同的访问方式对问卷设计的要求是不一样的。问题及其备选答案、被调查对象背景资料两部分作为一份问卷的核心，是必不可少的内容，而其余三部分相对来说是可有可无、可简可繁的。

（2）访问问卷问题的设计。问题从形式上来看，可以分成开放式问题和封闭式问题两类。

1）开放式问题。这种问题被调查者可以充分自由地按自己的方式发表意见。但这种问题需要被调查者具有较高的知识水平和文字表达能力，被调查者花费的时间和精力也比较多，调查者只能对这些资料进行定性处理和分析。封闭式问题的优缺点与开放式问题优缺点正好相反。

2）封闭式问题。这种问题是被调查者必须按照调查者预先设计好的备选答案选择回答的问题。一般有填空式（如例1）、是否式（如例2）、选择式（如例3）、表格式（如例4）等类型。

例1．您的年龄是（　　）岁。

例2．您是共产党员吗？　是□　不是□（请在答案旁的□内打“√”）

例3．平常您一天耗费多少时间上网？（请在答案旁的括号内打“√”）

A．少于半小时（　　）　B．半小时到一小时（　　）

C．一小时到两小时（　　）　D．两小时以上（　　）

例4．您觉得下列现象在你们学校是否严重？（请在每行适当的表格内打“√”）

	很严重	比较严重	不太严重	不严重	不知道
迟到					
早退					
请假					
旷课					

（3）设计问题应该注意的事项。

1）答案要具有穷尽性和互斥性。互斥性是指备选答案之间不能相互重叠或包含。穷尽性是指备选答案应该包括了所有可能的答案。例如，例5的答案就不符合穷尽性，例6的答案就不符合互斥性的要求。

例5．你最喜欢看哪类电视节目？（请在答案旁的括号内打“√”）

A．新闻节目（　　）　B．体育节目（　　）

C．曲艺节目（　　）　　　　　　D．科教节目（　　）

例6．你的职业是什么？（请在答案旁的括号内打“√”）

A．工人（　　）　　　　　　B．司机（　　）

C．知识分子（　　）　　　　　　D．其他（　　）

2）问题要设计成被调查者容易理解的格式。

3）要注意尊重被调查者的隐私，使被调查者能够并愿意回答问题。

4）问题要界定清楚，避免混淆，一个问题一个要点。如“你最近经常看电影吗”，其中的“最近”究竟是指何时，并不具体。

5）要对样本进行过滤，发掘深层次的动机。例如，关于香烟的问题，如果直接问“你每天抽几支烟”就不合适，因为并非所有的人都抽烟，这就必须过滤。可先设计一个问题“您抽烟吗”，然后对抽烟的部分对象继续进行询问。

6）在问题的排列上，一般要由易到难，由简单到复杂，由浅到深，保持问题的流畅、连贯，对于过滤性问题或跳跃性问题要妥善安排，同时对触及个人隐私的，可能引起对方反感、不安的问题要尽量安排在后面，避免出现冷场。

7）问题不要带有引导性或倾向性。例如，“看了《少林寺》增加了你对中国武术的兴趣，是吗？”就带有明显的肯定性引导。如果改成“看了《少林寺》后，你有什么感受？”就能消除这种倾向性。

2．小组讨论问卷

小组讨论问卷，是分组邀请被调查者，由访问员或调研组织者充当主持人引发讨论。小组讨论的被调查者都是事先经过挑选的合格样本，讨论的内容也都事先做了简单的调查，小组讨论是为了求得横向和纵向的扩展，深入发展资料以弥补不足。

小组讨论的问卷其实是主持人用来引导讨论的讨论大纲。小组讨论一般不在问卷上记录，而是有专人记录，通过书面或录音进行记录。这份记录要整理为报告，应着重于质的概念，不同于其他的统计分析注重量的概念。小组讨论时，要有说明词以介绍讨论的目的和价值。此外，一般在报告书的开头，还要有作业证明记载，包括讨论会名称、组别、讨论时间、地点、出席人、主持人、记录人等，这与其他方式有较大区别。

3．电话访问问卷

电话访问问卷最重要的特点是简洁明了，访问时间多为3~5分钟。故而，电话访问常用于过滤样本或简短的调查。电话访问的说明词要简明扼要，把被调查者需要回答的问题、需要做的事情用最简洁的语言表明；问句简短、浅显易懂，完全口语化；被调查者背景资料一般通过间接询问获得，如想问对方受教育程度，可问“您毕业于哪所大学”，也可探测性地询问“您是就读于复旦大学吧”。对方可能回答“是”或许“不，我是南开大学毕业的”。调研人员记录时要做好事前准备。此外，资料的计算机编号、作业证明记载等与访问问卷基本无区别。

4．邮寄访问问卷

用邮寄访问问卷收集资料有时比派人员访问或其他方式更有效，更能得到真实的回答，且能节省费用。但是，邮寄访问的进度和结果难以控制，如果被调查对象对问句有疑问或误解，则无法得到及时、有效的纠正。

对于邮寄问卷需要注意：一般来说，邮件要封口，字体要稳重大方，写作工整；信函用私人信函以表示尊重，公函或印刷邮件容易被人忽视或不予理会，能注明收件人最好；说明词要详尽、亲切且重点突出，注明阅卷的方法、回收的日期、地点、邮政编码、单位或个人等；问句要少而透明，尽量避免涉及隐私；为促进回收可做一些特别的设计，如用邮寄奖品、抽奖等方式激发调查对象的积极性。

5.3 市场营销预测实务

5.3.1 市场营销预测的概念

市场营销预测是指根据市场营销的历史和现状，凭借以往的经验和知识并运用一定的预测方法和技术，对市场营销发展的未来趋势进行预计、测算和判断，得出符合逻辑的结论，用于指导企业市场营销决策的活动与过程。

5.3.2 市场营销预测的方法

如表 5-6 所示，市场营销预测方法按照预测的性质划分，可以分为定性预测与定量预测两类。

表 5-6　市场营销预测方法

项目	方法		优点	缺点
定性预测	购买者意向调查法		不需收集大量数据、简单易行，能对事物的性质进行预测	难以做出精确的量的说明，难以估计其误差和评价其可信程度
	综合销售人员意见法			
	专家意见集中法	专家会议法		
		德尔菲法		
定量预测	时间序列分析法、回归分析法		精确度较高，还可估算出预测误差和可信度	对数据资料的数量、质量、时效要求比较高，要具有较好的数学知识

1．定性预测

定性预测是指对预测对象内在发展规律进行质的分析，判断其未来发展变化趋势的一种预测方法。定性预测通常是在数据不足而且难以获得或没有必要去收集详细的数据时，凭借个人的知识、经验或集体的智慧及直观的材料，对事物的性质和规律进行预测，而非依靠复杂的数学工具进行预测。

📖 **实例 5-6**　清朝山西太谷晋商曹家在沈阳的商号“富生峻”的某掌柜，有一年坐大车由关外回家，中途在高粱地方便，见高粱长得茎高穗大，十分茂盛，认为必获丰收。但随手折断几根，却发现茎内都生了害虫，随即打消回家之行，折转沈阳，连夜大量购买高粱。当时，一般人都认为新粮丰收在望，遂大量出脱。不料各处高粱于接近成熟之际，均被害虫咬死，曹家商号因此大发其财。

定性预测可以充分考虑政治、经济、社会等各种因素对预测对象未来发展变化趋势的影响，简单易行。不足之处是对于未来变化趋势难以做出精确的说明，对各种预测目标之间相互影响的程度难于做出量的说明，对预测结果难以估计其误差和评价其可信程度。

📖 **实例 5-7**　清朝雍正年间，大将年羹尧征讨青海。一天夜晚，到了三更时分，年羹尧突然出帐传令，分兵数路到离营 5 公里的地方埋伏，并派帐前将军带兵接应。他告诉众将：“四更时分，贼兵将来劫寨。”诸将听了感到莫名其妙。四更后敌兵果然来偷袭，清军伏兵突然杀出，使偷袭之敌大败而逃。第二天，诸将领向年羹尧讨教，年羹尧笑着说：“昨夜我在帐中，忽听见雁群飞过，嗥涕有声。我想，夜深月黑，大雁早应就宿，今群起乱飞，必定有人惊动。大雁一般宿于水泊之上。我营寨较远处有一水泊，为贼人往来必经之地。大雁飞得比人行军快，大雁于三更过，贼兵必在四更到，所以叫你们前去伏击。”众人听后无不佩服。

（1）购买者意向调查法。购买者意向调查法，即直接通过询问购买者的购买意向和意见，据以判断销售量。如果购买者的购买意向是明确清晰的，这种意向会转化为购买行为，并且愿意向调查者透露。这种方法比较有效。

（2）综合销售人员意见法。综合销售人员意见法，即通过听取销售人员的意见预测市场需求。销售人员包括企业基层营业员、推销员及有关工作人员。

（3）专家意见集中法。专家意见集中法，即根据专家的经验和判断求得预测值。具体形式主要有以下两种。

1）专家会议法。根据市场营销预测的目的和要求，向经过严格挑选的有关专家提供相应的背景资料，通过会议的形式对预测对象及其前景进行评价，在综合分析判断的基础上，集思广益、发挥集体智慧，做出预测。

专家会议法的预测结果的好坏在很大程度上取决于专家选择的恰当与否，所以选择的专家一定要有代表性，具有丰富的理论知识和一定的市场营销预测方面的知识和经验。另外，选择的专家人数要适当（通常控制在 15 人以内），这有利于从不同的侧面对问题进行分析，得出比较一致的意见。

专家会议法的关键是让各个专家能充分发表意见。为实现这个目标，通常采用直接头脑风暴法和质疑头脑风暴法。

- 直接头脑风暴法是根据一定的规则，通过共同的讨论，鼓励专家独立思考，充分发表意见的一种集体评估的方法。
- 质疑头脑风暴法是同时召开两组专家会议进行集体讨论，其中一个专家组会议采用直接头脑风暴法提出设想，另一个专家组会议则对第一个专家组会议产生的各种设想进行质疑，通过质疑进行全面评估，直到无问题可质疑时为止，使预测结果趋于完善。

2）德尔菲法。德尔菲法是一种特殊的专家意见集合法。德尔菲是古希腊神话中的地名，相传阿波罗杀死恶龙于该地，城中有阿波罗神殿，众神每年到德尔菲集会预言未来，故借用其名。德尔菲法又称专家意见征询法，是以匿名的方式，逐轮征求一组专家各自的预测意见，最后由主持者进行综合分析，确定市场营销预测值的方法。

如图 5-4 所示，这种方法具有匿名性、背靠背、多轮反馈和统计分析等特点。这种方法是向一组专家分别征询意见，专家之间互不见面，不发生横向联系，直接采用书信方式和调研预测单位联系，同时专家的预测意见也以匿名的形式发表，并将各专家意见进行多轮交叉反馈和统计分析，最后形成比较一致的预测结果。

图 5-4　德尔菲法的特点

2. 定量预测

定量预测是依据历史的数据，对预测对象未来发展变化趋势进行量的分析和描述的方法。它通常用于原始数据比较充分或数据来源多且稳定的情况。

定量预测由于重视数据的作用，以数学模型作为分析手段，不易受到人为因素的影响，故精确度比较高，还能对预测目标的未来发展程度和过程，以及各目标之间的影响和制约关系做出定量的判断，为决策者提供更精确、更直接、更全面的信息资料，同时还可估算出预测误差和可信度，能使决策者知道使用预测结果的风险范围。

定量预测也有其不足的地方：对预测人员的知识要求特别是数学知识的要求比较高；对数据资料的要求比较高；对时间的限制性比较强。所以，在市场营销预测中，通常把定性和定量预测结合起来，在定性分析的同时，辅之以定量的分析，确保有比较高的预测准确性。

定量预测主要包括以下两种方法。

（1）时间序列分析法。时间序列分析法是将历史资料和数据按时间先后顺序排列成序列，根据时间序列所反映的经济现象的发展过程、方向和趋势，将时间序列外推或延伸，进行推算，以预测经济现象未来可能达到的水平，因而它又称时间序列预测法。它的主要特点是以时间的推移来研究和预测需求趋势，排除外界因素影响。

（2）回归分析法。回归分析法是对具有相关关系的变量，在固定一个变量数值的基础上，利用回归方程测算另一个变量的取值的平均数。它是在相关分析的基础上，建立相当于函数关系式的回归方程，用以反映或预测相关关系变量的数量关系及数值。

5.3.3　市场营销调研或预测报告的撰写

市场营销调研或预测报告是一项市场营销调研或预测项目最终成果的主要表现形式。由于二者结构基本相同，我们将它们放在一起来讨论。

1. 基本结构

市场营销调研或预测报告没有一个统一规定的、固定不变的格式和结构。市场营销调研或预测项目的类型和性质、委托方的要求、调研人员本身的个性、经验等因素的不同，都会导致市场营销调研或预测报告的差异。综合一些专家的划分方法，市场营销调研或预测报告一般应包括以下几部分内容，如图 5-5 所示。

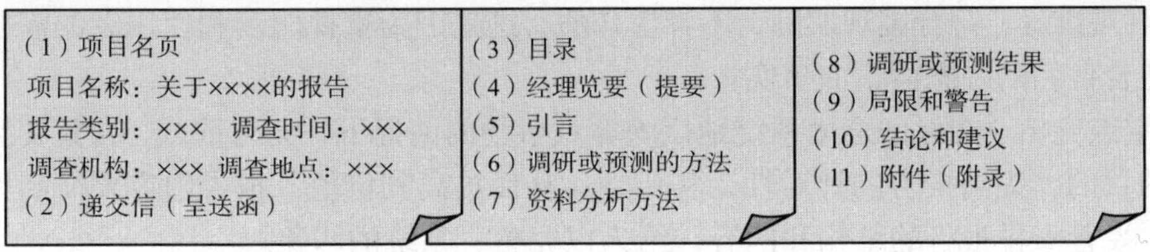

图 5-5　营销调研报告的基本结构

（1）项目名页。这项内容主要包括：预测或调研项目的名称；预测或调研承担人员或组织的名称、地址、电话号码；报告接收人或组织；报告完成日期等。

（2）递交信。正规的调研或预测报告通常包含一封致客户的递交信。信中可以概述一下调研或预测者承担并实施项目的大致过程，也可以强调一下客户需要注意的问题和需要进一步研究的问题等，但不必叙述调研或预测的具体内容。

（3）目录。目录中应详细地列明调研或预测报告的各个组成部分及页码。

（4）经理览要。这是调研或预测报告中主要为经理等主管人员阅读所撰写的部分。它在整个报告中占有特别重要的地位。许多经理主管人员往往没有时间阅读整个报告，而仅仅阅读摘要部分。为此，这一部分要十分清楚和简要地叙述报告的核心结论和要点内容，主要包括调研或预测的问题、目标、主要结果、结论和建议等。从次序上看，经理览要要安排在整个调研或预测报告的前列，但是，其起草工作应在报告的其他部分完成之后。

（5）引言。要介绍市场营销调研或预测所要解决的问题及其背景材料等。

（6）调研或预测的方法。主要叙述为解决所面临的市场营销调研或预测问题所采用的一般方法，包括所需的信息、二手资料的收集、一手资料的收集、测量技术、调查表设计、抽样技术、现场工作等。

（7）资料分析方法。主要叙述资料分析计划、分析策略和所用分析技术。

（8）调研或预测结果。调研或预测结果是调研报告中最长的部分。它往往分成几个部分，根据调研或预测问题的性质、目标和所获得的结果，进行合乎逻辑的叙述。

（9）局限和警告。由于时间、预算、组织限制等因素的制约，所有的市场营销调研或预测项目总有其局限性。这一部分中，要小心地阐明项目中的局限性所在，避免客户过分依赖调研或预测结果，但要避免造成客户怀疑调研或预测结果的情况。

（10）结论和建议。这是调研人员根据所获得的信息资料，进行理性分析研究后提出的见解。这部分内容要求切实可行、可实施操作、实用有效。

（11）附件。列出各种必要的附件，如调查表、统计数据等。

2．基本要求

要形成一份好的市场营销调研与预测报告，除了以上精心组织安排报告的结构和格式外，还必须遵循以下几个要求。

1）客户导向。市场营销调研与预测报告是给客户阅读和使用的，而不是写给自己看的，更不是文学作品，所以，必须高度重视市场营销调研与预测报告特定的阅读和使用者。为此要充分注意阅读和使用者的特征及其需要。

2）客观准确。符合客观实际，不弄虚作假，这是因为重视阅读和使用者的需要并不意味着为迎合他们的好恶而歪曲事实。

3）重点突出。在保证全面系统地反映客观事物的前提下，突出重点，尤其要突出调研与预测的目的，提高报告的针对性、实用性，从而提高其价值。报告内容要简明扼要，精心组织、妥善安排报告的结构和内容，给人以完整、系统的印象。

【职业知识检测】

1．名词解释

市场营销调研　　市场营销预测　　德尔菲法　　原始资料　　二手资料

2．填空题

（1）市场营销预测方法按照预测的性质划分，可以划分为（　　）与（　　）两大类。

（2）市场营销调研中收集原始资料的方法主要有（　　）、（　　）、（　　）三类。

（3）根据市场营销调研的目的划分，市场营销调研主要有（　　）、（　　）、（　　）三类。

（4）著名的定性预测方法（　　）法，具有匿名性、背靠背、多轮反馈和统计分析等特点。

（5）一般而言，市场营销调研的步骤有（　　）、（　　）、（　　）、（　　）、（　　）五个阶段。

3．选择题

（1）根据统计年鉴，某地区去年的电话市场占有率为每百人 35.5 部。但推销员为核实此数据，在该地区随机调查了 300 名居民，发现拥有电话的为 60 名。这说明（　　）。

A．该地区电话市场占有率为 20%

B．居民没有认真回答

C. 抽样调查样本量太小，该结论不能说明问题

D. 建议再调查一次，将平均值作为最后结果

（2）四海家政服务公司是 A 市一家新成立的面向城市居民家庭服务的企业。对于下面所列的各类信息，你认为（　　）类最有利于该公司决策层从中确定公司的使命。

A. 一份关于 A 市历史演变的报告

B. 一份关于 A 市居民日常生活状况的报告

C. 一份关于 A 市产业结构的报告

D. 一份关于 A 市建设规划的报告

（3）某投资公司准备对一家儿童卡丁车游乐公司投资，为此要对项目进行可行性论证。下列各因素中，你认为（　　）因素对该项目的未来发展前景最无关联影响。

A. 家长对培养儿童勇敢精神的重视程度

B. 政府对儿童游乐项目的管理政策

C. 初步选定的供应商生产的卡丁车的质量

D. 其他游乐项目对儿童的吸引力

（4）企业获得资料的途径很多，通过（　　）途径获得的资料不属于二手资料。

A. 国家统计公报　　B. 问卷调查

C. 行业协会统计资料　　D. 报刊文献

（5）抽签法和随机数表法是两种比较重要的抽样方法，这两种方法都属于（　　）。

A. 分层随机抽样　　B. 机械随机抽样

C. 分群随机抽样　　D. 简单随机抽样

（6）市场调查的第一步是（　　）。

A. 拟订调研计划　　B. 收集调研信息

C. 确定调研主题　　D. 分析调研信息

（7）在问卷设计过程中，安排好问题的顺序也是很重要的。一般来说，顺序的安排应该（　　）。

A. 先易后难　　B. 先难后易

C. 难易交叉　　D. 难易不分

（8）根据对一批企业的调查，这些企业总经理的平均年龄是 57 岁，而在 20 年前，这些企业的总经理平均年龄大约是 49 岁。这说明，目前企业中总经理的年龄呈现老龄化趋势。以下（　　）对题干的论证提出的质疑最为有力。

A. 题干中没有说明 20 年前这些企业关于总经理人选是否有年龄限制

B. 题干中没有说明这些总经理任职的平均年数

C. 题干中的信息仅仅基于有 20 年以上历史的企业

D. 题干中没有说明被调查企业的规模

（9）根据国际卫生与保健组织 1999 年年会“通信与健康”公布的调查报告，68%的脑癌患者都有经常使用移动电话的历史。这充分说明，经常使用移动电话将会极大地增加一个人患脑癌的可能性。下述哪项为真，将最严重地削弱上述结论？（　　）

A. 20 世纪 80 年代以来，使用移动电话者的比例有惊人的增长。

B. 有经常使用移动电话历史的人在 1990—1999 年超过世界总人口的 65%。

C. 在 1999 年全世界经常使用移动电话的人数比 1998 年增加了 68%。

D. 使用移动电话与固定电话通话者同样具有导致脑癌的危险。

（10）李白无事街上走，提壶去买酒。遇店加一倍，见花喝一斗。三遇店和花，喝光壶中酒。请问壶中原有（　　）斗酒？

A. 1/2　　B. 2/3　　C. 4/5　　D. 7/8

（11）当面询问法与其他调查法相比，具有（　　）的特点。

A. 费用较低，迅速及时

B. 较为经济，被访问者有充分时间考虑

C. 费用较低，时间耗费较多

D. 费用较多，时间耗费较多

（12）如果你的笔记本电脑是 1999 年以后制造的，那么它就带有调制解调器。此断定的依据是（　　）。

A. 只有 1999 年以后制造的笔记本电脑才带有调制解调器

B. 所有 1999 年以后制造的笔记本电脑都带有调制解调器

C. 有些 1999 年以前制造的笔记本电脑也带有调制解调器

D. 所有 1999 年以前制造的笔记本电脑都不带调制解调器

E. 笔记本电脑的调制解调器技术是在 1999 年以后才发展起来的

4．简答题

（1）市场营销调研的一般过程有哪些？市场营销调研的主要内容有哪些？企业在什么时候就应该展开市场营销调研了？

（2）企业常用的市场营销调研方法有哪些？采用问卷调查法时，各类问卷的设计需要注意哪些问题？

（3）市场营销调研与预测报告的基本结构有哪些内容？

（4）定性预测与定量预测有何区别？各有哪些方法？

【职业技能训练】

1．方案策划

（1）以你所在学校学生为调查对象，就大学生使用手机情况设计调查计划、调查问卷，并组织一次小规模的实际调查活动，最后根据调查结果撰写出调查报告。

（2）现在，你有三大袋硬币，但事先并不知道每袋硬币的具体数量。其中一袋全部都是伪造的硬币，每个硬币重 55 克；另外两袋则全是真硬币，每个硬币重 50 克。现有一台秤，如何只称一次就找出那袋伪造的硬币？

2．分析讨论

市场营销活动中，定性预测与定量预测哪一个更可靠?

3．案例分析与诊断

美国某食品公司聘请美国亚利桑那大学的威廉·雷兹教授对垃圾进行研究。威廉·雷兹教授和他的助手在每次垃圾收集日的垃圾堆中挑选数袋，然后把垃圾的内容依照其原产品的名称、重量、数量和包装形式进行分类，如此反复地进行了一年的收集垃圾的研究分析。雷兹教授说："垃圾袋绝不会说谎和弄虚作假，什么样的人就丢什么样的垃圾。查看人们所丢弃的垃圾，是一种更有效的营销研究方法。"通过对 T 市的垃圾的研究，他获得了有关当地食品消费情况的信息，做出了如下结论：① 劳动者阶层所喝的进口啤酒比收入高的阶层多,并了解到所喝啤酒中各牌子的比例;② 中等阶层人士比其他阶层消费的食物更多，因为双员工都要上班而太匆忙了，而且垃圾中有 15%是还可以吃的好食品；③ 通过对垃圾内容的分析，了解到人们消耗各种食物的情况，得知减肥清凉饮料和压榨的橘汁属高收入阶层人士的良好消费品。公司根据雷兹教授研究分析所提供的信息进行决策，组织投入生产和销售，果然大获成功。

（1）公司聘请雷兹教授对垃圾进行研究，并据以进行决策的调研方法属于（　　）。

A．询问法　　B．观察法　　C．实验法　　D．抽样调研

（2）公司聘请雷兹教授对垃圾进行研究，收集到的信息资料属于（　　）。

A．案头资料　　B．二手资料　　C．一手资料　　D．原始资料

（3）案例体现了该公司遵循的营销观念是（　　）。

A．生产观念　　B．产品观念　　C．销售观念　　D．市场营销观念

（4）如果公司决定以中等阶层人士作为自己的目标市场，那么它应提供（　　）。

A．进口啤酒　　B．方便食品　　C．减肥饮料　　D．都提供

4．模拟实训

（1）每位同学准备 10 件物品；将各位同学准备的物品 10 件一组装入不透明袋并编号，由专人管理；抽签决定每个同学所猜物品的编号；两位同学一组，由一名同学通过手势逐件表述抽到的物品，另一同学在 5 分钟内猜出各件物品名称，然后交换角色重复游戏；物品管理者根据游戏进程将各同学抽到的物品发给各小组，并及时收回；根据各组同学 20 件物品中猜中的概率大小决定各组胜负情况。

（2）将若干日用品名称写在卡片上，两位同学一组分为 A、B 角，A 同学抽取一张卡片后，B 同学进行"是什么吗"的询问，A 同学只能回答"是"或"不是"，不能做任何提示与说明，5 分钟内根据各组猜对的日用品数多少，计入平时成绩。

训练目标：表达能力、理解沟通能力。

第 6 章
市场营销战略规划

在战略方向没有确定之前，任何战术都无所谓好坏。正如一句英国谚语："对于一艘盲目航行的船来说，任何方向的风都是逆风。"

——王志纲《策划旋风》

如果说战术是钉子，那么战略就是锤子，只有在两者的相互作用下，企业才能牢牢地钉在市场的版图上。

——《新营销》

学习目标

☑ 重点理解三类九种发展战略的概念。
☑ 重点掌握波士顿咨询集团法、SWOT 分析法。
☑ 一般理解市场营销战略的含义与作用，设定企业目标的要求，规划企业任务考虑的因素。
☑ 一般了解 GE 法的主要思想。

CASE【任务导入】500 强公司员工必须熟练掌握的几个管理工具

SWOT 分析法 SWOT 分析法帮你清晰地把握全局，分析自己在资源方面的优势（Strengths）与劣势（Weaknesses），把握环境提供的机会（Opportunities），防范可能存在的风险与威胁（Threats），对我们的成功有非常重要的意义。

PDCA 循环 每项工作，都是一个 PDCA 循环，都需要计划（Plan）、实施（Do）、检查结果（Check）并进行改进（Action），同时进入下一个循环。只有日积月累地渐进改善，才可能会有质的飞跃，才可能完善每项工作，完善自己的人生。

6W2H 法 任何一项工作都要从工作的内容和达成的目标（What），做这项工作的原因（Why），参加这项工作的具体人员及负责人（Who），在什么时间、什么时间段进行工作（When），工作发生的地点（Where），使用哪种方法或途径（Which），用什么方法进行（How）及需要多少成本（How much）进行分析。这有助于思路条理化，杜绝盲目性。

WBS（Work Breakdown Structure）任务分解法　通过目标→任务→工作→活动的分解，有条不紊地工作，统筹安排工作的时间表。

掌握上述国际流行的高效率处理工作、事情的原则和方法，能够锻炼你分析和处理事件的能力。你能学会吗？

——摘自《世界经理人》

6.1 市场营销战略规划概述

6.1.1　市场营销战略规划的含义

“战略”一词译自英文“Strategy”，汉语也译为“策略”。该词原本是个军事术语，意思是指挥和领导军队、运用军事力量的计谋和艺术。这和汉语中关于战略一词的解释差不多，战略在《辞海》中的定义是：泛指重大的、带有全局性和决定性的计谋。

战略规划是一个过程，在这个过程中，一个组织在一个特定的环境中，确定它的主要目标，然后配置其资源以达到目标。如图 6-1 所示，这一行动按照一个系统模式进行循环：分析外部环境（机会或威胁）→分析内部条件（优势或劣势）→制订行动方案→实施结果反馈。每经过一次循环，对环境的认识都会更接近实际，从而使组织活动更具适应性与应变性，最终使组织在变幻不定的环境中立于不败之地。把战略规划的思想应用到市场营销管理中，就形成了市场营销战略规划。

图 6-1　战略规划的一般过程

市场营销战略规划是企业以市场需求为导向，在激烈的市场竞争中，为了充分利用市场机会，避免环境威胁，求得企业持续、稳定、健康、高效地发展，在对企业内外营销环境分析的基础上，对企业市场营销的任务、目标和实现目标的方案、重点及措施做出总体的和长远的谋划，并实施和予以控制的过程。它是指导企业营销活动，合理分配企业资源的纲领。市场营销战略规划的内容与步骤如图 6-2 所示。

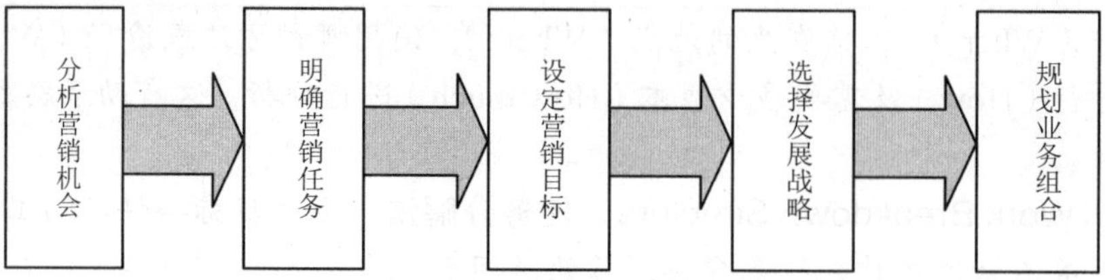

图 6-2　市场营销战略规划的内容与步骤

6.1.2　市场营销战略规划的作用

市场营销战略规划是关系企业长远发展和全局利益的重大决策，其选择的正确与否，直接影响到营销的成败和经济效益的高低，是企业全体员工行动的纲领。它在企业营销活动中的重要作用主要表现在以下几个方面。

1．战略规划营销活动

市场营销战略规划是企业对未来较长时期内营销活动运行与发展的总体谋划，它的着眼点是迎接未来的挑战，是在环境分析和科学预测的基础上展望未来，为企业谋求长期发展的目标与对策。“人无远虑，必有近忧”，没有这种对未来的高瞻远瞩，企业必将永远羁绊于眼前的困扰而不能自拔，失去营销的主动性，从而增加了企业经营的风险性。

📖 实例 6-1　一个碧桂园楼盘坐落于广东省顺德与番禺的交界地。1993 年 6 月，这个前不着村、后不着店的楼盘，如同当时广东境内上百个花园别墅楼盘一样，处于“熄火”状态，前来看楼买房的人屈指可数。碧桂园老板急中生智：通常的惯例是先建房再办学，为什么不能先办学再建房呢？于是，他请来策划人王志纲进行整体策划。王志纲的策划思想是：以碧桂园式的生活方式（给你一个五星级的家）的营造与炒作为中心，以国际学校（碧桂园学校）和建设五星级的国际俱乐部为基本点。于是，碧桂园以兴办碧桂园学校为切入点，策划了一系列新闻炒作。1994 年 10 月中旬，时隔一年，碧桂园大变样了。碧桂园楼盘日益升值，成为风水宝地。

2．统一协调营销活动

战略规划的制定是以企业的全局为对象，根据营销活动总体发展的需要，对企业总体行动的谋划。有了它就可以把各项营销活动有条不紊地组织起来，进一步发挥其整体协同功能，进一步提高营销效率，使企业能够持续有序地向前发展。

3．合理配置营销资源

市场营销战略规划在目标确定、方案选择实施与控制中无不体现着合理配置、高效使用营销资源的思想。企业在对内部资源和外部环境的科学分析下，在不同部门、不同业务、不同产品及不同市场间合理安排并使用其可以利用的资源，从而使企业实现其各项目标的可能性增大。

📖 **实例 6-2**　我国宋真宗时期，由于皇城失火，宏伟的昭君宫被烧毁。真宗命令一个叫丁渭的大臣用 25 年的时间修复它。这是一个浩大的工程，任务极重，不仅要设计施工，还要清理废墟、挖土、烧砖、运输材料。丁渭提出，首先在皇宫前挖沟，然后利用挖沟取的土烧砖，再把京城附近的汴水引入沟中，使大船直接从水路把大批建筑材料运到宫前，最后用废墟杂土填入沟中，就地处理碎砖烂瓦，复原大街。这一方案省去了运土制砖的时间，大大加快了运输速度，巧妙地解决了就地取土、顺利运输和清理废墟三个问题。

4．动态适应营销环境

在 21 世纪的今天，人们的思想意识和价值观念，以及社会、经济环境都正在发生翻天覆地的变化。在不断变化的营销环境中，要使企业的营销活动避免盲目性、被动性、滞后性，就必须在战略规划的约束下，有预见性地、主动地、方向明确地随时调整其营销活动，使企业临变不乱、稳步前进，提高企业经营的稳定性与安全性。

5．加倍提高营销能力

营销战略规划的制定能在企业内部统一思想、统一目标，大大提高营销活动的目的性、预见性、整体性、有序性和有效性，增强企业的竞争能力和应变能力。在企业众多营销工具中，战略规划是最富科学性、艺术性的。在市场竞争中，有些资源贫乏的小企业却能战胜实力雄厚的大企业，如同军事上以弱胜强一样，这只有靠战略规划胜人一筹才能达到。这便是战略规划对营销能力产生“1+1>2”的倍乘效应。

📖 **实例 6-3**　战国时的孙膑曾和魏人庞涓一起拜鬼谷子为师，学习兵法。庞涓后来设计陷害孙膑，孙膑逃难到齐国后，将军田忌招他为宾客。田忌与齐威王赛马时胜少而负多。孙膑在现场观察多次后，给田忌出了个主意：让田忌用上等马对齐威王的中等马，用中等马对齐威王的下等马，最后再用下等马对齐威王的上等马。田忌依计而行，结果两胜一负，赢得了千金赌注。这个故事揭示了一个重要的规律，就是在战争中要从全局着眼，善于统筹，为了总体的胜利，可以牺牲局部利益。

6.2　市场营销战略任务与目标规划

6.2.1　分析营销机会

通过广泛收集、分析市场营销环境方面的信息，以掌握环境因素对市场的影响及其程度是十分重要的。但更为重要的是，在对这些信息充分分析的基础上，发现可供企业利用的市场机会，这是确定企业营销战略规划、保证企业成功发展的关键。例如，美国庄臣公司提前预见到 20 世纪 70 年代美国的人口出生率将不断下降，便做出了将其婴儿洗发剂、痱子粉等向成年人销售的计划。

营销机会分析的内容，主要是对市场营销环境（包括企业内部条件）的分析；关于营销机会分析的方法，主要通过市场营销调查与预测来解决。

6.2.2 规划营销任务

1．规划企业任务需要考虑的五个关键因素

企业在规定或调整其任务时，可向股东、顾客、经销商、企业员工等有关利益方广泛征求意见，还需考虑以下五个关键因素，如图6-3所示。

图6-3 规划企业任务应该考虑的因素

（1）企业历史。每个企业的目标、政策、成就都是有一定的历史原因与历史特征的，在调整其任务时，必须尊重其过去的历史。

> **实例6-4** 活力28为了开发纯净水，斥资引进先进的生产设备，虽然没有直接用活力28的品牌，但广告中都不忘加上“活力28、沙市日化”这句经典的洗衣粉广告词。于是，消费者不愿意接受喝“活力28”纯净水时，怎么也抹不去的“洗衣粉味道”，活力28的名字反而对产品造成了伤害。三九集团以“999”胃泰起家，品牌延伸到啤酒就让消费者难以接受。荣昌肛泰延伸到荣昌甜梦口服液，就易于引发不良联想。

（2）决策层意图。巨人集团高层管理者意欲进入房地产与保健品市场，这种意图不能不对企业的任务产生影响。格兰仕集团的前身是广东顺德桂洲羽绒厂，1991年，其最高决策层认为羽绒制品及其他制品出口前景不佳，并达成共识：确定以微波炉为进入小家电行业的主导产品。

（3）经营环境。企业经营环境的发展变化会给企业带来一些环境威胁与市场机会，为加强企业的适应性，就要对其任务加以科学调整。

（4）企业资源。企业资源这个因素决定企业可能经营什么业务，经营什么业务有独特的优势。

（5）核心竞争力。核心竞争力是一种能为企业进入各类市场提供潜在机会，能借助最终产品为所认定的顾客利益做出重大贡献，而且不易为竞争者模仿的能力。企业在规定其任务时，要善于利用自己的核心竞争力，方可扬长避短、发挥特长，取得良好的竞争优势。

2．企业任务报告书应该满足的四个基本条件

企业的任务一般要以任务报告书的形式反映出来。一份行之有效、有着较强导向作用的任务报告书应满足如下4个基本条件，如图6-4所示。

图 6-4 任务报告书应满足的四个基本条件

（1）市场导向。任务报告书要按照目标顾客的需求来规定和表述，如“本企业的任务是满足顾客美容方面的需求”。产品和技术迟早都会过时、会被淘汰，而市场上的基本需求却是长期存在的，如果企业将任务规定为满足顾客某一方面的需求，就会注意观察这方面的市场和技术动向，并及时开发能满足这方面需求的新产品，从而使企业持久地保持竞争活力。例如，日本雅马哈公司将自己的经营范围确定为“娱乐工业”，正是在这个经营范围内，该公司的产品从钢琴到电子琴，从电子琴转向立体音响设备，现在甚至扩展到滑雪设备、网球拍和游乐场等。

（2）切实可行。任务报告书要根据企业的人才、技术和市场等特点来决定其业务范围，既不要把其业务范围规定得太窄或太宽，也不要说得太笼统，因为这样既不切合实际，又缺乏可操作性。例如，一家铅笔制造企业将其业务定义为“满足顾客沟通需要”，就会衍生出许多铅笔生产企业力所不能及的产品，显然其任务定得太宽了。

（3）富有激励性。这就是说通过任务的制定和实施，使员工感到自己的工作是有价值的、重要的、对人类生活有益的，从而能鼓舞士气，充分调动其工作积极性，为实现企业的任务而努力。美国通用前总裁韦尔奇说：“为企业发展确立一个大家认同的远景，让企业的远景规划与个人的愿望有机协调，产生合力。”

实例 6-5 一向以“制造汽车繁荣富裕社会”为经营方针，以争做“优秀企业市民”为经营宗旨的日本丰田汽车公司，在第 32 届东京国际汽车展上推出了能与人、社会及地球环境相协调的新一代汽车，并表示公司的目标是：及时提供充满魅力的产品以满足顾客的需求，从而为创造更加舒适、优雅的生活做出贡献。

（4）政策具体。这里所说的政策，是指员工如何对待顾客、供应商、中间商、竞争者及营销公众。只有政策具体、责权明确，才能使企业全体员工明确自己的责权范围；在处理一些重大问题时，有可以统一遵循的准则，从而保持行为的一致性，提高工作效率。

企业任务报告书一般应提出企业未来一二十年的远景规划和发展方向，但如果原定任务与目前形势不再适应，或者不能再为企业确定最优的发展道路时，企业就应重新修改、调整其任务了。

6.2.3 规划营销目标

目标是企业预期要达到的结果，同时也是评价其业绩优劣的标准。企业任务确定以后，还要将这些任务具体化为企业各管理层的目标，形成一套完整的目标体系，使各管理层的人员都有自己明确的目标，并负起实现这些目标的责任。

1．常用的市场营销战略目标

（1）投资收益率。投资收益率指一定时期内企业所实现的利润总额与企业所有者投入企业的资本总额之间的比率，这是衡量、比较企业利润水平、获利能力大小的一项主要指标。计算公式如下：

$$投资收益率=\frac{利润额}{资本额}\times 100\%$$

（2）市场占有率。市场占有率是反映企业竞争能力的一个指标，可以分为绝对市场占有率和相对市场占有率两种。

绝对市场占有率是指在一定时空条件下，本企业产品销售量（或销售额）在同一市场上的同类产品销售总量（总额）中所占的比重，又称市场份额。

相对市场占有率是指本企业的某产品销售总额与竞争对手同种产品销售总额之比。

（3）销售增长率。销售增长率是指产品销售增加额与基期产品销售额的比率。它是反映企业产品在市场上的成长性大小的指标。

（4）产品创新、塑造企业及其产品的良好形象等指标。产品创新、塑造企业及其产品的良好形象，这些指标越来越显示出其在企业战略目标体系中的重要性与深远性，它们反映的是企业创新能力和在市场上知名度、美誉度的大小。实现这类目标对提高企业竞争能力、扩展市场、延长产品市场寿命、扩大销售具有长远的影响。

除以上几项指标外，企业还可根据需要选择利润额、销售额、销售费用、产品服务质量、市场占有率提高等作为其市场营销战略目标。

2．规划市场营销战略目标的基本要求

市场营销战略目标的规划应有所选择、有所遵循，满足一定的要求。菲利普·科特勒认为，一个业务单位的各种目标应具备以下四个条件，如图 6-5 所示。

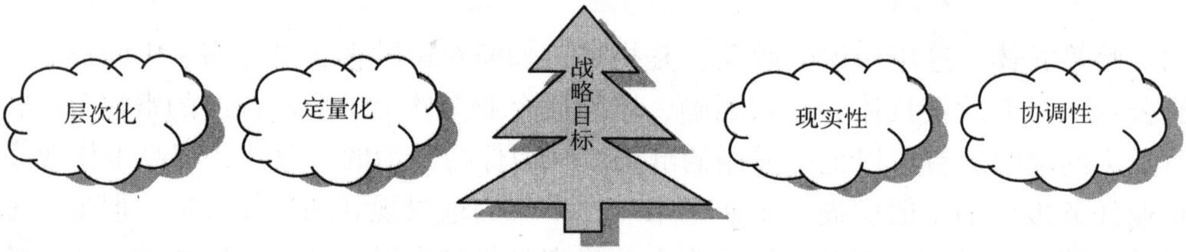

图 6-5　规划战略目标的要求

（1）层次化。市场营销战略目标规划的程序是将总目标分解为若干分目标，再进一步分解为次级分目标，直到分目标具体直观为止。

（2）定量化。市场营销战略目标应清晰、明了，容易量化和评估，切忌将战略目标规划成笼统、空洞的口号。因为，只有可以量化和评估的目标，才能确认其成功率。例如，“增加利润”这个目标，就不如“将投资收益率提高 10%，利润增加 100 万元”易于把握与核查。再如，UPS（美国联合包裹服务公司）提出“要实现在‘24～48 小时之内’把中国所有内陆城市和世界每个城市联系起来”的目标。

（3）现实性。市场营销战略目标不能是主观的臆想和希望，而应是切实可行、便于实施的，一方面应具有充分的客观依据，另一方面是经过努力可以实现的。如果目标定得高不可攀，就会挫伤员工的积极性，起不到鼓舞和激励士气的作用。同时，目标也不能没有挑战性与激励性，否则一方面无法激起营销人员的积极性，另一方面还会使企业丧失客户和市场。

（4）协调性。各项市场营销战略目标之间只有相互协调、平衡衔接，才能保证获得良好的整体效果。战略目标之间的平衡协调，包括不同层次、不同职能、不同时期之间的平衡协调与衔接。在平衡协调中，应当分清主次，次要目标要服从主要目标，下层目标要服从上层目标，职能目标要服从总体目标，短期目标要保证长期目标。例如，一定时期内不可能“既获得最大销售量，又获得最高利润”，也不可能“既获得企业规模迅速扩大，又降低企业经营风险”等。

6.3 市场营销发展战略规划

6.3.1 市场营销发展战略类型

一个具有挑战性的企业，其市场营销战略目标一般都要比其近期计划目标或实际水平有所超越，这个未来期望达到的销售量（或利润额）与预计销售量（或利润额）或实际销售量（利润额）之间的差距，我们称之为战略规划差距。面对这个差距，企业可以用三种方式来填补，这便是实施密集型发展战略、一体化发展战略和多角化发展战略，如图 6-6、表 6-1 所示。

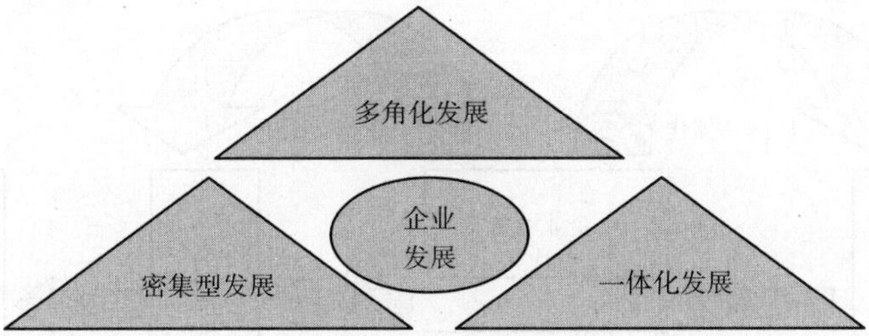

图 6-6　企业三类发展战略

表 6-1　企业三类九种发展战略

密集型发展	一体化发展	多角化发展
市场渗透	后向一体化	同心多角化
市场开发	前向一体化	水平多角化
产品开发	水平一体化	集团多角化

1. 密集型发展战略

密集型增长机会，就是企业在现有业务中寻找或者挖掘进一步增加其销售量或利润的机会。与其相对应的市场营销发展战略就是密集型发展战略。安索夫提出的产品—市场扩展方格图便是一种确定密集型发展战略的有用方法，如表 6-2 所示。

表 6-2 密集型发展战略类型

产品 / 市场	现有产品	新产品
现有市场	市场渗透	产品开发
新市场	市场开发	多角化（不属于密集型发展战略）

（1）市场渗透战略。市场渗透战略是指企业努力增加其现有市场上现有产品的销售量。采用这一战略的企业可以尽力使现有顾客增加购买或者把竞争者的顾客吸引过来。强有力的促销和低价是市场渗透的常用策略。

（2）市场开发战略。市场开发战略是指向新市场出售现有产品或服务。企业可以采取在新地区或国际市场增设营销网点或者利用新的营销渠道，加强促销等措施。

（3）产品开发战略。产品开发战略是指企业通过增加花色、品种、规格、型号等向现有市场提供一些新产品或服务。

2. 一体化发展战略

一体化增长机会，就是开发或者拓展与企业现有业务相关的新业务，以寻求增加其销售量或利润的机会。与其相对应的市场营销发展战略就是一体化发展战略。一体化发展战略，是指一个企业把自己的营销活动扩展到供、产、销、竞争者等不同环节而使自身得到发展的战略。如果企业所属行业有较大的吸引力和增长潜力，或实行一体化后可大大提高效率、赢利能力和控制能力，则可采取一体化发展战略，其具体形式有三种，如图 6-7 所示。

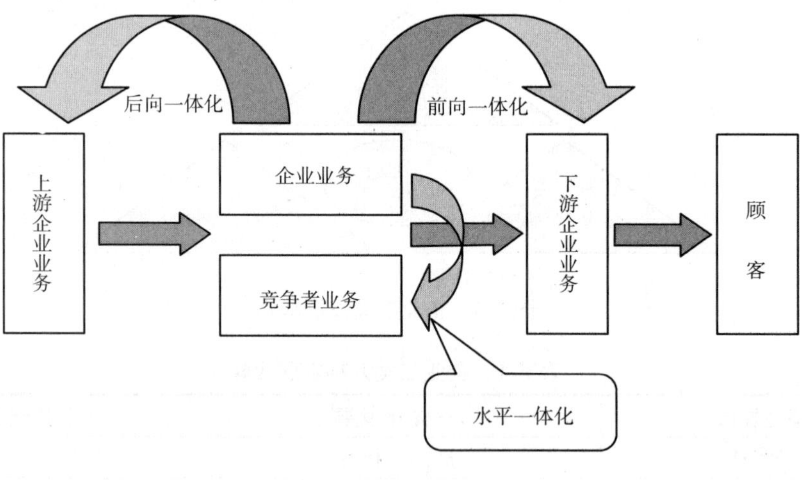

图 6-7 一体化发展战略

（1）后向一体化发展战略。后向一体化发展战略是一种以销、产、供为序进行一体化经营而获得发展的战略，是指企业在现有业务基础上，通过收买、联合、兼并等形式，拥有或控制企业的原材料及其他供应系统，实行供产一体化经营。例如，电视机生产企业将显像管生产厂家兼并为一体、化工厂与化工原料厂联合为一体等。

（2）前向一体化发展战略。前向一体化发展战略是一种以供、产、销为序实现一体化经营使企业得到发展的战略。它在现有业务基础上通过购买、兼并、联合等形式建立经销系统，形成产销一体化或现有原材料生产企业向成品生产发展。

（3）水平一体化发展战略。水平一体化发展战略是企业通过购买、联合、兼并它的竞争对手，或者与国内外其他同类企业合资经营等途径实现企业自身发展的战略。大型企业实施该战略，可以利用其他企业场地、设备、人力、资金等资源，扩大自己的生产经营规模。

3．多角化发展战略

多角化增长机会，即增加一些与企业现有业务无关但有吸引力的新业务，以寻求增加其销售量或利润的机会。与其相对应的市场营销发展战略就是多角化发展战略。多角化发展战略又称多样化或多元化战略，即向本行业以外发展，扩展业务范围，向其他行业投资，实行跨行业经营。当企业所属行业缺乏有利的营销机会或其他行业的吸引力更大时，可实施该战略以实现企业业务的增长。共有三种多角化增长方式可供选择。

（1）同心多角化发展战略。企业可寻求与现有产品线在技术上和市场营销上有最佳协同效果的新产品，以吸引更多的新顾客，如图 6-8 所示。例如，一家生产电视机的无线电厂，决定利用现有的设备和技术生产 DCD。

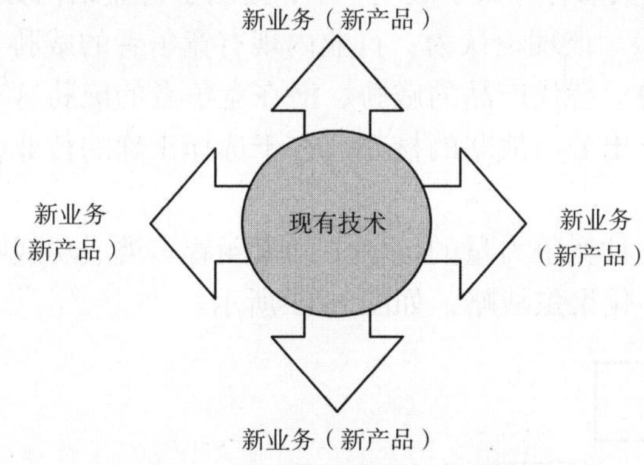

图 6-8　同心多角化发展战略

📖 **实例 6-6**　美的集团经营空调、风扇、电饭煲、微波炉、电暖器、厨具、微电机、压缩机等多项产品，取得了不错的业绩。美的空调电机产销量居全国第一，美的小家电的生产规模也是全国最大的。应该说，这种良好的发展态势得益于其同心多角化的发展战略。

（2）水平多角化发展战略。水平多角化发展战略又称横向多角化，是指企业可寻求那些与现有产品线在技术上不相关但能吸引现有顾客的新产品，这意味着企业向现有产品的顾客提供他们所需要的其他产品，如图 6-9 所示。例如，大型旅馆内开设餐厅、酒吧、舞厅、美容室等，以稳定现有顾客，扩大营业额，并吸引新顾客。

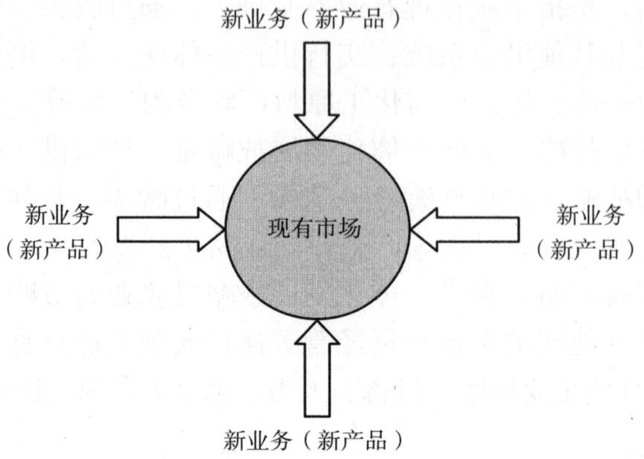

图 6-9　水平多角化战略

（3）集团多角化发展战略。集团多角化发展战略，是指企业可以联合、收购、兼并其他行业的企业，或者向其他行业投资，发展与现有产品、技术、市场毫无关联的新业务、新产品，以吸引新顾客。例如，我国的健力宝集团有限公司除生产经营饮料外，还涉足房地产、体育用品、服装、金融等多种行业。

6.3.2　市场竞争战略类型

迈克尔·波特在其经典著作《竞争战略》中，提出了行业结构分析模型，即所谓的“五力模型”，如图 6-10 所示。该理论认为：行业内现有竞争者的威胁、供应商议价能力的威胁、顾客议价能力的威胁、替代产品的威胁、潜在竞争者的威胁这五大竞争驱动力，决定了企业的赢利能力，并指出公司战略的核心应在于选择正确的行业，以及行业中最具有吸引力的竞争位置。

波特认为，在与这五种竞争力量的抗争中，蕴涵着三类成功战略思想，即总成本领先战略、差异化战略和专一化聚焦战略，如图 6-11 所示。

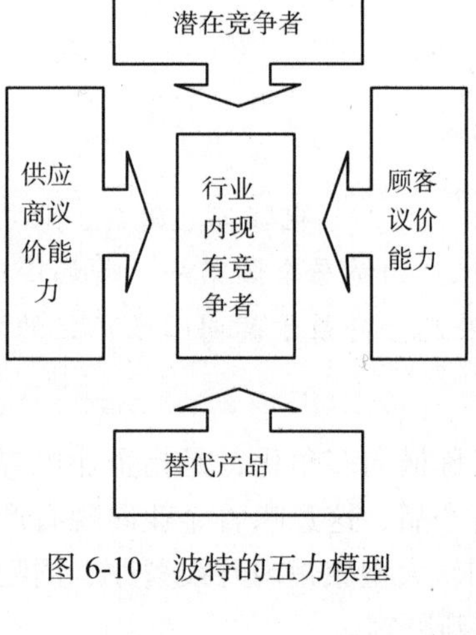

图 6-10　波特的五力模型

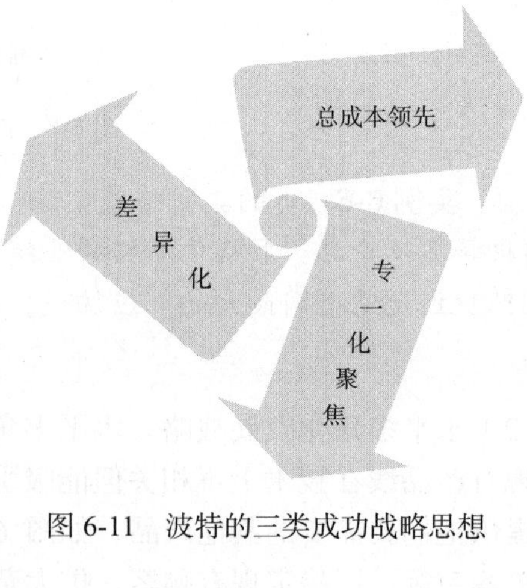

图 6-11　波特的三类成功战略思想

1．总成本领先战略

总成本领先战略，又称成本领先战略或低成本战略，是指企业在某一行业领域中使产品成本低于竞争对手而取得领先地位的一种战略。其主旨是尽可能降低成本，做到相同质量前提下价格较低，或相同价格条件下质量和附加值较高，从而使企业取得较多的利润，然后可以再行投资，以保持并扩大领先优势。

📖 **实例 6-7**　我国的格兰仕集团在微波炉及其他小家电市场上，采取的就是低成本战略。从 1995 年至今，格兰仕微波炉在国内市场的占有率达到 60%以上。在抢占市场的重要阶段，1996—2000 年，格兰仕先后五次大幅度降价，每次降价幅度都在 20%以上，每次都使市场占有率总体提高 10%以上。2009 年格兰仕集团的总产值已达 300 亿元。

2．差异化战略

差异化战略又称特色经营战略，是指企业提供区别于竞争对手的、在其行业范围内具有独特性的产品的一种战略。其核心是以产品特色赢得竞争优势，其目标旨在通过向市场提供特色产品而超越同类产品，从而使产品获得额外加价并增强其竞争力，提高其收入水平和盈利水平。实现差异化战略可以有许多方式：设计名牌形象，技术上的独特，性能特点、顾客服务、商业网络及其他方面的独特性。最理想的情况是公司在几个方面都有其差异化特点。

波特认为，推行差异化战略有时会与争取更大的市场份额相矛盾。在建立公司的差异化战略的活动中总是伴随着很高的成本代价，有时即便全行业范围的顾客都了解公司的独特优点，也并不是所有顾客都愿意或有能力支付公司要求的高价格。

3．专一化聚焦战略

专一化聚焦战略又称目标聚焦战略，是指企业将目标集中在某一个特定的顾客群或某产品系列的一个细分区或某一特定地段区域市场，即在行业内很小的竞争范围内建立独特的竞争优势的一种战略。其目标旨在以高效率为某一狭窄的对象服务，从而超过在较大广阔领域内的竞争对手，增强其竞争力，提高其收入水平和盈利水平。

波特认为，这样做的结果是公司或者通过满足特殊对象的需要而实现了差异化，或者在为这一对象服务时实现了低成本，或者二者兼得。也就是说，目标聚焦战略可以分为差异化聚焦战略、总成本领先聚焦战略和混合聚焦战略三种。每家公司必须明确选择战略，徘徊其间必然影响公司的战略地位。

📖 **实例 6-8**　在美国，西南航空公司不是最大的航空公司，但它却是 1973 年以来每年都能盈利的航空公司。专注于细分市场，是西南航空聚焦战略的成功所在。西南航空抓住了航空市场的空隙，不到大城市间的长途“热线”凑热闹，而是专注于短途航运业务，以此降低航空费用，不断开辟新的航线。它通常会选择其他航空公司收费高而服务并不太好的市场，以较低的价格、较高的服务水准进入并占领。它的票价只有其他航空公司票价的 1/5～1/3，只使用一种型号的飞机，并尽量选择二流机场，以降低营运成本，提高效益。

6.3.3 业务投资战略类型

（1）发展战略。这种战略的目标是设法提高业务单位的市场占有率，必要时可放弃短期利润，具体表现为追加投资促进业务发展。

（2）维持战略。这种战略的目标是尽力保持业务单位现有市场占有率，具体表现为不愿再追加投资或追加部分投资以维持现状。

（3）收缩战略。这种战略的目标在于扩大业务单位的短期收入，而不考虑其长期效果，表现为不再追加投资或缩减投资。

（4）放弃战略。这种战略是变卖、处理和淘汰某些业务单位，以使企业资源转移到那些盈利的单位上去。

6.3.4 战略业务单位划分

为了实现企业目标，制订战略规划时，必须对其各项业务或产品进行分析评价，确认哪些应当发展、哪些应当缩减、哪些应当维持、哪些应当放弃，并相应做出投资安排。这实质上是一个企业内部资源配置问题，其目的是使资源配置与使用效益最优，最大限度地实现企业目标与任务。

许多大中型企业，甚至小企业，都是经营多种产品、多种业务，甚至跨行业经营的，企业为了从战略上管理业务，优化业务投资组合计划，首先应将企业所有的产品或业务划分成若干个战略业务单位（Strategic Business Units，SBU）。一个SBU可以是企业中的一个或几个部门，也可以是一类产品或一种产品，甚至可以是一个品牌。

6.3.5 战略业务单位评价

战略业务单位划分之后，还要对各个战略业务单位加以评价，以制定相应的投资战略。

1．SWOT分析法

（1）分析方法。营销环境按照是否属于企业系统来划分，可以分为企业内部条件和企业外部环境两部分。外部环境，根据对企业营销活动产生的影响是否有利来划分，又可以划分为机会（Opportunity）和威胁（Threat）。内部条件，根据面对外部环境变化所表现的态势，又可以分为优势（Strength）和劣势（Weakness）两部分。对企业营销活动从外部环境、内部条件两个方面，从优势、劣势、机会、威胁四个纬度做出分析的方法又称SWOT分析法。这类方法旨在帮助营销决策者根据企业自身内部条件和外部环境的特点，为企业的战略业务单位确定其经营活动的基本方向和内容。

无论是对企业还是对特定的经营业务来说，决策者要成功地制定出指导其生存和发展的战略，必须在组织目标、外部环境和内部条件三者之间取得动态的平衡。企业不能孤立地看待外部环境的机会和威胁，而必须结合自己的经营目标和内部条件来识别适合本组织的机会。环境中存在的机会，只有在与本企业自身所拥有或将拥有的资源及与众不同的能力相匹配的情况下，才有可能成为组织的机会。如果存在于环境之中的机会并不与本企业的资源和能力状况相适应，那么组织就必须首先着眼于改善和提高自身的内部条件。

SWOT 分析，就是帮助决策者在企业内部的优势和劣势、外部环境的机会和威胁的动态综合分析中，确定相应的生存与发展战略的一种有用而简单的决策分析方法，如图 6-12 所示。

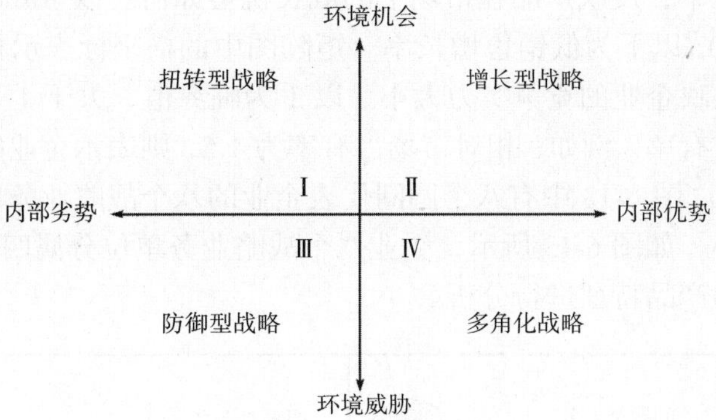

图 6-12　SWOT 分析法

（2）对应战略。

1）扭转型战略。如图 6-12 中，处于第Ⅰ象限的企业，虽然面临良好的外部机会，但是受到内部劣势的限制，因此可采取扭转型战略，设法扭转内部不利的条件，以便尽快形成利用环境机会的能力。

2）增长型战略。如图 6-12 中，处于第Ⅱ象限的企业，面对外部机会处于优势状态，可以采取增长型战略，如开发市场、增加产量等战略来充分利用环境提供的发展良机。

3）防御型战略。如图 6-12 中，处于第Ⅲ象限的企业，内部存在劣势，外部面临巨大威胁，可以采用防御型战略，设法避开威胁和消除劣势。

4）多角化战略。如图 6-12 中，处于第Ⅳ象限的企业，具有强大的内部实力，但外部环境存在威胁，宜采用多种经营战略，一方面使自己的优势得到更充分的利用，另一方面也可以使经营风险得以分散。

2．波士顿矩阵法

（1）分析方法。波士顿矩阵（Boston Consulting Group，BCG）法又称四象限法，产生于 20 世纪 70 年代，由美国波士顿咨询集团首先创立。该方法是从产品的销售增长率和企业的相对市场占有率两个方面，对企业经营的所有战略业务单位逐一进行分析，并划分为四个不同战略业务类型，从而为企业的投资决策提供依据，其分析程序如下。

1）分析计算各业务单位的销售增长率和相对市场占有率。

2）划分战略区域。以相对市场占有率作为横坐标，以销售增长率作为纵坐标，分别确定临界值，将横纵坐标分成高、低两部分，形成四个战略区域。临界值可因企业和产品的特点不同而不同。例如，取 1 为相对市场占有率的临界值，取 10%作为销售增长率的临界值。

3）根据计算的各业务单位横纵坐标值确定其坐标位置，并用大小不同的圆圈标明，圆圈面积大小表示产品销售额在企业总销售额中的比重。

4）根据业务单位所处战略区域，将它们分成明星类、金牛类、问题类、瘦狗类四类。

5）分析以上步骤形成的四象限图，确定各战略业务单位的投资决策。

（2）BCG 法举例。如图 6-13 所示为某公司销售增长率—相对市场占有率矩阵图，图中纵坐标表示销售增长率，反映产品在市场上的成长机会如何。以 10%为临界值，10%以上为高销售增长率，10%以下为低销售增长率。矩阵图中的横坐标表示相对市场占有率，以对数尺度来表示，反映企业的竞争实力大小。以 1 为临界值，大于 1 表示高市场占有率，小于 1 表示低市场占有率。例如，相对市场占有率为 1.5，则表示企业的市场占有率是其最大竞争对手的 1.5 倍。图 6-13 中有八个圆圈代表企业的八个战略业务单位，圆圈大小表示该业务销售额的大小。如图 6-13 所示，企业八个战略业务单位分属四个不同的战略区域，下面就这四种类型的产品特征进行分析。

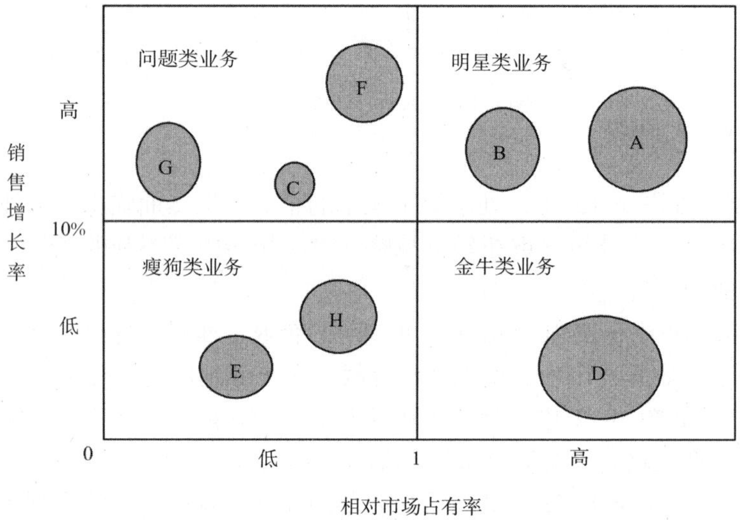

图 6-13　BCG 法

1）问题类。这是一种销售增长率高但相对市场占有率低的业务单位。这类单位属于前途命运未卜的业务，故称问题类。它的发展有两种可能：一是发展为明星类；一是下降为瘦狗类。对这类单位是采取发展战略大量投入资金使之转化为明星类，还是收割或放弃，管理者应慎重考虑并及时做出决策。

2）明星类。这是销售增长率和相对市场占有率都高的业务。这类单位因其销售增长迅速，企业必须采用发展战略，以支持其发展并保持高的市场占有率。待其销售增长率逐步降低后，就转变为金牛类了。

3）金牛类。这是相对市场占有率高而销售增长率低的业务单位。这类单位越多，则企业的实力越强，它能为企业提供丰厚的高额利润，可用来支持其他单位的生存与发展，故而应采用维持战略。

4）瘦狗类。这是销售增长率和相对市场占有率都低的业务单位。这类单位可能保本，也有可能亏损，但不能成为大量利润的源泉，因应采用收割或放弃战略。

各业务单位在矩阵中的变化趋势有两种可能：一是问题类→明星类→金牛类；二是明星类→问题类→瘦狗类。显然管理者应把第一种变化趋势作为其战略规划目标。

从总体上说，该企业八个业务单位中有金牛类一个，明星类两个，且二者都有较大的业务规模，故而该企业经营状况尚可。但是该企业有三个问题类，两个瘦狗类业务，占企业业务总数达 62.5%，故显得太多了，因此，企业应及时采取适当战略解决这两类业务，否则将会影响企业的发展。

3．通用电气公司法（GE 法）

通用电气公司（General Electric，GE）法又称战略业务规划网络、九象限法、多因素投资组合矩阵法，是由美国通用电气公司创设的。它是通过对影响行业吸引力和企业业务实力的众多因素的量化分析，得到行业吸引力和企业业务实力两个综合性指标，从而对企业的业务单位进行分类评估，以做出投资决策的方法。其方法简述如下。

1）分别找出并确定影响行业吸引力和企业业务实力的诸因素。影响行业吸引力的因素有：市场销售增长率、市场规模、竞争强度、技术要求、能源状况等决定企业业务单位所处行业潜在盈利水平的因素；影响企业业务实力的因素有：市场占有率、产品质量、品牌形象、促销能力、生产能力、开发研究水平、物资供应能力等决定或影响企业竞争能力大小的因素。

2）根据影响行业吸引力的各因素作用大小，分别给定权数（权数和为 1）；同样，对影响企业业务实力的各因素也给定权数。

3）在不同业务情况下为各影响因素的实际水平分高、中、低三档评分。

4）根据行业吸引力各因素评分值与权数加权平均，计算出各业务的行业吸引力综合指标值。同样加权平均计算出各业务企业实力的综合指标值。

5）以企业业务实力为横坐标，以行业吸引力为纵坐标，并分别确定临界值，将横坐标分为高、中、低三档，将纵坐标分为强、中、弱三档，从而形成九个不同的战略区域。

6）根据各业务行业吸引力、企业实力综合指标值，在坐标图中确定各业务的位置，并用圆圈大小表示行业市场规模，以阴影部分表示本企业业务在该行业中的市场份额。

7）分析以上步骤形成的九象限图，制定各战略业务单位投资战略，如图 6-14 所示。

行业吸引力 \ 企业实力	强	中	弱
高	1	2	3
中	4	5	6
低	7	8	9

图 6-14　GE 法

处于左上方三个战略区域中的 1、4、2 业务单位，即高强、高中、中强，一般采取发展战略，形象地称它们为绿色地带；处于对角线上三个战略区域的 7、5、3 业务单位，即低强、中中、高弱三类业务单位，一般采取维持战略，形象地称它们为黄色地带；处于右下方三个区域的 8、9、6 业务单位，即低中、低弱和中弱三类业务单位，一般采取收缩或放弃战略，形象地称它们为红色地带。

【职业知识检测】

1．名词解释

市场营销战略规划　　市场占有率　　市场渗透　　市场开发

多角化发展战略　　一体化发展战略　　总成本领先战略　　差异化战略

专一化聚焦战略

2．填空题

（1）BCG 法是从（　　）和（　　）两个方面对企业经营的战略业务单位进行分析，并划分为四个不同战略业务类型，从而为企业的投资决策提供依据。

（2）GE 法是通过（　　）和（　　）两个综合性指标，对企业的业务单位进行分类评估，以做出投资决策的方法。

（3）市场营销战略目标应具备的基本要求有（　　）、（　　）、（　　）、（　　）四个方面。

（4）迈克尔·波特提出的行业结构分析模型理论认为：（　　）、（　　）、（　　）、（　　）、（　　）五大竞争驱动力，决定了企业的赢利能力；在与这五种竞争力量的抗争中，蕴含着三类成功战略思想，即（　　）、（　　）、（　　）。

（5）对企业营销活动从外部环境、内部条件两个方面，从（　　）、（　　）、（　　）、（　　）四个纬度做出分析的方法又称 SWOT 分析法。

3．选择题

（1）在一个竞争激烈的行业中，一个企业必须根据在竞争中的不同位置制定不同的竞争策略。一般来说，一个企业可以采取的对策是（　　）。

A. 千方百计地降低成本　　B. 产品差异化

C. 集中力量，独占一方　　D. 以上都可以选择

（2）某服装企业集团最初是靠接受一笔美国商人的格子牛仔裤生意起家的，当时许多厂家因为利润太低而不愿意生产，但该集团的首脑却决定以此作为企业发展的起点。这说明（　　）。

A. 企业应该独树一帜，接受别人不愿意接受的生意

B. 选择好第一笔生意对企业的发展有重大意义

C. 在许多情况下，市场机遇可能比利润更为重要

D. 这种决策只在企业刚刚起步时才可使用

（3）健力宝集团发展与现有产品技术与市场无关的新产品、新业务，如房地产、金融业等，该公司实施的是（　　）发展战略。

A. 同心多角化　B. 后向一体化　C. 水平多角化　D. 集团多角化

（4）在波士顿咨询集团分析法中，相对市场占有率和销售增长率都高的业务单位称作（　　）。

A. 明星类　B. 金牛类　C. 瘦狗类　D. 问题类

（5）北方电器公司尽量增加产品种类和品种，跨行业生产经营多种多样的产品或业务，它实行的是（　　）。

A. 市场渗透　B. 一体化发展　C. 多角化发展　D. 市场开发

（6）对于金牛类产品，最适宜的投资发展战略是（　　）。

A. 发展战略　B. 维持战略　C. 缩减战略　D. 放弃战略

（7）根据“多因素投资组合”矩阵法，企业应该进入的市场的特点是（　　）。

A. 行业吸引力高、企业竞争实力强　B. 行业吸引力高、企业竞争实力弱

C. 行业吸引力低、企业竞争实力强　D. 行业吸引力低、企业竞争实力弱

（8）× × 拖拉机厂原来向轮胎公司采购轮胎，现决定自己生产轮胎，这属于（　　）发展战略。

A. 前向一体化　B. 后向一体化

C. 水平一体化　D. 同心多角化

（9）“× × 铅笔厂”这样的叫法，反映了该企业规划企业营销任务是以（　　）为导向的。

A. 产品　B. 技术　C. 市场需求　D. 产品名称

（10）肯德基快餐进入中国市场以来，不断地发展加盟连锁店，占领中国快餐市场，这属于（　　）战略。

A. 市场开发　B. 产品开发　C. 多角化　D. 市场渗透

（11）为了进一步扩大彩色电视机的生产规模，海尔集团公司整体收购合肥黄山电子集团公司，这属于（　　）。

A. 前向一体化　B. 水平一体化　C. 相关多元化　D. 后向一体化

（12）根据 SWOT 分析图，第Ⅲ类型的企业内部存在劣势，外部面临强大威胁，应采取（　　）。

A. 扭转型战略　B. 增长型战略　C. 多角化战略　D. 防御型战略

（13）某影剧院增加了酒吧、美容、图书等服务，是实施（　　）战略的表现。

A. 水平多角化　B. 同心多角化　C. 综合多角化　D. 横向一体化

（14）由于通货膨胀，某人决定将一笔资金投入金融市场。现有两个方案，其获利情况如表 6-3 所示。比较两个方案，判断哪一个更好。（　　）

表6-3　投资获利表　　单位：元

年限（年）	1	2	3
甲方案	35 000	28 000	18 000
乙方案	25 000	30 000	26 000

A．一样好　　B．甲方案好　　C．乙方案好　　D．难以判断

4．简答题

（1）什么是市场营销战略规划，它有何作用？你是怎样理解的？

（2）三类发展战略各有什么特点？各自适用于什么情况？

（3）结合我国众多企业多角化经营的实际，谈谈多角化发展战略应注意哪些问题。

（4）波士顿矩阵法是如何分析企业的战略业务单位的？对各类业务单位应采取何种投资战略？

（5）企业规定战略任务为什么应以市场为导向？

【职业技能训练】

1．方案策划

（1）有两个房间，一间房里有三盏灯，另一间房里有控制着这三盏灯的三个开关，这两个房间是分隔开的，从一间里不能看到另一间的情况。要求受训者分别进这两个房间一次，然后判断出这三盏灯分别是由哪个开关控制的。

（2）某公司有A、B、C、D四个业务单位，有关资料如表6-4所示，试运用BCG法对这四个业务单位进行评价，分析该企业产品结构是否合理，并规划企业的战略发展方案。

表6-4　某公司业务相关资料

业　务	销售增长率（%）	销售额（万元）	同行业最大竞争对手销售额（万元）
A	18.0	10	40
B	20.0	30	10
C	6.0	60	15
D	3.0	10	50

2．分析讨论

我国企业界有一种现象：紧密跟随消费热点的变化实施多角化经营，简直无所不能、无所不会。电视机、空调、冰箱热时，全国120多条生产线竞争；现在电动自行车热销，全国就有700余家企业生产电动自行车；计算机消费热，企业立刻推出自有品牌计算机；手机消费热，企业立刻推出手机；汽车热，好多企业开始上马汽车项目……试联系实际分析讨论企业多角化经营的利弊。

3．案例分析

美味食品集团是我国北方某省一家大型乳品生产加工企业，其奶制品在当地市场占有率高达 80%。该公司市场部人员经过市场调查后认为，我国奶制品市场潜力巨大，蕴藏着诱人的商机。如果一人一天喝上一杯 200 毫升的牛奶，全国牛奶销量将达到 9 000 万吨，但现在的总产量还不到这个数字的 1/10。但同时竞争也日益激烈，三元、伊利、光明、蒙牛、完达山、维维等企业在这块市场上争夺得火热。2000 年，美味集团根据各种情况，做出了步步为营、逐步拓展市场的战略决策，从长计议，首先要解决的是优质奶源的问题。为此公司到内蒙古呼伦贝尔盟地区与当地企业合作，建立了奶牛养殖基地并控股经营，很快进入了良性循环。2001 年，为扩大生产能力又兼并了另外一家规模略小的同类奶制品企业。2002 年，利用原有技术特点又开发出固体奶粉、豆奶、果奶、儿童食品等多种产品，并且全部使用“美味”这一品牌。公司最近新成立了销售公司，专门负责公司所有产品的市场开拓。

问题：公司 2000 年以来实行的新业务拓展战略有哪些类型?

4．模拟实训

（1）某饮料公司研发出一种果肉饮料，希望由你来策划组织一次宣传推广活动，活动经费预算 1 000 元/天，这种果肉饮料只要用途合理就可以满足供应。

老师提前 2 周布置任务，全班同学每 3 人 1 组，在不超过经费预算的前提下，策划本次新品推介方案；每组选派代表向全班同学介绍本组策划的活动方案；在老师指导下，全班同学将各活动方案评出优、良、中、及格四个等级（优 10%、良 30%、中 40%、及格 20%），计入各组成员平时成绩；条件允许，可以与企业联系，申请经费承担任务，实践优秀的产品推介方案，根据各组当日现场销量评定成绩。

训练目标：分析规划能力、创造性思维能力。

（2）举例解释“1+1=？”“1+1=2”“1+1⩾2”“1+1⩽2”“8+2=？”“10=( )+( )”“100−1=0”等数学式的特殊含义，根据每位同学思维的独特性与创造性评定成绩。

第 7 章 目标市场营销战略

什么是定位？简而言之，定位就是在消费者心智当中寻找空缺。

——艾·里斯，劳拉·里斯

学习目标

☑ 重点掌握市场细分、目标市场选择、市场定位的基本概念。

☑ 重点理解市场细分的依据、三种目标市场营销战略、四种市场定位战略、选择目标市场营销战略应考虑的因素。

☑ 一般理解有效市场细分的条件。

CASE

【任务导入】领袖、囚徒和过客，你的定位是什么？

管理大师韦尔奇说过，每个团队、每家公司都有三种人：领袖、囚徒和过客。这句话也可以套用到市场中，每个市场都存在三种人：领袖、囚徒和过客。领袖即市场中的领头羊，具有非常敏锐的洞察力，能准确地判断市场风向。囚徒受环境所限，总是局限于自己的领域，自己给自己戴上枷锁，无法看到市场的需求变化。过客没有认真分析市场，无法找到合理的市场定位，来也匆匆、去也匆匆。如果你是一名市场人，你将怎样给自己定位呢？

7.1 目标市场营销战略概述

7.1.1 目标市场营销战略的概念

目标市场营销战略，是指企业通过市场细分选择一个或几个细分市场作为自己的目标市场，专门研究其需求特点并针对其特点设计适当的产品、制定适当的价格，选用适当的分销渠道和策划适当的促销手段，以通过满足消费者需求实现企业盈利目标的市场经营活动过程。

7.1.2　目标市场营销战略的产生

在西方发达国家，企业的市场营销战略大致经历了三个阶段，如图 7-1 所示，三个阶段的比较如表 7-1 所示。

图 7-1　市场营销战略发展阶段

表 7-1　市场营销战略三个阶段的比较

战略阶段	战略类型	优　点	缺　点
产品大量化营销	面对整体市场大量提供无差异的同一种产品	规模效益	产品单一 忽视需求差异
产品差异化营销	面对整体市场提供差异化、多样化的产品	产品多样	成本高 缺乏针对性
目标市场营销	面对细分市场提供有针对性、个性化的产品	形成优势	复杂性增加

1．产品大量化营销阶段

在产品大量化营销阶段，企业基本上没有市场细分的意识，是在没有进行市场细分的情况下开展营销活动的。企业面对整个市场大量生产和销售同一品种规格的产品，试图通过一套营销组合策略满足所有顾客的需求。

产品大量化营销是建立在市场商品供不应求或产品本身差异性极小的基础上的。其优点是可以节省产品的生产和营销成本，获得规模经济效益；其缺点是产品形式单一，不能满足市场多样化的需求，缺乏竞争力。

2．产品差异化营销阶段

在产品差异化营销阶段，企业已经发现消费者市场需求的差异性与多样性，但还不是建立在市场细分基础上的营销活动。这个阶段的营销活动表现为，企业面对整个市场生产经营有差异的多种规格、款式、型号、式样、特色和风格的同类产品，试图通过多样化、差异化的产品满足整个市场的需求。产品差异化营销虽然考虑到消费者的需求差异，而且采取了一些对策，但一方面，并没有真正有针对性地满足某一顾客群的需求；另一方面，因为产品差异化的原因，也使企业的产品成本增加不少。

3．目标市场营销阶段

目标市场营销产生于市场竞争日益激烈的背景下。随着买方市场的形成，生产商之间的竞争日益激烈。由于消费者的需求是多种多样的，而每个企业在资源、能力和技术优势方面又是各不相同的，一些企业开始在整体市场中寻求最适宜自己经营的顾客群。于是，他们对整个市场按照某个标准进行分类，从中选择最能符合企业目标、最能发挥企业资源优势的顾客群作为自己的营销对象，并制定出适合该市场特点的营销组合策略。通过这种方式，企业可以获得更大的营销优势。

7.1.3 实施目标市场营销的步骤

如图 7-2 所示，实施目标市场营销包括四个步骤：① 在市场调研和预测的基础上，按一定标准进行市场细分（Segmenting）；② 选择对本企业最有吸引力的细分市场作为自己的目标市场（Targeting）；③ 确定自己的产品在市场上的竞争地位，在目标顾客心目中树立起独特的产品形象，即做好市场定位工作（Positioning）；④ 根据目标市场特点、市场定位要求，制定有效的营销组合策略（4Ps）。因此，人们常常把目标市场营销简称为“STP”营销。

图 7-2 实施目标市场营销的步骤

7.2 市场细分战略

7.2.1 市场细分的概念

简言之，市场细分就是对消费群进行分类的过程，是根据某一标准将企业现实或潜在消费群分成在需求和欲望方面具有明显差异的子市场的过程。具体来说，市场细分就是企业在调查研究的基础上，根据消费者在需求、购买动机及其购买行为方面的差异，把市场（现实消费者与潜在消费者群体）划分为若干具有某种相似特征的消费群，以便选择、确定自己的目标市场。人们一般又把市场细分以后的每类消费群称为“子市场”或“细分市场”。

7.2.2 市场细分的意义

市场细分是第二次世界大战后市场营销思想和战略的新发展，它是由美国市场营销学家温德尔·史密斯于 20 世纪 50 年代中期提出来的。它对企业改善经营管理、提高经济效益、更好地为顾客服务具有重要的现实意义和作用。

1. 有利于企业发现新的市场机会

对市场营销来说，消费者没有满足的需求就是企业的市场机会。通过市场细分，企业可以发现消费者哪些需求还没有得到满足，从而发现新的市场机会，开拓新的市场。

📖 **实例 7-1**　以经营男子安全剃须刀而闻名的美国吉列公司，通过市场调查发现，美国 8 000 多万名 30 岁以上妇女中，有 6 000 多万名为了保持美好形象，要定期刮掉腿毛和腋毛。她们除使用脱毛剂外，很多人靠购买各种男用剃须刀来完成，每年在这方面的花费高达 7 500 万美元。于是吉列公司精心研制了适合女性特点的专用刮毛刀。

2. 有利于企业选择目标市场

在市场细分的基础上，企业可以综合考虑各种因素，在各细分市场中选择既有巨大盈利潜力，又能发挥企业优势的目标市场。

📖 **实例 7-2**　娃哈哈儿童营养液最初的推出，就是由于在市场细分后发现儿童保健品市场诱人却被忽略的市场机会，从而成就了今日娃哈哈骄人的业绩。

3. 有利于企业制定行之有效的营销组合策略

在较小的细分市场即子市场上开展市场营销活动，企业易于掌握消费者需求的特点及其变化趋势，有利于及时、准确地规划和调整营销战略和策略。同时，由于企业面对的是某一个或少数几个子市场，可以及时捕捉需求信息，根据需求的变化随时调整市场营销组合策略。

📖 **实例 7-3**　日本泡泡糖市场年销售额约为 740 亿日元，其中大部分为“劳特”所垄断。但江崎糖业公司成立了市场开发班子，专门研究霸主“劳特”产品的不足和短处，寻找市场的缝隙。终于他们发现了“劳特”的四点不足：第一，以成年人为对象的泡泡糖市场正在扩大，而“劳特”却仍旧把重点放在儿童泡泡糖市场上；第二，“劳特”的产品主要是果味型泡泡糖，而消费者的需求却正在多样化；第三，“劳特”多年来一直生产单调印条板状泡泡糖，缺乏新型式样；第四，“劳特”产品价格是 110 日元，顾客购买时需多掏 10 日元的硬币，往往感到不便。通过分析，江崎糖业公司决定以成人泡泡糖市场为目标市场，并制定了相应的市场营销策略，不久便推出四大功能型泡泡糖产品：司机用泡泡糖，使用了浓度薄荷和天然牛黄，以强烈的刺激消除司机的困倦；交际用泡泡糖，可清洁口腔，祛除口臭；体育用泡泡糖，内含多种维生素，有益于消除疲劳；轻松型泡泡糖，通过添加叶绿素，可以改变人的不良情绪。江崎糖业公司还精心设计了产品的包装和造型，价格定为 50 日元和 100 日元两种，避免了找零钱的麻烦。功能型泡泡糖问世后，像飓风一样席卷全日本，市场占有率从零猛升至 25%，当年销售额达 175 亿日元。

4. 有利于企业发挥资源优势，形成核心竞争力

建立在市场细分基础上的企业营销，避免了在整体市场上分散使用力量，从而有利于企业避实就虚，扬长避短，发挥优势，把有限的人力、物力和财力资源集中使用于一个或几个细分市场，有的放矢地开展针对性的市场营销活动，既可以大大提高营销效率，也可以显著提高营销效益，从而更好地满足目标市场的需要，实现市场需求与企业优势的最佳组合，在市场竞争的某一领域获取强有力的核心竞争力。

7.2.3 消费者市场细分的依据

消费者市场是由以满足生活性消费为目的的消费者组成的，消费者的需求和购买行为具有许多不同的特性。消费者市场能够进行细分的主要原因，就是消费者市场需求具有较大的差异性。因此，这些形成需求差异的因素，就可以作为市场细分的依据。当然，市场细分没有一个固定的模式，不同的企业可根据自身所处行业的特点或自己提供产品的特点，采用适宜的变数进行细分，以求发现最佳营销机会。一般来说，可以用作消费者市场细分的依据有地理因素、人口因素、心理因素和行为因素四类，如表 7-2 所示。

表 7-2 消费者市场细分的一般标准

划分依据	典型细分		
地理因素	• 国界 • 气候 • 人口密度	• 区域 • 农村 • 交通条件	• 地形 • 城市 • 其他
人口因素	• 国籍 • 宗教 • 性别 • 家庭规模	• 种族 • 职业 • 年龄 • 家庭生命周期	• 民族 • 教育 • 收入 • 其他
心理因素	• 社会阶层 • 购买动机	• 生活方式 • 个性	• 性格 • 其他
行为因素	• 追求利益 • 使用频率 • 价格敏感程度	• 购买时机 • 使用者地位 • 品牌忠诚度	• 使用情况 • 对产品的态度 • 其他

1．地理因素

依照地理因素细分市场的过程习惯上称为地理细分。地理细分就是按照消费者所处的地理位置及其他地理因素（包括城市、农村、地形、气候、交通条件等）为依据，把总体消费群进行分类的过程。地理细分的主要依据是：处在不同地理位置的消费者，对企业及其产品具有不同的需要和偏好，他们对企业的营销战略、营销策略会有不同的反应。

📖 实例 7-4 在伦敦的同一条街上，住着三个裁缝。一天，一个裁缝在他的橱窗里挂出了一块招牌，上面写着：“伦敦最好的裁缝。”另一个裁缝看到了，在同一天也挂出了一块招牌，招牌上用大写字母写着：“英国最好的裁缝。”第三个裁缝看了后，思考了很久。几天之后，他也挂出一块招牌，上面写着：“本街最好的裁缝。”

2．人口因素

依照人口因素细分市场的过程习惯上称为人口细分。所谓人口细分，就是指企业按照人口统计因素（包括年龄、性别、收入、职业、教育、家庭规模、家庭生命周期、宗教、国籍、种族等）对消费者市场进行分类的过程。相对于其他因素，人口因素较易获得和衡量，而且一些非人口统计因素也可以由人口特征来表达。因此，人口因素是市场细分最常用的指标。

📖 **实例 7-5** 2006 年，世界上第一款有性别之分的电视——Sony 公司的 Bravia 电视诞生，充分阐释电视“男女”概念；原本中性的运动服装品牌阿迪达斯推出女性健身服饰 Women Sleek 系列以挑战自我；耐克也适时推出 Nike Women 女性运动服装系列并建立相关网站配合推广；2004 年，沃尔沃推出全球第一款完全由女性设计的女性车 YCC（Your Concept Car），将性别概念借车发挥得淋漓尽致，堪称女性车的经典之作。

3．心理因素

依照消费者心理因素细分市场的过程习惯上称为心理细分。所谓心理细分，就是按照消费者的生活方式、个性、性格、购买动机等心理变量对市场进行分类的过程。心理因素对消费者的爱好、购买动机、购买行为有很大影响。企业以心理因素进一步深入分析消费者的需求和爱好，更有利于发现新的市场机会和目标市场。例如，有的消费者购买昂贵的名牌商品，不仅是追求其质量，而且具有显示其经济实力和社会地位的心理；有的消费者身穿奇装异服，为的是突出其个性；有的消费者喜欢购买进口产品，是为了满足其崇洋心理等。

📖 **实例 7-6** 蓝猫淘气饮品公司发现，小孩子每天的心情是不同的，他们讨厌周一，周三时感到很疲劳，喜欢周末，于是就创造性地推出了“果星期”系列饮料。“果星期”系列饮料共有八种产品，分别对应一周的每天（考虑到周日孩子活动量大的特点，特在周日为孩子准备了两款饮料），并且每款饮料分别由《蓝猫淘气 3 000 问》中不同的卡通形象代言及演绎，并且根据各个卡通人物的不同特点，再结合儿童对一周内每天微妙的心理变化，形成趣味盎然的“果心情日记”。

4．行为因素

根据消费者购买行为因素进行市场细分的过程称为行为细分。所谓行为细分，就是企业根据消费者购买或使用某种产品的时机、所追求利益、使用者地位、使用频率、品牌忠诚程度等行为因素来细分市场的过程。常用作行为细分的因素主要有以下几个方面。

（1）消费者的购买时机。企业通过购买时机细分市场可以扩大消费者使用本企业产品的范围。例如，我国消费者有在春节、元宵节、中秋节等一些传统节日前大量购物的习惯；而美国人最重视的节日则是圣诞节，圣诞节前也要大量采购节日用品。因此，市场营销就要对此做好分析研究工作，适时做好宣传广告工作，及时做好促销引导工作。

（2）消费者追求的利益。消费者的购买动机不同，他们所追求的利益也不同。也就是说，不同的产品会给消费者带来不同的利益，相同的产品也会给不同的消费者带来不同的利益。因此，市场营销要认真研究潜在顾客购买商品所追求的核心利益是什么，要考察消费者购物归根结底是为了获得什么利益，以及哪些产品特性可以传递这些利益，从而向他们提供能传递最大效用的产品。

📖 **实例 7-7** 儿童与成人对牙膏的需求有很大的差异：儿童牙齿在白天与晚上的活动频率不同，白天更多地处于动态，运动频繁，更多地需要健齿，以坚固牙齿；夜晚一般处于静态，是牙齿的主要生长期，更多地需要营养、防蛀与杀菌，以护理牙齿。于是，受化妆品中早霜与晚霜和感冒药品中“白加黑”的启发，小叮当将一支装牙膏一分为二：早晨用与晚上用分开，并捆绑在一起，形成一个独立的两支装包装，完全区别于普通牙膏的包装。另外，结合儿童牙齿白天与晚上不同的活动特征，使用了不同的原料配方，以早晚不同的功能来全面保护儿童牙齿（白天健齿功能，侧重于坚固牙齿；晚上护齿功能，以营养牙齿，同时去火、杀菌为主），完全区别于一天早晚两次均为同一功能的普通牙膏。

（3）消费者对产品或服务的使用情况。一般而言，根据消费者使用产品或服务的情况，可以把现实与潜在消费群总体区分为非使用者、潜在使用者、曾经使用者、初次使用者和经常使用者五大类。对市场占有率较高、规模实力比较雄厚的企业，应把使潜在使用者转化为现实使用者设定为市场营销的战略目标。而对实力较弱的企业，则应把维持经常使用者作为当前市场营销的主要目标。当然，企业要对潜在使用者和经常使用者酌情运用不同的市场营销组合策略，采取不同的市场营销措施。

（4）消费者使用产品或服务的频率。根据消费者使用某一产品或服务的频率来划分，可以将整体消费者市场划分为少量使用者、中量使用者、大量使用者。大量使用者往往在购买者人数中所占比重不大，但他们所消费的商品数量在企业商品销售总量中所占比重却很大。有研究表明，某种商品的大量使用者往往有某些共同的人格的、心理的特征和媒体习惯。因此，企业营销的重点应该是这“少数的多数（少数的消费者，多数的消费量）”。

📖 **实例 7-8** 1977 年，从越南逃到美国的阿汉兄妹开了一家兄妹餐厅，为了赢得更多的食客，阿汉采取了一个特殊的策略——给食客发回扣。任何一位食客只要光顾他的餐厅，阿汉就给他立上一个户头，并记下账目。以后，这位顾客每光顾一次，账单上数目就如实增加一笔。每年的 9 月 30 日，餐厅进行年度财务核算，按照账单上的记载，把餐厅赚取的纯利润的 10%，按比例分发给每位食客作为回扣。10 年间，阿汉共发给食客回扣 250 万美元，但这对逃难的穷兄妹也成了富翁。

（5）消费者对产品的态度。消费者对产品的态度一般可分为热爱、肯定、不感兴趣、否定和敌对五种类型。企业对不同态度的消费者要分别采取相应的营销措施，争取更多的消费者热爱和肯定本企业的产品或服务。市场营销活动一方面要强化热爱和肯定本企业产品的消费者，另一方面还要尽量争取那些对本企业产品不感兴趣，甚至否定和敌对的消费者。

（6）消费者的品牌忠诚度。根据消费者对企业、产品或某一品牌的忠诚程度，可以将消费者划分为：坚定的忠诚者，即始终只购买某一品牌的消费者；动摇的忠诚者，这种消费者同时忠诚于两三个品牌；喜新厌旧者，指经常由偏好某一品牌转移到另一品牌的、偏好不稳定的消费者；无固定偏好者，指购买各种品牌，还没有形成固定偏好的消费者。

7.2.4　有效市场细分的条件

市场细分必须遵循一定的原则，或者必须满足一定的条件，只有这样市场细分才可能是有效的。通俗地说，就是市场营销活动中细分是富有意义的，细分和不细分效果是明显不同的，细分要比不细分效果更好，细分能为企业带来较为长远的效益。具体来说，这些条件可以概括为以下几个方面。

1．可衡量性

可衡量性，是指在选择细分市场的标准时，一定要选择那些容易识别和衡量，而且资料容易获得的因素作为细分标准进行市场细分。因为只有这样，细分出来的各子市场不仅界限清楚，而且能大致判定该市场规模的大小。例如，根据地理因素、消费者的年龄和经济状况等因素进行市场细分时，这些消费者的特征就很容易衡量，这些资料的获得也比较容易；而以消费者心理因素和行为因素进行市场细分时，其特征就很难衡量，细分市场将会因无法界定和度量而难以描述。

2．殷实性

衡量市场细分是否有效的另一个标准，是看市场细分以后的各子市场是否有足够的需求规模。也就是说，细分出来的各子市场必须大到足以使企业实现它的利润目标，这取决于这个市场的现实与潜在消费者的数量和购买能力。因此，在进行市场细分时，企业必须考虑细分市场上消费者的数量、消费者的购买能力和购买数量。一个细分市场应是适合设计一套独立营销计划的最小单位，因此，市场细分并不是分得越细越好，而应该科学归类，保持足够容量，使企业有利可图。

🕮 **实例 7-9**　云南白药集团推出以“防治牙龈出血”为主要诉求点的云南白药牙膏上市伊始，走的就是高端路线，市场零售价基本上统一在 19.80 元/支。也就是说，它的目标受众基本上就锁定在两个人群：一是有牙龈出血症状的高端收入人群；二是收入不一定有多高，但至少是牙龈出血的重度患者。第二类人群对价格比较敏感，他们通常只会在其他牙膏及药物不怎么显效的情况下，才可能转身投向云南白药牙膏进行尝试。云南白药牙膏到底是选择高收入人群，还是牙龈出血的重度患者为自己的核心目标消费群呢？这个亟待解决的问题，将直接关系到云南白药牙膏品牌打造及其宣传、促销等一系列营销动作的方向性、针对性和实效性。换言之，这个问题直接关系到云南白药牙膏到底是卖牙膏，还是卖药。

3．可进入性

可进入性，是指企业具有进入这些细分市场的资源条件和竞争实力，企业能有效地集中营销能力，进入目标市场，开展营销活动，有效提供服务。例如，细分的结果发现已有很多竞争者，自己无力与之抗衡，无机可乘；或者虽然有大量营销机会，企业却因自身实力无能为力；或者受法律限制根本无法进入等，就说明这种细分是没有意义的。考虑细分市场的可进入性，实际上就是考虑企业市场细分的可行性，对不能进入或难以进入的市场进行细分显然是没有意义的。

4．反应行为的差异性

反应行为的差异性，是指细分出来的各子市场，对企业相同的营销组合策略会做出不同的反应。如果市场细分后，几个细分市场对相同的营销组合策略做出相似的反应，就不需要为每个子市场制定一个单独的营销组合策略了，细分市场也就失去了意义。

📖 实例 7-10　消费者对沐浴露的需求存在一定的季节性，如夏季需要凉爽，冬季需要温暖。1996 年，六神清凉沐浴露系列上市，一改力士、舒肤佳等外资建立的按功能细分市场的游戏规则，创立了由六神主张的按季节细分的策略。新的理念再加上消费者对六神品牌的认同，4 年后六神跃居全年沐浴类市场第一。近年来，六神仍然保持了夏季市场第一、全年前三的业绩。

5．稳定性

稳定性，是指细分市场必须在一定时期内保持相对稳定，以便企业制定长期的营销策略；有效地开拓并占领该目标市场，获取预期收益。若细分市场变化过快，则企业的经营风险也随之增加，企业还没有来得及实施其营销方案，目标市场已经面目全非，这样的细分也是没有意义的。

需要特别注意的是，市场细分并非分得越细越好。因为，如果市场细分过细，一是增加细分变数，增加细分的复杂性，给细分带来困难；二是影响企业营销活动的规模效益；三是增大营销费用和成本。这时就应实施“反细分化”战略。但它并不是反对市场细分，而是要减少细分市场的数目，即略去某些不必要的或效益太低的细分市场，或者把几个太小的细分市场聚合在一起。是否推行“反细分化”策略，要看能否有利于扩大产品的适销范围，降低营销成本，增加销售，提高经济效益。

7.3 目标市场选择战略

7.3.1 目标市场选择概述

1．目标市场的概念

目标市场，又称目标消费群或目标顾客群，是企业为了实现预期的战略目标而选定的营销对象，是企业试图通过满足其需求实现盈利目的的消费群。

市场细分的目的是选择自己的目标市场。在市场细分的基础上，企业首先要认真评估各细分市场，然后根据自己的营销目标和资源条件选择适当的目标市场，并决定自己的目标市场营销战略，从而充分发挥目标市场营销的积极作用。

2．评估细分市场

市场细分以后，企业要在各细分市场中评估选择自己的目标市场。企业在选择目标市场时，首先要对各细分市场进行综合考虑与认真分析。

具体来说，一个细分市场能否作为企业的目标市场，一般应满足以下条件。

（1）有足够的需求规模与增长潜力，能实现一定的销售额和目标利润。

（2）有较大的长期获利率和发展前景，有利于逐步缩小战略目标差距。

（3）企业有足够资源和能力满足该细分市场的需求。

（4）与竞争对手相比，企业有明显的现实或潜在竞争优势。

（5）选择该目标市场，有利于企业战略目标的实现。

总之，选择目标市场的基本原则是：使企业有限的资源最经济地运用于具有最大潜在利益的市场上。

7.3.2　目标市场选择战略

目标市场的选择战略一般有五种，举例说明如下：假设某企业经营三种产品，分别为 P_1、P_2、P_3，市场细分为三个子市场，分别为 M_1、M_2、M_3，那么，企业在选择自己的目标市场时就可能有九种选择，即 P_1—M_1，P_1—M_2，P_1—M_3，P_2—M_1，P_2—M_2，P_2—M_3，P_3—M_1，P_3—M_2，P_3—M_3。具体来说，又可以概括为以下五种目标市场选择战略。

1．产品—市场集中化战略

产品—市场集中化战略，是指在众多子市场中，企业只选择一个细分市场，并且集中力量生产或经营一种产品，供给这一细分市场。也就是说，在上述九种组合战略中只选择其中的一种。如图 7-3 所示，企业可能只选择 P_1—M_3 战略。这种战略比较适合中小企业，它可以帮助企业实现专业化生产和经营，在取得成功后再逐步向其他细分市场扩展。

2．产品专业化战略

产品专业化战略，是指企业面对所有的细分市场只生产经营一种产品，如供各类顾客使用的书籍。例如，如图 7-4 所示，企业可能把 P_2 产品分别销售给 M_1、M_2、M_3 三个细分市场。

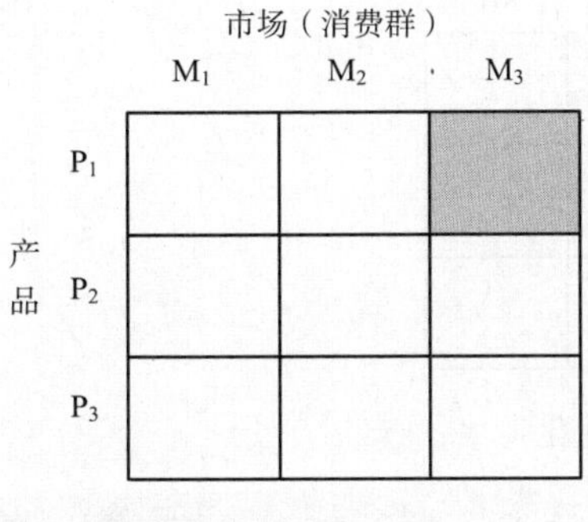

图 7-3　产品—市场集中化

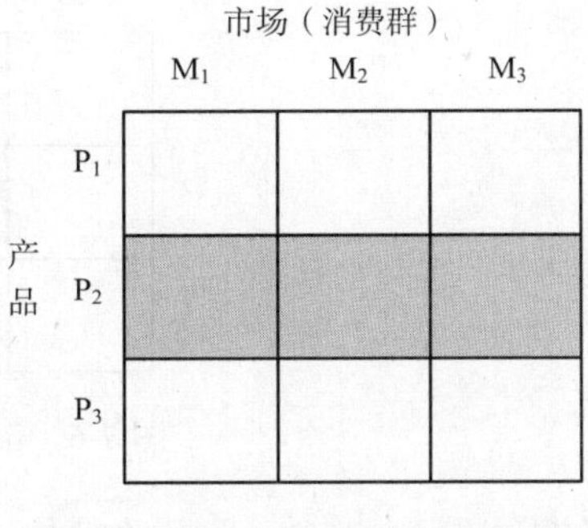

图 7-4　产品专业化

3．选择性专业化战略

选择性专业化战略，是指企业有选择地进入多个细分市场，并向这些细分市场分别提供不同类型的产品。选择这种战略的主要原因是，各细分市场之间相关性较小，每个细分市场都有着良好的营销机会与发展潜力。这种战略的优点是，有利于分散企业的经营风险，即使某一细分市场失去吸引力，企业仍可在其他细分市场上经营获利。如图 7-5 所示，企业可能把 P_1 产品销售给 M_2，而 P_2 产品销售给 M_3，P_3 产品销售给 M_1。

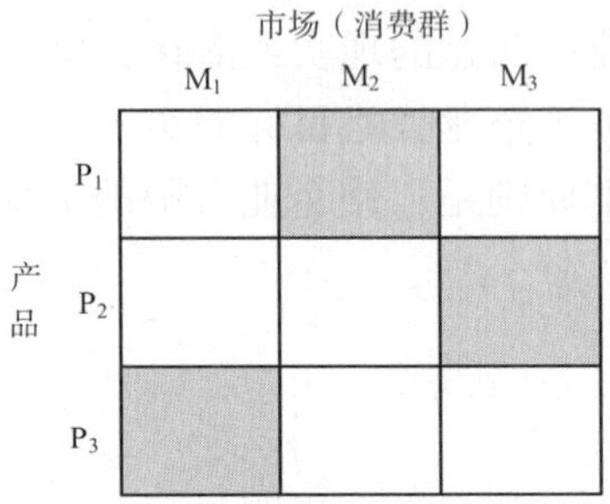

图 7-5　选择性专业化

📖 **实例 7-11**　北京伯芙曼化妆品公司是一家集科研、生产、贸易为一体的独资化妆品公司。伯芙曼化妆品公司已成功拥有“伯芙曼”“欧玛莉”“欧米娃”三大品牌，产品以高中档为主。“伯芙曼”化妆品已拥有护肤、洗发护发、彩妆三大类产品共计 264 个单品，其中护肤类包括 156 个单品。“欧玛莉”化妆品拥有全天候保湿系列、美白精华系列、活肤防皱系列、除痘去疤系列、维生素护肤系列、粉底系列、眼部护理系列等产品，共计 51 个单品，它们主要面对广大白领女士市场；“欧米娃”品牌化妆品拥有沐浴系列、洗发系列、护肤系列、呵护系列等 30 多个单品，主要面对婴幼儿市场。

4．市场专业化战略

市场专业化战略，是指企业向同一细分市场提供各种不同类型的产品。如图 7-6 所示，企业可以把 P_1、P_2、P_3 三种产品销售给相同的 M_2 市场。

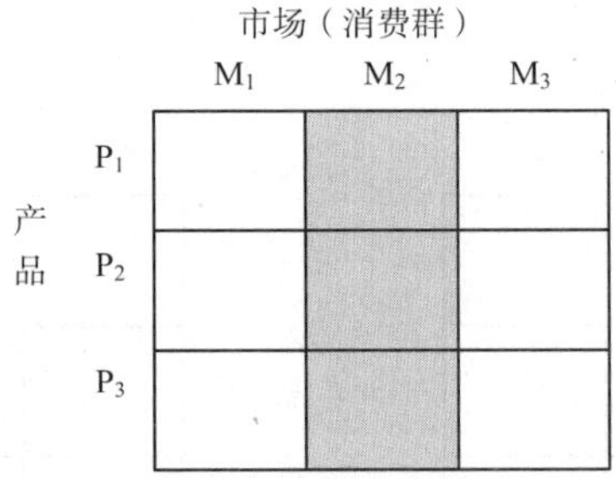

图 7-6　市场专业化

📖 **实例 7-12**　金利来——男人的世界，声名远播，享誉四方。金利来（中国）有限公司于 1990 年在广东省创立，从事以金利来品牌为主的男士服装服饰的生产、经营和销售。男士服饰主要针对 25~45 岁，事业成功、追求卓越、具有国际品味且充满都市活力的成功男士。品类涉及上班一族的正装系列、运动休闲的高尔夫系列、全套家居服、内衣系列及皮具、皮鞋、珠宝等系列产品，照顾新世纪男士的各种需要。

5．全面覆盖战略

全面覆盖战略，是指企业全方位进入各细分市场，为所有细分市场提供它们所需要的不同类型的产品，即企业将上述九种组合都作为自己的目标市场营销战略，如图 7-7 所示。这是大型企业为取得某一市场的领导地位或赢得垄断地位经常采用的战略。

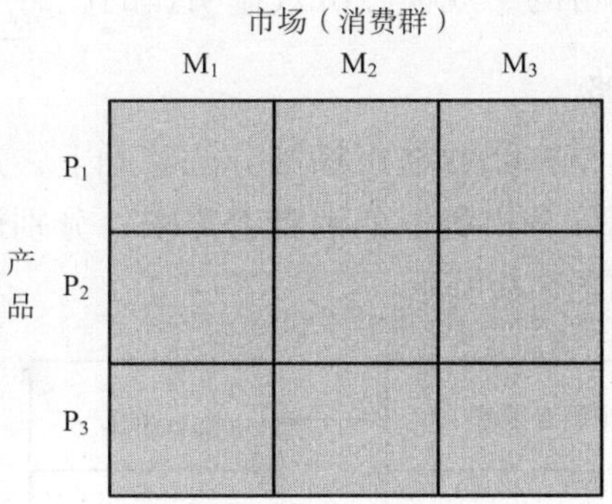

图 7-7　全面覆盖

7.3.3　目标市场营销战略

企业的目标市场营销战略主要有三种，区别如表 7-3 所示。

表 7-3　三种目标市场营销战略的主要区别

战略类型	优　点	缺　点	适　用
无差异营销	规模效益，降低成本	忽视市场需求的差异	同质，规模效益明显的产品
差异性营销	考虑市场需求差异	增加成本，推高价格	实力雄厚的大企业
集中性营销	专业化经营，降低成本	市场单一，风险较大	资源力量有限的小企业

1．无差异目标市场营销战略

无差异目标市场营销战略，是指企业将整个市场作为自己的目标市场，面对整个市场只推出一种产品并只实施一套营销组合策略，通过无差异的大规模营销，吸引更多的消费者。实施这种战略的前提是，即使消费者的需求是有差别的，他们也有足够的相似可能被作为一个同质的无差别的目标市场对待。所以，这种战略比较重视消费者需求的相似性，而忽略消费者需求的差异性，将目标市场所有消费者需求都看作一样的，一般不进行市场细分，如图 7-8 所示。

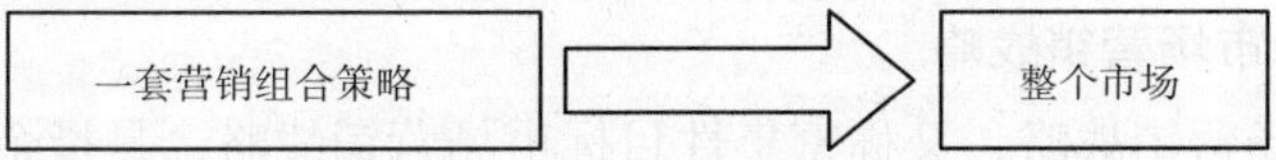

图 7-8　无差异目标市场营销战略

这种目标市场营销战略的优点是：由于面对整个目标市场只实施一套营销组合策略，因此，所经营产品的品种少而批量大，能够节省大量营销成本，实现规模经济效益，从而大大提高利润率。

这种目标市场营销战略的缺点是：忽略消费者的需求差异；容易被其他企业模仿，从而引起激烈的竞争，使企业获利机会减少。

这种战略比较适用于那些市场需求在各方面差异都不大的产品或服务，适用于那些有广泛需求、能大量生产和大量销售的、规模经济效益明显的产品或服务。

2．差异性目标市场营销战略

差异性目标市场营销战略，是指企业在市场细分的基础上，选择两个或两个以上的细分市场作为目标市场，针对不同细分市场上的消费者需求，分别设计和实施不同的营销组合策略，以满足消费者需求，如图 7-9 所示。

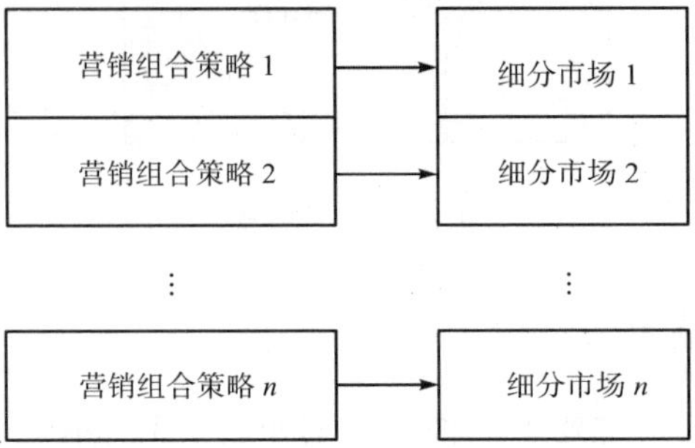

图 7-9　差异性目标市场营销战略

这种战略的优点是：考虑到了消费者需求的差异性，有利于满足不同消费者的需求；有利于企业开拓新市场，扩大销售，提高市场占有率和经济效益；有利于提高企业的市场应变能力。

这种战略的缺点是：差异性目标市场营销在创造较高销售额的同时，也增加了营销成本，使产品价格升高，从而失去竞争优势。

这种营销战略，对那些小批量、多品种生产性企业有较大的适用性，日用消费品中绝大部分商品均可采用这种目标市场营销战略。

实例 7-13　雅戈尔面临原有产品目标消费者年龄偏大、对年轻消费者吸引力有限的问题。于是，雅戈尔集团推出了五个细分品牌，GY、MAYOR&YOUNGER、YOUNGORCEO、汉麻世家和 Hart SchaffneiMarx，分别面向年轻时尚人群、行政公务人员、商务人员等，目标是进一步在品牌定位、风格和内涵上建立鲜明的个性。

3．集中性目标市场营销战略

集中性目标市场营销战略，又称密集性目标市场营销战略，是指企业集中力量进入某一细分市场，针对该细分市场设计一套营销组合策略，实行专业化生产和经营，以获取较高市场占有率的一种营销战略，如图 7-10 所示。实施这种战略通常为了在一个较小或很小的细分市场取得较高的、甚至是支配地位的市场占有率，而不追求在整体市场或较大市场上占有较小的份额。

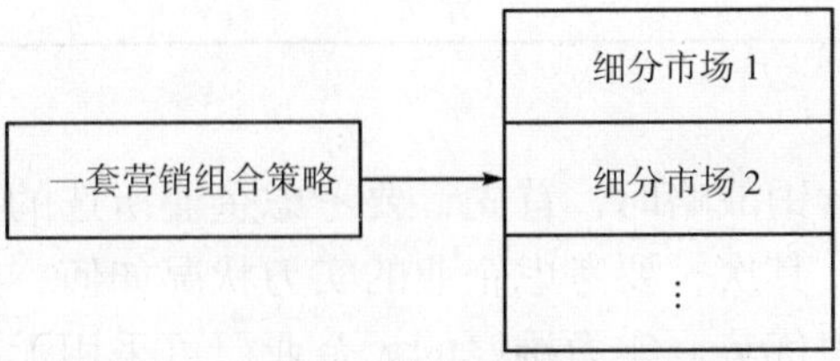

图 7-10　集中性目标市场营销战略

这种战略的优点是：企业可深入了解特定细分市场的需求，提供有针对性的服务，有利于提高企业在所选目标市场上的地位和信誉；实行专业化经营，有利于降低成本。

这种战略的缺点是：企业将所有力量集中于某一细分市场，当目标市场消费者需求迅速发生变化或者出现强大竞争对手时，企业的应变能力与抗风险能力很差，有较大的经营风险，可能会使企业陷入困境，甚至倒闭。

这种战略主要适用于那些资源力量有限的小企业。小企业无力顾及整体市场，无力承担实施差异性目标市场营销战略增加的成本，无力在整体市场上与大企业抗衡，而在大企业没有注意到或不愿顾及、自己又力所能及的某个细分市场上全力以赴，往往更易于取得营销上的成功。

📖 **实例 7-14**　"梦洁宝贝"儿童家纺品牌，是国内首家专业针对 0~16 周岁婴幼儿、少年儿童，集设计、制造、销售为一体的，以环保、快乐为主题，关爱儿童健康成长的家纺品牌。同时，该品牌还创立了一个专属的卡通形象——考拉，为品牌做快乐的代言。

7.3.4　企业选择目标市场营销战略应考虑的因素

如表 7-4 所示，选择目标市场营销战略应该考虑的因素主要有五个方面。

表 7-4　企业目标市场营销战略的选择

考虑因素		选择战略
企业的内部条件	实力强	无差异、差异性
	实力弱	集中性
产品市场寿命周期	导入期	无差异、集中性
	成长期	差异性、集中性
	成熟期	差异性、集中性
	衰退期	集中性
竞争者的目标市场营销战略	无差异	差异性、集中性
	差异性	差异性、集中性
	集中性	差异性、集中性
市场的同质性	同质	无差异
	异质	差异性、集中性
产品的同质性	同质	无差异

	异质	差异性、集中性

1．企业的内部条件

企业在选择目标市场营销战略时，首先，要考虑企业所选的目标市场能否有利于企业任务、目标及战略的实现；其次，要考虑企业的实力状况如何，选择的目标市场要有利于发挥企业的资源优势与能力优势。实力雄厚的大企业，可采用无差异或差异性目标市场营销战略，而资源、实力有限的企业，如果不能覆盖整个市场，就可以采用集中性目标市场营销战略。

2．产品市场寿命周期

在产品市场寿命周期的不同阶段，会表现出不同的需求特点，因此，在产品市场寿命周期的不同阶段，可以实施不同的目标市场营销战略。在导入期，新产品刚刚上市，由于竞争者少，产品品种与形式比较单一，市场营销的重点是刺激消费者需求，因此，比较适合实施无差异或集中性目标市场营销战略；产品进入成熟期时，产品品种日益增多、竞争对手林立，企业要想维持或者扩大销售量，巩固企业在某一细分市场上的优势地位，则可采用差异性目标市场营销战略。

3．竞争者的目标市场营销战略

一般来说，企业应采取同竞争对手有区别的营销策略。如果规模实力雄厚的、强有力的竞争对手实行的是无差异目标市场营销战略，则企业最好选择差异性目标市场营销战略；如果竞争对手采用差异性目标市场营销战略，则企业应在某一细分市场上，采用差异性或集中性目标市场营销战略；如果市场上竞争对手很多，为了树立企业及其产品在不同消费者心目中的良好形象，则企业最好采用差异性或集中性目标市场营销战略，相反，则采用无差异性目标市场营销战略；如果企业面临的是较弱的竞争者，必要时可采取与之相同的战略，凭借实力击败竞争对手。

4．市场的同质性

市场的同质性是指消费者需求、偏好及各种行为特征的类似程度。市场同质性高，表明各细分市场相似程度高，适宜采用无差异目标市场营销战略；反之，各细分市场需求差异明显，则应采用差异性或集中性目标市场营销战略。

5．产品的同质性

产品的同质性是指产品或服务在性能、特点等方面具有较小的差异性，主要表现为消费者对产品特征感觉具有较大的相似性。例如，消费者对汽油、食盐、面粉，甚至饮料等产品，由于人的感觉无法测试产品细微的差异，便不会感觉到差异的存在。对这类同质性产品，企业可以采取无差异的营销策略。反之，像服装、家具、家用电器等差异性明显的产品，消费者感觉有着明显的差异，则可采取差异性或集中性目标市场营销策略。

7.4 市场定位与营销组合策略

7.4.1　市场定位的概念

市场定位，就是根据竞争者产品在企业所选目标市场上所处的位置，针对消费者或用户对该种产品某种特征或属性的重视程度，强有力地塑造本企业产品与众不同的、给人鲜明印象的个性或形象，并把这种形象生动地传递给顾客，从而使该产品在市场上确定适当的位置。换句话说，市场定位就是，通过营销活动的策划与开展，为企业产品创造出一种明显区别于竞争者的特色性差异，并把这种差异形象生动地展示给顾客，使企业产品在顾客心目中形成一种独特的、深刻的、鲜明的印象，从而形成目标市场上企业独一无二、不可替代的竞争优势。

7.4.2　市场定位的步骤

企业的市场定位工作如图 7-11 所示，一般应包括三个步骤：一是调查研究影响市场定位的因素，确认目标市场的竞争优势所在；二是选择自己的竞争优势和适当的定位战略；三是准确地传播企业的定位观念。

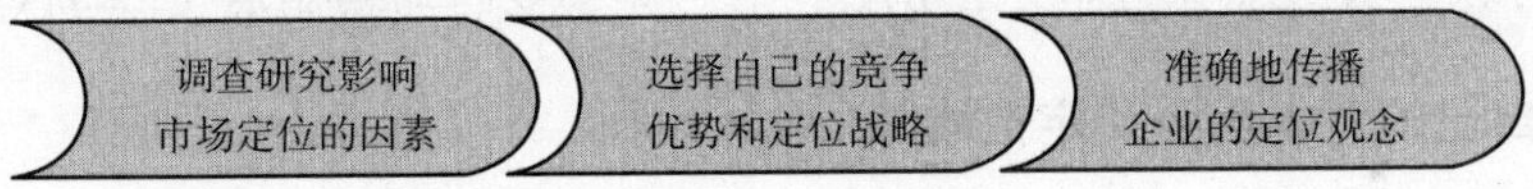

图 7-11　市场定位的步骤

1．调查研究影响市场定位的因素

适当的市场定位必须建立在深入细致的市场营销调研基础上，必须认真了解与分析有关影响企业市场定位的各种因素。

（1）谁是企业的竞争对手。一般来说，企业面临各种竞争者的挑战与市场争夺，因此，企业必须明确谁是自己的竞争对手，谁是自己最主要的竞争对手，竞争对手采取的营销策略是什么等问题。每个企业都需要掌握和了解目标市场上自己的竞争对手到底有哪些，才能打好有准备的市场竞争战。

（2）各竞争对手的定位状况。企业明确了谁是自己的竞争对手后，接下来就应该了解竞争者正在提供何种产品或服务，在顾客心目中的形象如何，并估测其产品成本和经营状况。也就是说，一方面要确认竞争者在目标市场上的定位；另一方面要正确衡量竞争者的潜力，判断其潜在的竞争优势是什么，据此确定企业的市场定位战略。

（3）目标顾客对产品或服务的评价因素。企业要明确在产品或服务诸多属性中，顾客最关心的是什么，从而作为企业制定定位战略的依据。例如，消费者对某一商品，最关心的是购买便利还是价格便宜，是质量优良还是款式新颖等，从而制定本企业的定位战略。

（4）目标市场潜在的竞争优势。明确了消费者最关心的因素是什么后，企业还要结合竞争对手的定位状况，进一步确认目标市场上潜在的竞争优势是什么，然后才能准确地选择竞争优势。例如，在同等条件下，可以比竞争者提供价格更低的产品，或者能够以更多的特色满足用户特定的需要。

实例 7-15 豆浆改名维他奶，是香港一家有 50 年历史的豆制品公司为了将街坊饮品变成一种国际饮品，顺应不断变化的价值观和现代人的生活形态，不断改善其产品形象而特意选择的名称。

50 年前，香港人的生活不富裕，营养不良，各种疾病很普遍。当时生产维他奶的用意，就是要为营养不良的人们提供一种既便宜又有营养价值的牛奶代用品——一种穷人的牛奶。

可是到了 20 世纪 80 年代，香港人的生活水平大大提高，营养对一般人来说并不缺乏，人们反而担心营养过剩的问题。同一时期，维他奶开始进入国际市场。这一时期，太多的脂肪成了美国等国公民的一大问题。在美国，维他奶标榜高档“天然饮品”。所谓天然饮品，就是没有加入人工的成分，如色素和添加剂等，可以使消费者避免吸收太多的脂肪，特别是动物脂肪。标榜天然饮品，当然受美国人的欢迎。

于是便出现了这样历史性的趣事：维他奶创始之初，标榜穷人的牛奶，强调它与牛奶的相似之处，并且价格比牛奶要低；今天在美国市场，维他奶强调的是与牛奶不同的地方（维他奶具有牛奶所有的养分，而没有牛奶那么多的动物脂肪），其价格也比牛奶高。

2. 选择自己的竞争优势和定位战略

选择自己的竞争优势和定位战略，是指企业通过与竞争者在产品、促销、成本、服务等方面的对比分析，了解自己的优势与劣势，从而明确自己的竞争优势，进行恰当的市场定位。企业常用的定位战略主要有以下四种。

（1）针锋相对式定位。针锋相对式定位，又称迎头定位。这种定位方式是指，企业把产品或服务定位在与竞争者相似或相同的位置上，同竞争者争夺同一细分市场。一般而言，当企业能够比竞争对手生产更令顾客满意的产品或服务、企业比竞争对手更具竞争实力时，可以实行这种定位战略。如图 7-12 所示，如果 C 产品定位于竞争对手 A 已经占据的高价格、高质量处的位置，或者 C 产品定位于竞争对手 B 已经占据的中档市场，就属于针锋相对式的定位战略。

实例 7-16 在小家电市场上，九阳开创了豆浆机这个新品类。美的发现，九阳豆浆机必须泡豆，清洗也麻烦，就针对“消费者的需求”，推出了“不用泡豆、清洗更方便”的无网豆浆机，宣称“豆浆机升级了”。九阳则开展了“泡豆更营养”的反击。

（2）填空补缺式定位。填空补缺式定位，是指企业把产品或服务定位在尚未被竞争者占领，且被许多消费者重视的位置。当企业具备定位在这一位置足够的实力时，或者这一位置市场机会还未被竞争者发现时，可以实行这种定位战略。如图 7-12 所示，如果 C 产品定位在高质量、低价格处，或者定位在低质量、低价格处，就属于填空补缺式的定位战略。

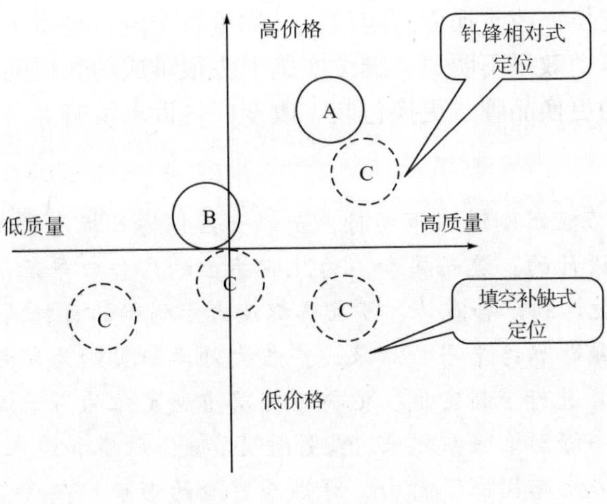

图 7-12　市场定位战略

📖 **实例 7-17**　当海尔进入美国市场时，就选择了填空补缺式的定位战略。在发现美国冰箱多为大型冰箱后，它选择开发了主要针对大学生市场的小型冰箱，发展到现在，海尔的小型冰箱已经在美国拥有了 25%的市场份额。

（3）另辟蹊径式定位。如图 7-13 所示，另辟蹊径式定位又称独坐一席定位。这种定位方式，是指企业意识到很难与同行业竞争对手相抗衡从而获得绝对优势地位，也没有填补市场空白的机会或能力时，可根据自己的条件，通过营销创新，在目标市场上树立起一种明显区别于各竞争对手的新产品或新服务。

📖 **实例 7-18**　面对可口可乐和百事可乐在可乐市场的垄断，七喜汽水突出宣传自己不含咖啡因的特点，把自己定位为“非可乐”饮料，与可口可乐和百事可乐建立起区隔。它又请球星麦格罗在银幕上现身说法，在这一广告中，多种饮料排列在一起，其中有可口可乐、百事可乐、七喜等。麦格罗先问大家哪一种饮料不含咖啡因，然后，他一一指着不同的品牌说：“不是这种，不是这种，也不是这种。”最后，他喊道：“就是这一种！七喜汽水不含咖啡因，将来也不含咖啡因。”七喜的进攻非常有效，它打到了人们的心坎上，所以，它的销量节节上升，很快获得成功，成为碳酸饮料市场上第三大品牌。

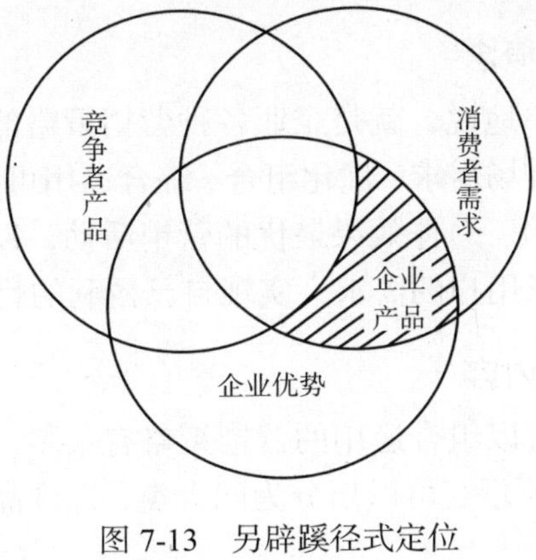

图 7-13　另辟蹊径式定位

（4）改头换面式定位。改头换面式定位，又称重新定位，是指企业最初选择的定位战略不科学、不合理、营销效果不明显，继续实施下去很难成功获得强势市场地位时，经过系统分析后及时采取的更换品牌、更换包装、改变广告诉求策略等一系列重新定位方法的总称。

📖 **实例 7-19** 万宝路刚进入市场时，是以女性作为目标消费者的，它的口味也是特意为女性消费者而设计的：淡而柔和。为此它推出的广告口号是：像五月的天气一样温和。从产品的包装设计到广告宣传，万宝路都致力于明确的目标消费群——女性烟民。然而，万宝路香烟的销路始终平平。后来，广告大师李奥贝纳为其做广告策划时，决定沿用万宝路品牌名对其进行重新定位。他将万宝路重新定位为男子汉香烟，并将它与最具男子汉气概的西部牛仔形象联系起来，吸引所有喜爱、欣赏和追求这种气概的消费者。通过这一重新定位，万宝路树立了自由、野性与冒险的形象，在众多的香烟品牌中脱颖而出。从 20 世纪 80 年代中期到现在，万宝路香烟一直居世界各品牌香烟销量首位，成为全球香烟市场的领导品牌。

3．准确地传播企业的定位观念

企业市场定位的最终目的是在目标消费者心目中塑造一种富有个性的独特形象。因此，企业在做出定位决策时，还必须大力开展广告宣传活动，把企业的定位观念准确地传播给目标市场，从而在目标市场消费者心目中形成独特的、印象鲜明的形象。例如，提到去头屑，人们马上想到海飞丝；提到可乐，人们首先想到可口可乐等。这都是企业定位成功、宣传到位的例证。

📖 **实例 7-20** 2003 年 8 月，一条色调热烈、气氛喜庆的“怕上火，喝王老吉”的电视广告在央视热播。“王老吉凉茶”从“清凉解毒去暑湿”的药饮产品重新定位为“预防上火的凉茶饮料”，不仅打破了“凉茶”在两广地区消费的地域概念局限，还可消除中国人心目中“是药三分毒”的顾虑，使红色王老吉成为能被全国市场接受的主流饮品，成功地拓展了消费群和消费量。

7.4.3 市场营销组合策略

1．市场营销组合策略的概念

市场营销组合策略，简单地说，就是企业各种营销策略的组合运用。具体地说，就是企业针对自己所选定的目标市场需求，优化组合、综合运用可以利用的各种市场营销策略，开展有针对性的、行之有效的、总体效果最优的营销活动，以更好地实现自己的各种营销目标，最终通过满足目标市场用户的需求，实现自己盈利的目的。

2．市场营销组合策略的内容

市场营销活动中，企业可以组合运用的营销策略有很多，而且不断创新产生许多新的营销工具或手段。如图 7-14 所示，可以划分为四大类，即产品策略（Product Strategy）、价格策略（Price Strategy）、渠道策略（Place Strategy）和促销策略（Promotion Strategy），简称 4P 策略或 4Ps。所谓市场营销组合策略，也就是这四个“P”策略的优化组合与搭配，它体现了企业的系统营销思想。

图 7-14　市场营销组合策略

3. 市场营销组合策略的特点

市场营销组合策略具有可控性、复合性、动态性和整体性的特点。也就是说，市场营销组合策略中的各种因素对企业来说，都是可以控制的。但这种可控性也是相对的，不仅受企业资源和营销目标的制约，而且还要受各种微观和宏观环境因素的影响和制约。营销管理的任务就是适当安排营销组合，使之与不可控制的环境因素相适应。市场营销组合策略中的各种因素又是一个多层次的复合结构，其中每个 P 策略又包括许多具体的策略，每个具体的策略又包括许多更为具体的小策略。营销管理不仅要安排好四个 P 之间的适当搭配，而且要安排好每个 P 策略内部的最优搭配；同时，市场营销组合策略又是一个动态的整体性的组合，营销管理必须随着不可控环境因素的变化灵活地组合、搭配与运用各种营销策略。

实例 7-21　30 多年前，陈国豪还是一位走街串巷、替人做木工活计的木匠。改革开放后，他率众徒弟开办了一个家具作坊，生产各类木质家具、农具。作坊效益好，不用几天，就会产生一大堆下脚料，陈国豪把这些下脚料廉价卖给乡邻们的豆腐厂做柴火。怎样才能使下脚料创造出更高的价值呢？陈国豪动起脑筋。20 世纪 80 年代初，《阿信》和《血疑》等日本电视剧开始在国内热播，剧中日本人所穿的木屐引起了陈国豪的注意。难道日本人都喜欢这些硬邦邦、走起路来叭叭作响的木头拖鞋？如果真是这样，那像木屐那样大的下脚料就派上大用场了。

陈国豪兴奋无比。他随即通过各种渠道，对日本人的生活习惯和木屐的制作工艺进行了解，并设法从日本邮购回适合不同年龄段人穿的几十款木屐。两天后，他从废料堆里捡了两块下脚料，做成第一双木屐。试穿一天后，陈国豪发现了一个缺点，从日本买回来的那些木屐的底都是实心的，穿了袜子穿着它，会让人觉得很滑，脚底也容易出汗。

于是，他把自己的木屐打了许多小孔，这样一来，不但减少了脚底与木屐的滑度，也使脚底更加透气、舒适。按照这个思路，陈国豪专门成立了一个木屐生产车间，三个月以后，生产出第一批共 3 000 双木屐送到日本销售，因为路途遥远，陈国豪将这些木屐命名为“远洋”牌。这些鞋底打孔的木屐受到日本消费者的欢迎，没几天就被抢购一空。

初步的成功让陈国豪兴奋不已，他把一些更小的下脚料，经过紧密的拼接做成木屐。不仅牢固程度没打折扣，反而形成一种自然、养眼的花纹，让人耳目一新。

陈国豪了解到，日本越来越多的人在家里铺设木地板，走路时，木屐直接与木地板接触不仅会产生很大的声响，还会对木地板造成损坏。这一次，在打孔的基础上，他还给木屐的底部粘贴了一层木色牛筋，这样一来，难题迎刃而解。

第二批共 7 000 双木屐送到日本，比第一批卖得更快。中国的“远洋”，渐渐成为一个让日本人关注的中国品牌，找上门来的日本代理商更是络绎不绝。看到自己的产品在日本大受欢迎，陈国豪立刻把自己在木屐上所做的那点小改进在日本申请专利，在保护产品和市场的同时，继续不断创新。

20 多年过去了，当初的木屐车间早已成为一家大型木屐生产公司。

【职业知识检测】

1．名词解释

目标市场营销战略　市场细分　目标市场　无差异营销战略　集中性营销战略　反市场细分　差异性营销战略　市场定位　地理细分　人口细分　产品大量化营销

2．填空题

（1）市场营销组合策略具有（　　）、（　　）、（　　）、（　　）的特点。

（2）企业的市场定位工作一般应包括三个步骤：一是（　　）；二是（　　）；三是（　　）。

（3）企业的市场营销战略大致经历了三个阶段，即（　　）、（　　）、（　　）。

（4）企业可以组合运用的营销策略可以划分为四大类，即（　　）、（　　）、（　　）、（　　），简称 4P 策略或 4Ps。

（5）企业常用的定位战略主要有（　　）、（　　）、（　　）、（　　）四种。

（6）企业可以选择的目标市场营销战略有三种，即（　　）、（　　）、（　　）。

（7）企业目标市场选择战略主要有五种，即（　　）、（　　）、（　　）、（　　）、（　　）。

3．选择题

（1）一名路人因口渴在路旁买了一瓶饮料，结果发现口味非常好。几天后，他外出时又口渴了，本想再买一瓶这种饮料来喝，但当他走进商店，面对货架上琳琅满目的各种品牌（商标）的饮料时，却怎么也想不起来前几天喝过的是哪一种饮料了，最后只好随便买了一瓶来解渴。请对此事发表你的见解。（　）

A. 说明产品质量、性能的重要性。如果这种饮料的口味再好些，其商标也许就会使人过目不忘了。

B. 说明树立商品品牌形象对促销来说至关重要，一旦消费者对商品品牌建立了深刻印象，即使商品质量达不到一流，也能吸引消费者将其作为购买的首选目标。

C. 一个好的产品如果没有建立好的商标形象，消费者将无法记忆，更无法重复购买，产品也将被淘汰。

D. 在市场上有许多质量相差无几的同类商品相互竞争的情况下，良好的商标形象所能创造出的附加价值是不可忽略的。

（2）人们普遍重视并成为消费者市场最常用的细分标准的是（　　）。

A. 心理因素　B. 地理因素　C. 人口因素　D. 行为因素

（3）企业同时向几个细分市场销售同一种产品，这种选择目标市场的战略的是（　　）。

A. 市场专业化　B. 产品—市场集中化　C. 产品专业化　D. 选择性专业化

（4）七喜汽水突出宣传自己不含咖啡因的特点，成为非可乐型饮料的领先者，这属于（　　）定位战略。

A. 填空补缺　B. 针锋相对　C. 另辟蹊径　D. 改头换面

（5）对服装经营者来说，（　　）目标市场营销战略是最不适宜的。

A. 无差异性　B. 差异性　C. 集中性　D. 产品差异化

（6）按照消费者的品牌偏好程度对消费者进行细分，属于（　　）战略。

A. 人口细分　B. 地理细分　C. 心理细分　D. 行为细分

（7）市场营销组合的核心是（　　）。

A. 产品策略　B. 价格策略　C. 渠道策略　D. 促销策略

（8）按照消费者的购买动机对消费者市场进行细分，属于（　　）战略。

A. 人口细分　B. 地理细分　C. 心理细分　D. 行为细分

（9）企业在一个细分市场上取得良好的经营效果时，能起到以点带面作用的是（　　）目标市场营销战略。

A. 无差异性　B. 差异性　C. 集中性　D. 产品差异化

（10）新产品刚刚上市，采用下述（　　）目标市场营销战略较为适宜。

A. 无差异性　B. 差异性　C. 集中性　D. 产品差异化

（11）要求细分出来的市场范围比较明晰，能大致判断该市场的大小，这是指市场细分原则中的（　）。

A. 可衡量性　B. 殷实性　C. 可进入性　D. 稳定性

（12）目标市场是指（　　）。

A. 限定于一个单一的细分市场

B. 企业向各类顾客同时供应一种规格或样式的产品

C. 为同一个顾客群提供数种不同规格或样式的同类产品

D. 企业准备为之提供产品和服务的顾客群

（13）无差异性目标市场营销策略主要适用于（　　）。

A. 企业实力较弱　　B. 产品性质相似

C. 市场竞争者多　　D. 消费需求复杂

（14）B 公司生产一种新型自行车，准备根据市场反馈情况及时调整有关部门经营策略。你认为下列哪项措施最有利于改进新型自行车销售业绩的反馈控制（　　）。

A. 加强原材料的进货检验

B. 提高公司对新产品销售变动影响因素的分析能力

C. 改进销售公司的通信条件

D. 加强销售宣传工作

4．简答题

（1）企业市场营销战略的演变过程经历了哪几个阶段？

（2）市场细分的依据有哪些？市场细分对企业有什么好处？

（3）判别市场细分有效性的标准有哪些？

（4）目标市场选择战略有哪些？试举例说明。

（5）市场营销组合策略由哪些策略组合而成，具有哪些特点？

（6）企业选择目标市场营销战略应考虑哪些因素？

（7）市场定位的步骤有哪些？企业可以实施的市场定位战略有哪些？

【职业技能训练】

1．方案策划

试为下列产品选择一个市场细分的有效方法：

照相机、咖啡、汽车轮胎、自行车、饮料、计算机、运动球鞋。

2．分析讨论

目标市场营销战略有哪些类型？各有何优缺点？各自适用于哪些企业？

3．案例分析

美国派克公司是世界闻名的跨国公司。它创建于 1886 年，经过 100 多年的发展，在世界各地设有 12 家分公司、120 多个销售商和独家经销商，产品行销 154 个国家和地区。但是，自 20 世纪 80 年代以来，派克公司却连年亏损，以至于在 1985 年 2 月被其在英国的经理集团收购。

有关专家认为，经营决策失误是派克公司经营状况江河日下的主要原因。过去，派克公司以生产优质、高档的钢笔而享誉世界各地，派克金笔曾被许多人用来显示自己的身份与地位。到 20 世纪 80 年代，美国克劳斯钢笔公司向派克公司发起进攻，大量生产新型的高档钢笔。派克公司的主管人员为在竞争中取胜，做出了一个错误的决策：将公司生产重点由优质、高档钢笔转向廉价的低档钢笔。结果，派克公司的形象受到严重损害，许多失望的消费者转而去购买克劳斯等公司生产的钢笔，而派克公司开拓生产的廉价钢笔又无法适应消费者的特点，不能吸引新的消费者。在这种情况下，派克公司完全丧失竞争优势，销售情况每况愈下，亏损日益增加，以至于 1984 年亏损额高达 500 万美元。

（1）派克公司由生产优质、高档钢笔转向生产廉价、低档钢笔的决策属于（　　）。

A. 战术决策　　B. 战略决策　　C. 业务决策　　D. 管理决策

（2）派克笔的竞争优势在于（　　）。

A. 高档钢笔市场　　B. 低档钢笔市场　　C. 钢笔市场　　D. 均无优势

（3）派克公司失误属于（　　）营销战略失误。

A. 市场细分　　B. 市场定位　　C. 价格策略　　D. 企业形象

（4）案例中，克劳斯向派克发起进攻，运用的是（　　）。

A. 产品策略　　B. 价格策略　　C. 渠道策略　　D. 促销策略

（5）派克公司的失误说明以下道理，但除了（　　）。

A. 良好的声誉是一笔无形财富，不可轻易放弃

B. 企业在做出重大决策时一定要认真分析市场需求

C. 一个公司在经过长期顺利发展后，必然走向衰退

D. 消费者需求是现代市场营销的出发点

（6）派克公司产品线延伸策略属于（　　）。

A. 向上延伸　　B. 向下延伸　　C. 双向延伸　　D. 水平延伸

4. 模拟实训

（1）全班同学每人在粉色卡片上写一件产品名称，在红色卡片上写一任意词汇；老师收回卡片后，将卡片按颜色分成两组；每位同学从老师手中抽取两种颜色的卡片各一张；要求同学用红色卡片上的词汇，为粉色卡片上的产品设计一句广告词；根据创意性、关联性评定成绩。

（2）全班同学每人在粉色卡片上写一件某品牌产品名称，在红色卡片上写一句歌词、古诗词、对联或经典广告词；老师收回卡片后，将卡片按颜色分成两组；每位同学从老师手中抽取两种颜色卡片各一张；要求同学与红色卡片上的文字对仗，为粉色卡片上的产品设计一句广告词；根据创意性、关联性评定成绩。

第8章 产品策略

人叫人千声不语，货叫人不语自来。

——我国民间商业谚语

如果顾客不需要你的产品或服务，那么笑容再灿烂也无济于事。

——卡尔·西威《终身顾客》

学习目标

☑ 重点掌握产品的整体概念、产品组合策略、品牌与商标的概念。
☑ 重点理解产品寿命周期各阶段的特点以及企业应采取的营销对策。
☑ 理解并能有效运用各种品牌策略、新产品开发策略及包装策略。

CASE

【任务导入】送茶叶的小故事

张三一直喜欢喝20块便宜的茶叶。有一家新开的茶店，每次张三去买茶叶，老板都送他半两好茶。张三将好茶攒着待客。一天闲来无事泡壶好茶，竟然喝上了瘾。喝完免费的好茶，张三便不愿喝20块便宜的茶业了。

后来，不管他买多贵的茶叶，老板总是送他半两更好的茶叶。半年下来，张三花在茶叶上的钱是原来的十倍！

启示：营销，比的是头脑，是心理；是对市场的灵活掌握，以及对心理的精准把握。

——摘自《世界经理人》

8.1 产品概述

8.1.1　产品的整体概念

市场营销学所讲述的产品概念是一个整体概念，是指在商品交换活动中，企业为消费者提供的能满足消费者需求的所有有形或无形因素的总和。市场营销界习惯于将产品整体概念概括为核心产品、形式产品和附加产品三个层次。近年来，菲利普·科特勒等学者进一步认为，产品整体概念可以概括为五个层次，如图 8-1 所示。

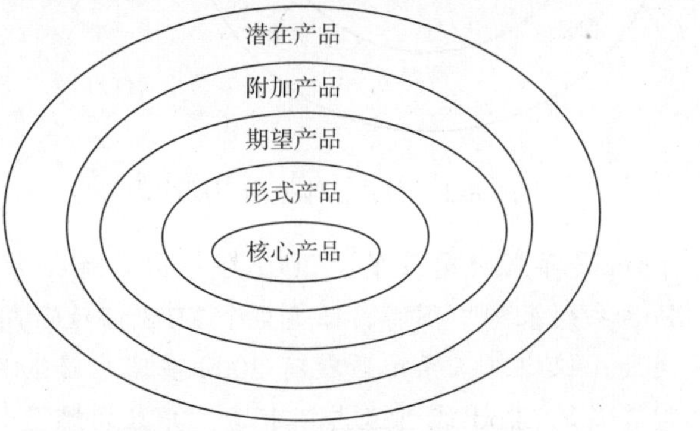

图 8-1　产品整体概念各层次

1．核心产品：产品的核心利益或基本价值

核心产品，是指消费者希望通过交换活动得到的最为核心或最为基本的效用或利益，是产品整体概念中最基本、最主要的部分。例如，消费者购买计算机并不是为了获得一个带有显示屏、装有各种部件的机器，而是为了获得能满足自己学习、工作、娱乐等方面需要的效用。可以说，对于普通消费者来说，他们只是把计算机当作一个黑匣子，具体技术原理他们可能列举不出多少，但希望计算机提供给自己什么效用，他们却可以列举出许许多多。

实例 8-1　1979 年，帅牌制锁公司请来著名的专业射击手杰姆·贝尔进行了一次实弹射击。他用杀伤力很大的狙击步枪对准 40 把帅牌挂锁，对每把锁打两枪，子弹在锁中心打出了两个半英寸深的大洞，结果只有一把锁中枪后弹开，其余 39 把锁仍然锁口紧闭。公司根据这次实验策划了一次全国性的广告宣传，声称电影中的警察常用枪击打开挂锁，但在帅牌挂锁面前，警察也无可奈何。后来警察、记者都进行了对比实验，结果仍是如此，经媒体报道后帅牌挂锁更加走俏市场。

2．形式产品：产品的实体存在形式或外在表现形式

形式产品，是指核心产品价值借以存在并传递给消费者的具体形式或外在表现形式。如图 8-2 所示，形式产品主要由产品的质量（又称品质、材质）、特色、款式（又称式样）、品牌（又称商标）、包装五大因素构成。对于服务产品来说，形式产品则由服务的程序、服

务人员、地点、时间、品牌等构成。

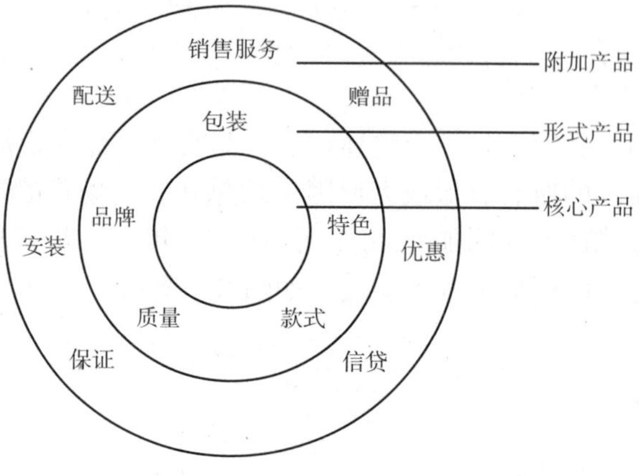

图 8-2　产品整体概念三层次内容

实例 8-2　iPod 是苹果公司最早于 2001 年推出的随身听产品，大约在 2003 年左右进入中国市场。iPod 系列来到中国时，正是整个 MP3 播放器同质化竞争最激烈、市场严重萎缩的时候。同期，仅仅珠三角地区就有 2000 多家生产 MP3 的企业倒闭。那为什么价格高出其他品牌许多的 iPod 能迅速占领市场，并且始终盈利呢？除了 iPod 本身的品牌以外，很重要的原因之一就是它优秀的产品设计，让中国消费者除了产品功能外，还愿意为产品的外观价值买单。

3．期望产品：消费者所期望的一整套属性或条件的利益

期望产品，是指购买者购买产品时期望得到的与核心产品密切相关的一整套属性和条件。例如，旅馆的客人除希望得到“休息和睡觉”的利益外，还期望得到清洁的床位、洗浴香波、浴巾、衣橱、电话、电视、上网、安静的环境。

4．附加产品：随购买行为发生而延伸产生的附加利益

附加产品又称延伸产品，是指消费者购买前三个层次产品时，附带获得的各种利益的总和。它是生产者为了满足消费者因获得前三个层次产品利益而派生出的延伸性需求而提供的产品或服务的总称。如图 8-2 所示，它通常包括销售服务、保证、优惠、信贷、配送、安装、赠品等内容。

5．潜在产品：满足消费者潜在需求的超值利益

潜在产品，是指产品最终可能的所有增加和改变的利益。它是在核心产品、形式产品、期望产品、附加产品之外，能满足消费者潜在需求的、尚未被消费者意识到、或者已经被意识到但尚未被消费者重视或消费者不敢奢望的一些产品价值。它与附加产品的主要区别是：顾客没有潜在产品仍然可以很好地满足其现实需求，但得到潜在产品，消费者的潜在需求会得到超值的满足，消费者对产品的偏好程度与忠诚程度会得到大大强化。

8.1.2　产品的类别

1．按照产品的具体形态划分

按照产品的具体形式划分，可以划分为实体产品、无形产品和服务三大类。实体产品是以能看得见、摸得着的有形实体为存在形式的产品；无形产品是不具实物形态的产品，具体包括技术专利、知识产权等无形资产和数字化信息产品；服务则是不具实物形态、直接由人的劳动向消费者传递利益与价值的产品形式。

2．按照消费者购买行为特征划分

按照消费者购买行为特征划分，可以划分为下列四种类型，如图 8-3 所示。

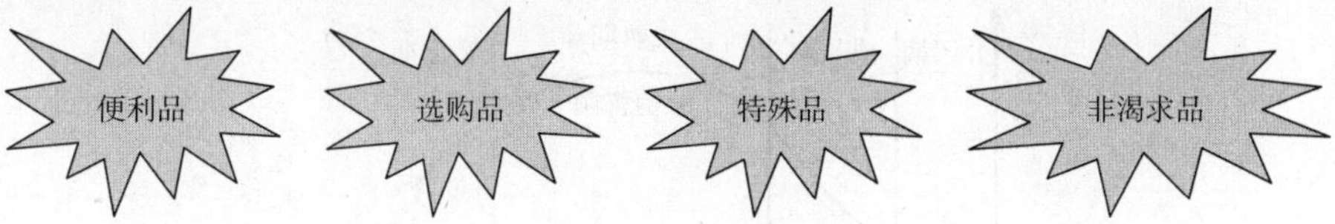

图 8-3　按照购买行为划分的消费品类型

（1）便利品。便利品又称日用品，是指那些消费者经常购买、随时购买、即用即买、就近购买、追求便利、购买时不需或不愿花费太大精力去比较选购的产品。所以出售这些商品的商店，多数设在住宅区的便利店，并采取广泛分销的渠道模式。

便利品还可以进一步区分为三种：一是常用品，是消费者经常购买的日用品，品牌的偏好是决定消费者迅速选择的因素；二是冲动购买品，消费者对这种商品往往不是刻意寻找，而是凭一时冲动才购买，所以这些商品通常放在适当地点的商店内最明显的地方，或由专门的商店出售；三是急需品，当消费者紧急需要时所购买的便利品，如突遇大雨时的雨伞、生病时的各种对症药、旅游景点的照相摊位。一般来说，急需品的销售应广泛分销，以便消费者可以随处随时地购买。

（2）选购品。选购品是指消费者在选购商品过程中，愿意投入许多精力和时间进行认真选购的产品。选购品可以进一步划分为同质产品和异质产品。同质产品是在质量、款式、规格等方面没有太大差异的产品，生产和出售这类商品的企业要注意服务水平的提高；异质产品是在质量、款式、规格等方面具有较大差异的产品，消费者选购商品主要以自己的偏好为出发点，这类商品销售的关键在于花色、款式、色彩等方面要符合消费者的爱好，在商业区要有足够的销售点，便于消费者的比较和挑选。

（3）特殊品。特殊品是指那些具有独特的品质、风格、造型、工艺等特性，或品牌为消费者特别偏爱，消费者习惯或愿意多花些时间与精力购买的商品。这类商品不是消费者普遍需要的，如古董、手工艺品、名贵字画、高级乐器等。这些商品的出售点不在多，而在高知名度和高服务水平。

（4）非渴求品。非渴求品是指消费者目前不知道，或者即便知道也不会轻易购买的产品，某些特效新药等。有关顾客在未看到产品广告之前并不知道有这种产品，这就属于非渴求品，至于知道而一般情况下不打算购买的产品，最典型的例子是人寿保险、墓地、墓碑和百科全书。由于这些产品非常特殊，所以要求通过广告及人员推销这些方式，做出大量的市场营销努力。

8.2 产品市场寿命周期策略

8.2.1 产品市场寿命周期的概念

在市场营销学里，产品从投入市场到最终退出市场的全过程称为产品的市场寿命周期，这一过程可以用一条曲线来表示，称为产品寿命周期曲线。典型的产品寿命周期一般可划分为四个阶段，即介绍期（又称导入期）、成长期、成熟期、衰退期，如图 8-4 所示。

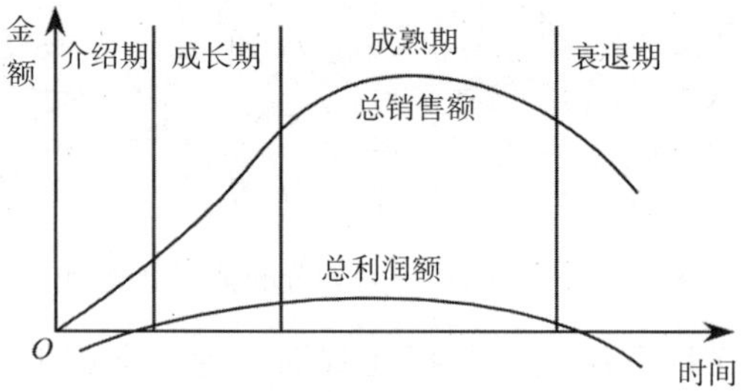

图 8-4　产品寿命周期

产品市场寿命周期各阶段的划分是相对的，很难硬性规定出具体的数量界限，通常是以产品销售额和利润额的显著变化为依据划分的。在产品寿命周期的不同阶段，产品的市场占有率、销售额、利润额是不一样的。介绍期产品销售量增长较慢，利润额多为负值。当销售量迅速增长，利润由负变正并迅速上升时，产品进入了成长期。经过快速增长的销售量逐渐趋于稳定，利润增长处于停滞，说明产品成熟期来临。在成熟期的后一阶段，产品销售量缓慢下降，利润开始下滑。当销售量加速递减，利润也较快下降时，产品便步入了衰退期。

8.2.2 产品市场寿命周期各阶段的特点及相应策略

产品市场寿命周期各阶段特点如表 8-1 所示。针对各阶段特点，企业应该采用有针对性的营销策略，以获得理想的营销效果。

小结

表 8-1　产品市场寿命周期各阶段特点和相应营销策略

特点＼阶段	介绍期	成长期	成熟期	衰退期
销售额	很低	迅速增长	最高	迅速下降
销售增长速度	缓慢	最快	减缓至零	负
成本	高	降低	最低	有所增加

续表

特点＼阶段	介绍期	成长期	成熟期	衰退期
利润	低或亏损	迅速增加	最高	低或亏损
竞争者数目	很少或无	逐渐增多	相对稳定、开始减少	减少
顾客类型	领先采用者	早期采用者	多数采用者	滞后采用者
战略重点	快	争	保	转
营销目标	建立知名度 加快推广速度 缩短介绍期 推出品牌	形成美誉度 提高增长速度 圈占市场份额 创出名牌	巩固市场地位 维持市场份额 开发新产品 延长成熟期 保护名牌	当机立断 妥善处理 更新换代 品牌延伸

1．介绍期

（1）介绍期的特点。介绍期的特点主要表现为：新产品刚投入市场，顾客对产品还不太了解，只有少数追求新奇的顾客可能购买；销售网络还没有全面有效地建立起来，销售增长缓慢，销售量很低；生产技术还有待完善，产品质量还不够稳定；前期投入大量开发成本，还必须继续追加高额的促销费用，企业通常处于亏损或微利状态；同类产品的生产者较少，竞争不激烈。

（2）介绍期营销策略。介绍期企业营销策略的总思路可以概括为：加大推广力度，缩短介绍周期，推出品牌，突出一个“快”字。如表 8-2 所示，从促销和价格两个方面考虑，介绍期主要有以下四种组合策略可供选择。这四种策略的适用条件如表 8-3 所示。

表 8-2　介绍期价格—促销组合策略

促销力度＼价格水平	高	低
高	快速撇脂策略	快速渗透策略
低	缓慢撇脂策略	缓慢渗透策略

1）快速撇脂策略。以高价格、高促销投入的方式推出新产品，以达到快速扩大销售、取得较高市场占有率、快速收回投资的营销目的。这种策略的适用条件是：产品有特色但知名度不高；市场潜力较大但目标顾客需求急切；潜在的竞争威胁较大，企业需尽快树立品牌形象。

2）缓慢撇脂策略。以高价格、低促销投入的方式推出新产品，以实现获取丰厚利润的营销目标。这种策略的适用条件是：市场规模有限；产品独特且已有一定的知名度；目标顾客愿意支付高价；潜在的竞争威胁不大。

3）快速渗透策略。以低价格、高促销投入的方式推出新产品，以实现快速占领市场、获得高市场占有率、取得规模效益的营销目标。这种策略的适用条件是：市场潜力很大，顾客对产品不十分了解；潜在顾客对价格十分敏感；潜在竞争对手的威胁较大；单位成本有可能随销售规模扩大而大幅下降。

4）缓慢渗透策略。以低价格、低促销投入的方式推出新产品。低价格可扩大销售量，少量促销费用可降低营销成本，增加利润。这种策略的适用条件是：市场潜在规模很大，顾客对此产品比较熟悉；顾客对价格十分敏感；潜在的竞争威胁不是很大。

小结

表 8-3　价格—促销组合策略适用条件比较

项　目	产　品		市　场		潜在的竞争威胁
	特性	知名度	扩散速度	需求弹性	
快速撇脂策略	强	较低	快速	小	大
缓慢撇脂策略	强	较高	缓慢	小	小
快速渗透策略	弱	较低	快速	大	大
缓慢渗透策略	弱	较高	缓慢	大	小

2．成长期

（1）成长期的特点。顾客对产品已经熟悉，大量新顾客开始购买，形成较大的市场需求，销量大增；产品质量、性能趋于稳定；随着生产规模扩大，成本显著降低；由于产量和销量迅速增加，成本下降，企业扭亏为盈，利润迅速上升；许多竞争者看到有利可图，进入市场参与竞争。

（2）成长期营销策略。成长期企业营销策略的总思路可以概括为：抢占市场份额，加快推广速度，创出名牌，突出一个“争”字。具体而言，企业可以采取的营销策略主要有以下几个方面。

1）产品策略方面。从质量、性能、品种、式样、规格、包装等方面改进和完善产品，从而提高产品的竞争能力，吸引更多的顾客，使产品保持更长久的成长期。

2）渠道策略方面。开拓新的销售渠道，增设销售网点和经销代理机构，扩大产品的销售面。同时，加强产品的销售服务工作，以巩固市场，提高市场占有率。

3）促销策略方面。在成长期，促销重点是宣传产品的特色，运用产品定位策略，树立产品形象，建立品牌偏好，维系老顾客，吸引和发展新顾客。

4）价格策略方面。选择适当的时机降低产品价格，既可以争取那些对价格比较敏感的顾客，又可以冲击竞争对手。

3．成熟期

（1）成熟期的特点。产品销售量增长缓慢，市场需求量逐渐趋于饱和；生产量很大，生产成本降到最低程度；产品的服务、广告和推销工作十分重要，销售费用不断提高；利润达到最高点，并开始下降；很多同类产品进入市场，市场竞争十分激烈。

（2）成熟期营销策略。成熟期企业营销策略的总思路可以概括为：巩固市场地位，延长成熟期限，护好名牌，突出一个“保”字。具体而言，成熟期企业的营销重点是维持市场占有率并积极扩大产品销量，争取利润最大化。如图 8-5 所示，企业可以采取的营销策略有以下三个方面。

图 8-5　成熟期营销策略

1）市场改良策略。具体而言主要有三个方面的措施：发现产品的新用途，将产品打入新的细分市场；寻求能够刺激老顾客，增加产品使用率的方法，如“冬天喝热露露”的广告宣传，改变了顾客认为饮料只在夏季饮用的意识，从而增加露露的销售量；市场重新定位，寻求新的顾客，如向顾客介绍爽身粉不仅儿童可以用，成年人也可以用。

2）产品改良策略。具体包括质量改进、特色改进、式样改进和服务改进四个方面的措施。

3）营销组合改良策略。主要指通过改变定价、渠道及促销方式来延长产品的成长期和成熟期。

4．衰退期

（1）衰退期的特点。产品技术已经老化，缺点逐渐暴露；产品销售量迅速下降，甚至出现积压；产品价格不断下降；企业获利很少，甚至亏损，部分企业因无利可图，被迫退出竞争；换代产品层出不穷、市场份额迅速扩大。

（2）衰退期营销策略。在衰退期，企业面临销售和利润直线下降、大量竞争者退出市场、消费者的消费习惯已发生转变等情况，此时，企业应突出一个“转”字。可供选择的营销策略有以下几个方面。

1）继续策略。企业继续原有的营销策略，保持原有的细分市场、销售渠道、定价及促销方式，直到这种产品完全退出市场为止。

2）集中策略。企业把各种资源集中到最有利的细分市场上，同时减少广告宣传规模和促销活动，维持一定的销售量。

实例 8-3　早在 20 世纪 60 年代，黑白电视机在发达国家就已经成为历史，电视机生产企业也逐步转向彩色电视机。近年来，外国人又发现，黑白电视机具有体积小、适用面广、对儿童视力没有影响等优点。于是，我国一些企业抓住这个市场机会，向发达国家出口黑白电视机，1999 年就达到 300 万台，取得了较为可观的效益。

3）收缩策略。大幅度降低促销投入，收缩营销战线。

4）放弃策略。当机立断，放弃经营，退出市场。既可以采取完全放弃的方式，也可以采取逐步放弃的方式，使其所占用的资源逐步转向其他产品，力争使企业的损失减少到最低。

在选择衰退期的营销策略时，要注意两种不正确的应变态度：一是仓促丢弃老产品，但换代新产品不能及时推向市场；二是盲目依恋老产品，而不着眼于新产品开发。

8.2.3 新产品开发策略

1．新产品的概念

市场营销学中所说的新产品是从市场和企业两个角度来认识的，它与因科学技术在某一领域的重大发展所产生的新产品不完全相同。从企业营销的角度来说，新产品是指在某个市场上首次出现的或企业首次生产销售的整体产品。产品整体概念中任何一部分的创新、革新和改良，都可视为新产品。

2．新产品的类型

根据新产品创新程度的高低，新产品可以划分为四种类型，如图 8-6 所示。

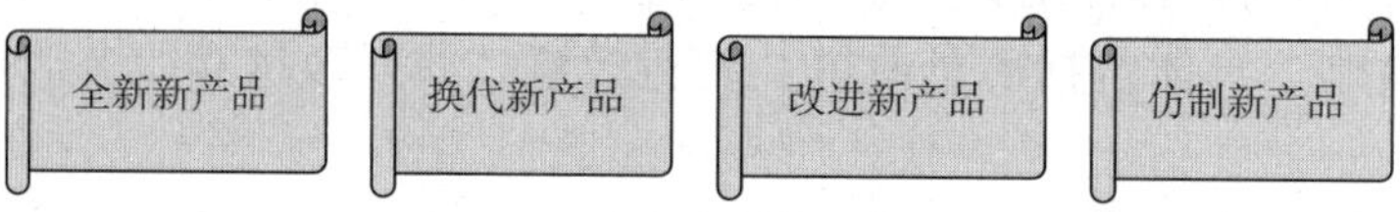

图 8-6　新产品的类型

（1）全新新产品。全新新产品，指应用新技术、新原理、新工艺或新材料研制出的市场上前所未有的产品。这种产品无论对企业或对市场来讲都属新产品。开发全新新产品通常需要大量的资金、先进的技术水平，并需要有一定的需求潜力，故企业承担的市场风险较大。

（2）换代新产品。换代新产品，指在原有产品的基础上，采用或部分采用新技术、新材料、新工艺研制出来的新产品，它使原有产品性能得到明显改进、质量得到明显提高。例如，洗衣机从单缸洗衣机发展到双缸洗衣机和全自动洗衣机，电视机由黑白电视机发展到彩色电视机、数字电视机。

（3）改进新产品。改进新产品，指对现有产品的质量、性能、结构、功能、包装、款式等方面加以全面或局部改进的新产品。这类产品与现有产品差别不大，产品性能并没有本质性或革命性的突破。例如，电熨斗加上蒸汽喷雾，电视机配置遥控开关。与换代产品相比，改进新产品更易于市场推广和被消费者接受，但容易被竞争者模仿。

（4）仿制新产品。仿制新产品，指对市场上已经出现的产品进行引进或模仿、研制生产出的产品。开发这种产品不需要太多的资金和尖端的技术，因此比研制全新新产品要容易得多。

实例 8-4　安徽合肥的“洽洽”是瓜子市场的领军品牌。安徽的“真心”和“洽洽”的关系，后者是前者之师，前者的发展踩着后者的足迹，主要表现为模仿和追随。

洽洽成功的因素之一就是它首创煮制工艺，并提炼出一句朗朗上口的广告语：“百煮口口香，吃了不上火。”真心自然传承了这种工艺，作为徽派企业，它们的口感非常接近，因此目标人群和目标市场完全一致，可以说真心已成为洽洽的一个替补。

洽洽是国内首家采用纸袋包装的炒货企业，中式竖形信封的设计、民俗色彩强烈的手写体文字，整个产品体现出简洁、醒目、典雅的文化风格。真心则在此基础上，首家采用了塑膜纸包装，包装采用淡灰色的基调，图案设计与洽洽相似，但是色泽搭配更具时尚性和休闲性。

洽洽瓜子另一个独具匠心的创造是专门精心设计了图文并茂、印刷精美的金陵十二钗、唐诗宋词和幽默风趣的文化卡片。真心把它演变成了促销刮奖卡，在每袋瓜子中都放有一、二、三等奖的刮奖卡，奖品小到 24 克装的小袋瓜子，大到 VCD、MP3、外地旅游等，这个更为实惠的兑奖卡使真心赢得了更多消费者的心。

除此之外，企业将现行产品投向新的市场，对产品进行市场再定位，或通过降低成本，生产出同样性能的产品，对市场或企业而言，也可以称为新产品。

3. 新产品开发的程序

开发新产品不但要有严密的组织和管理，还必须有一套完善、科学的程序，以避免和减少失误。一般来说，新产品开发的程序可以概括为以下八个阶段，如图 8-7 所示。

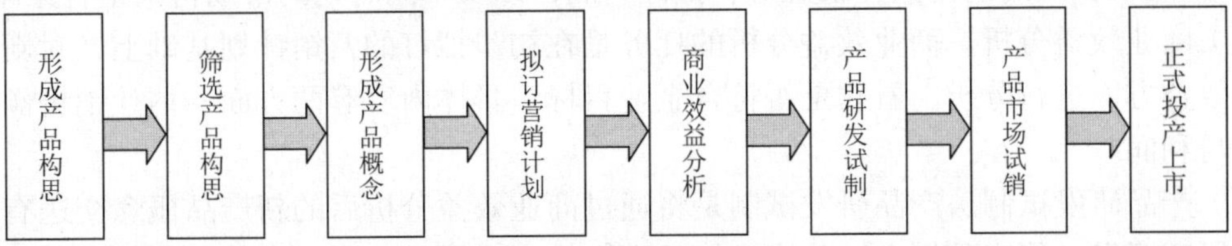

图 8-7　新产品开发的程序

（1）形成产品构思。新产品开发的第一阶段是形成构思。所谓构思，是指为满足某种市场需要而提出的新产品的设想。一个成功的新产品，首先来自一个有创造性的构思。新产品构思的来源很多，企业应集思广益，从多方面寻求产品的构思。主要的新产品构思来源有企业内部的技术人员与营销人员、顾客、竞争对手、经销商及其他。

（2）筛选产品构思。筛选产品构思就是对形成的大量新产品构思进行分析研究、比较评价，筛选出技术上可行、经济上合算、社会效益优良的新产品构思方案。对构思的筛选要避免两种失误：一是误舍，即将有希望的新产品构思舍弃；二是误用，即将没有前途的新产品构思付诸开发。不论是误舍还是误用，都会给企业造成重大损失，必须从本企业的实际出发，根据企业的具体情况决定取舍。

📖 **实例 8-5**　马应龙眼霜的缘起，在于 2006 年前后，网络和部分媒体均大规模报道马应龙主导产品麝香痔疮膏具有独特的去黑眼圈疗效，是消眼袋、祛黑眼圈的“偏方”。经研究发现，主导产品马应龙麝香痔疮膏所蕴含的配方对因血流不畅等原因引起的黑眼圈，以及水肿等原因引起的眼部浮肿和眼袋，具有显著的功效。马应龙因此研发了一款去黑眼圈的功效性眼霜，以契合消费者的潜在需求。2009 年 6 月，定价 168 元的马应龙八宝眼霜，没有按照传统的化妆品市场操作思路选择进驻商场或者超市，而是选择武汉地区的马应龙连锁药店，开始试销。马应龙八宝眼霜的药妆定位由此拉开。

（3）形成产品概念。经过筛选后的新产品构思，还要进一步形成比较完整的产品概念，即把新产品的构思具体化，用文字或图像描述出来，从而形成一种具有确定特性的产品形象。

一个产品构思可以转化为若干个产品概念。企业要从众多新产品概念中选出最具竞争力的最佳产品概念，这就要了解顾客的意见，进行产品概念测试。概念测试一般采用概念说明书的方式，说明新产品的功能、特性、规格、包装、售价等，印发给部分可能的顾客，有时说明书还附有图片或模型。概念测试获得的信息将使企业进一步充实产品概念，使之更适合顾客需要。

（4）拟订营销计划。新产品概念形成和通过测试后，必须拟订一个把这个产品推向市场的初步的营销计划，并在未来的发展阶段中不断完善。初步拟订的营销计划一般包括以下三部分内容。

1）描述目标市场的规模和结构，规划产品的市场定位，计划产品的销售量和市场占有率，估算市场利润和估测消费者购买行为。

2）描述新产品的价格策略、分销策略，以及第一年的营销预算。

3）描述较长期的销售额、收益率、目标利润，以及不同时期的市场营销组合策略。

（5）商业效益分析。商业效益分析的任务是在初步拟订的营销计划基础上，对新产品从商业效益方面进行分析，看它是否符合企业目标。具体内容有两方面：估计销售额和推算成本与利润。

（6）产品研发试制。产品研发试制是将通过商业效益分析后的新产品概念交送有关部门进行研究开发，将产品概念转化为具体的产品模型或样品，同时进行包装的研制和品牌的设计。研发试制出来的产品如果符合下列要求，则被视为在技术上和商业上具有可行性。

1）在顾客看来，产品具备了产品概念中列举的各项属性。

2）在正常使用条件下，可以安全地发挥功能。

3）能在规定的成本预算范围内生产出来。

（7）产品市场试销。产品投放市场后，能否受到顾客的欢迎，企业并无把握。为此，需要通过市场试销，即将产品投放到有代表性的小范围进行试验，观察其市场反应，以确定是否将产品大批量生产并正式投放市场。在试销的过程中，企业应注意收集销售渠道、广告宣传、价格、产品质量、新产品的试用率和重购率等方面的信息资料，以便为以后的营销决策提供依据。

（8）正式投产上市。新产品试销成功后，企业就可以正式批量生产与全面投放市场了。一旦决定大批投产上市，企业就需再次投入大量资金，支付大量费用。企业在此阶段应在投放时机、投放地区、目标市场选择、营销组合策略等方面慎重决策。

8.3 产品组合、品牌与包装策略

8.3.1 产品组合策略

1. 产品组合的概念

产品组合，又称产品结构或业务组合，即企业的业务范围与结构。它是指企业向目标市场所提供的全部产品或业务的组合或搭配。产品组合由产品线构成，产品线由产品项目组成。

企业所经营的所有产品根据某一分类标准可以划分成若干个产品大类，每个产品大类称作一条产品线。功能上相似、消费上具有连带性、供给相同的顾客群、有相同的分销渠道或属于同一价格范围的产品可以划为一条产品线。

每个产品大类中所包括的每种产品，即产品组合中各种不同品种、档次、质量、价格或其他属性的特定产品称作产品项目。

2. 产品组合决策四要素

产品组合决策，一般从产品组合的宽度、长度、深度和关联度等方面做出决策与规划。

（1）产品组合的宽度。产品组合的宽度，是指一个企业生产经营的产品大类的多少，即拥有多少条产品线。多则称之为宽，少则称之为窄。产品组合的宽度主要反映企业营销活动中所涉及的产品或业务面的宽窄问题。例如，表 8-4 中某企业共经营五大类产品，即有五条产品线，因此，其产品组合宽度为五。

表 8-4　产品组合举例

编　号	产品线	产品项目	项目数
1	家电	彩电　洗衣机　冰箱　微波炉　电饭锅　电熨斗　饮水机	7
2	服装	西服　夹克衫　T 恤　衬衫　羊毛衫　大衣　羽绒服　皮衣	8
3	鞋类	运动鞋　布鞋　皮鞋　凉鞋　旅游鞋　雨鞋　草鞋	7
4	帽子	制服帽　鸭舌帽　礼帽　女帽　童帽	5
5	图书	文学　艺术　经济　教育　计算机　医药　音乐　法律	8

（2）产品组合的长度。产品组合的长度，是指企业产品组合中包含在各条产品线中的所有产品项目的总数。产品组合的长度反映企业营销活动中所经营的产品项目内容的多少。多则称之为长，少则称之为短。表 8-4 中该企业经营的五大类产品中，共有 35 个具体产品项目，因此，其产品组合长度为 35。

（3）产品组合的深度。一条产品线中所包含的项目越多，说明企业经营的某一大类产品花色品种越齐全，开发的深度较大。所以，产品组合的深度是指企业产品组合中平均每条产品线所包含的产品项目数。表 8-4 中该企业经营 5 大类 35 项产品，平均每条产品线含 7 个产品项目，因此，其产品组合深度为 7。

（4）产品组合的关联度。产品组合的关联度，是指各条产品线在最终使用、生产条件、分销渠道或其他方面相互关联的程度。例如，表 8-4 中该企业 2、3、4 产品线关联度就比较大，但 1、5 产品线之间关联度就比较小。

3. 扩充产品组合策略

扩充产品组合策略，主要包括通过增加企业产品组合的宽度或增加产品组合的深度从而增加产品组合的长度两个方面的策略。第一，在原产品组合中增加一条或几条产品线；第二，在现有产品线内增加新的产品项目。当企业预测现有产品线的销售与利润在未来有可能下降，或不足以实现企业的发展目标时，就应考虑在产品组合中增加产品线，扩大产品经营范围；当企业打算增加产品特色，或为更多的细分市场提供产品时，则可通过在原有产品线增加新的产品项目来实现。此时，企业应使新增产品项目与原有产品项目有显著的差异，以避免新旧产品自相残杀。

4．缩减产品组合策略

缩减产品组合策略与扩充产品组合策略正好相反，是指企业减少产品大类数或减少某一产品线内的产品项目数，从而减少产品组合长度的策略。当整条产品线或产品线中的某些产品获利甚微或已无获利希望时，企业可以考虑采用此策略，以便集中资源经营那些获利大或经营前景好的产品线与产品项目。

5．产品线延伸策略

产品线延伸策略就是突破企业原有经营档次的范围，使产品线加长的策略。其实，产品线延伸策略是实现扩充产品组合策略的一种重要途径。如图8-8所示，可供选择的产品线延伸策略主要有以下三种。

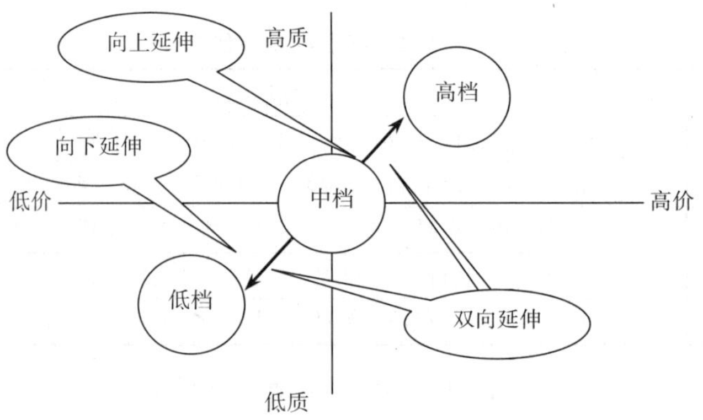

图8-8　产品线延伸

（1）向下延伸。向下延伸，是指有些生产或经营高档产品的企业逐步增加一些较低档的产品。当企业生产经营的高档产品由于种种原因，不能再提高销售增长速度，而且企业具备生产经营低档产品的条件，并且能最大限度避免向下延伸带来的风险时，可以采用该策略。

（2）向上延伸。向上延伸，是指企业原本只经营低档产品，现在逐步增加中高档产品或业务。它一般适合几种情况：一是高档产品有较高的销售增长率和毛利率；二是为了追求高中低档产品齐全的完整的产品线；三是以某些高档的产品来调整整条产品线的档次。

> 🕮 **实例8-6**　美特斯·邦威为了提升其原有的品牌形象，积极向中高档细分市场延伸，重新走出了一条不同寻常之路，那就是创立全新品牌——2008年8月28日，它在深交所上市，其新品牌ME&CITY同时华丽面市。美特斯·邦威推出ME&CITY的意图是借助新品牌，提升自己的品牌形象，做高端品牌，从原有的中低端休闲服装市场走向高端商务装。2010年3月8日，中国上海，美特斯·邦威品牌旗下最具创意的产品系列——MTEE于美特斯·邦威总部多功能厅举行其第一季作品的首轮发布会，呈现了与美国梦工厂（Dream Works）跨界合作的一系列创意无限的T恤款式。

（3）双向延伸。双向延伸，是指有些经营中档产品的企业，在一定条件下，逐渐向高档和低档两个方向延伸。这种策略可以加强企业的竞争地位，击退竞争者，赢得市场领先地位。

8.3.2　品牌策略

1．品牌的概念

品牌，即商品的牌子，是用来识别卖方产品或服务的名称及标志，通常由文字符号、图形图案、标记颜色等要素或这些要素的组合构成。其中能用语言发音表达的部分称作品牌名称，简称品名，如可口可乐（饮料）、柯达（胶卷）、长虹（电视机）等，它们主要产生听觉效果；其中不能用语言表达的部分称作品牌标志，简称品标，如凤凰自行车的凤凰图案、迪士尼乐园的米老鼠和唐老鸭图案，它们主要产生视觉效果。

按照国际惯例，商标是指按照法定程序向商标注册机构提出申请，经审查，予以核准，并授予商标专用权的品牌或品牌中的一部分。商标受法律保护，任何人未经商标注册人许可，皆不得仿效或使用。因此可以说，商标一定是品牌，但品牌不一定是商标。我国实践中，习惯上对商标与品牌并不做区分，而是把商标区分为注册商标与非注册商标两类，注册商标在其右上角一般标有 TM 或®或㊟符号，或标有“注册商标”字样。

品牌策略是企业营销活动策略的一项重要内容，常用的品牌策略如表 8-5 所示。

小结

表 8-5　品牌策略一览表

策　略	内　容
品牌设计策略	品牌标志设计、品牌名称设计
品牌保护策略	及时注册，类似商标注册，跨行业、品类注册，国际注册
品牌有无策略	有品牌策略、无品牌策略
品牌使用者策略	制造商品牌、中间商品牌、授权品牌、制造商与中间商品牌并存
品牌统分策略	统一品牌、个别品牌、分类品牌、企业名称加个别品牌、多品牌
品牌延伸策略	纵向延伸、横向延伸

2．品牌设计策略

品牌设计既是一门科学，又具有极强的艺术性。对一家企业来说，如果能给自己的产品起一个响亮的名字，对企业参与市场竞争、创出名牌都会有极大的好处。品牌设计策略一般包括品牌标志设计和品牌名称设计。具体来说，品牌设计应该遵循以下四项原则和六好要求。

四项原则是：简洁醒目，易读易记；构思巧妙，暗示属性；富蕴内涵，情意深重；避免雷同，超越时空。六好要求是：好听、好看、好记、好传、好念、好认。

📖 实例8-7　和世界上其他著名品牌一样，ZIPPO的设计和品牌命名是很和谐的。ZIPPO的品牌易读、易记，这是对其简单的设计理念的最佳阐释。在中国市场被称为“之宝”的ZIPPO打火机，70多年秉持“它管用”的设计理念，非但没有在打火机市场的烽烟中迷失自己，而且和牛仔裤、可口可乐一样，成了美国的标志。ZIPPO成功塑造了它“简单就好”的产品文化，奠定了它在打火机制造业的霸主地位。

3．品牌保护策略

（1）及时注册。国际上对商标权的认定，有两个并行的原则，即“注册在先”和“使用在先”。所谓“注册在先”，是指商标的专用权属于首先申请注册并获批准的企业或个人；“使用在先”，是指商标的专用权属于首先使用此商标的企业和个人。中国法律对商标权的认定坚持“注册在先”的原则。因此我国企业确定商标后，应该及时进行国内和国际注册，取得法律保护。

（2）类似商标注册。类似商标注册，就是注册与使用相同或相似的一系列商标。具体地说，就是注册一系列文字、读音、图案相同或相近的商标，保护正在使用的商标。

📖 实例8-8　红豆集团把与“红豆”中文发音相同、含义相近的“虹豆”“相思豆”等类似商标都进行了及时的注册；娃哈哈集团则把“哈哈娃”“哈娃娃”等类似商标进行了必要的保护性注册。

（3）跨行业、品类注册。目前，我国商标注册采用的是国际上通用的商标分类法，即把商品分成34个大类，服务行业分成8个大类。这样，同一商标就可以在42个类别上分别申请注册。根据情况，企业就需要把同一品牌在完全不同种类的产品或行业进行商标注册，防止他人在不同产品或行业上使用企业的商标。

📖 实例8-9　三九集团的“999”注册商标应用范围涉及三九集团八大产业。红豆集团在国内34类商品上全部注册了“红豆”商标。

（4）国际注册。如果企业有开拓国际市场的营销战略，还有必要在目标市场国进行商标注册，否则，在国际市场营销中必然受挫。

📖 实例8-10　“青岛啤酒”在美国被抢注；“同仁堂”“杜康”在日本被抢注；“竹叶青”在韩国被抢注；“阿诗玛”“红梅”“云烟”在菲律宾被抢注等。

4．品牌有无策略——是否使用品牌

（1）无品牌策略。20世纪70年代以来，西方国家的许多企业对某些消费品和药品不设计品牌，也不向政府登记注册，实行无品牌策略，其主要目的是节省包装、广告费用，降低价格，扩大销售。有些以规格划分的同质产品，顾客根据爱好选购的小商品，顾客习惯上不认牌购买的商品（如煤炭、布匹、玩具等），也不一定要使用品牌。

（2）有品牌策略。有品牌策略，又称品牌化策略。使用品牌无疑对企业有许多好处，品牌既有利于消费者识别不同生产者的商品，也有利于生产者进行商品的分类经营管理；

既有利于通过追究商标所有人的责任，保护消费者合法权益，也有利于企业保护自己的合法权益，避免他人假冒侵权；既有利于企业宣传推广自己特定品牌的产品，也有利于企业培养建立稳定的顾客群。因而，大多数企业一般都要进行品牌设计与注册，利用好商标这件市场营销利器。

5．品牌使用者策略——使用谁的品牌

（1）制造商品牌策略。制造商品牌策略就是谁生产用谁的牌子销售。具体而言，就是在整个营销流程中，使用的是产品生产者自己设计、注册并使用的商标。使用制造商品牌，有利于生产者积累品牌资产，形成持续稳定的市场竞争力。

（2）中间商品牌策略。简言之，中间商品牌策略就是谁经销使用谁的牌子。具体而言，就是生产者将自己的产品大批量销售给中间商，然后中间商使用自有品牌进行销售。

（3）制造商品牌与中间商品牌并存。有些生产者生产的产品一部分用自有品牌销售，一部分则提供给中间商，使用中间商品牌进行销售。

（4）授权品牌。营销实践中，有些生产者既不用自己的品牌销售产品，也不用中间商品牌销售，而是经过申请，获得一些知名品牌的授权，用经过授权后的品牌进行销售。

6．品牌统分策略——使用多少品牌

（1）统一品牌策略。统一品牌策略，即企业所有产品都统一使用同一个品牌。例如，美国通用电气公司的产品都使用“GE”这个品牌。采用此策略的好处是：可减少品牌设计费，降低促销成本，同时，如果品牌声誉很高，还有助于新产品推出。不足之处是：某一产品出问题，会影响整个品牌形象，危及企业的信誉。

（2）分类品牌策略。分类品牌策略，即企业依据一定的标准将产品分类，同一类产品使用相同的品牌。

> 📖 **实例 8-11**　健力宝集团，饮料类使用的品牌为“健力宝”，运动服装类使用的品牌为“李宁牌”。科龙集团有四个品牌：科龙、容声、华宝、三洋科龙。其中科龙为核心品牌，对应的产品种类也有四个，分别是洗衣机、冰箱、空调、冷柜。

（3）个别品牌策略。个别品牌策略，即企业同一类产品中的各种产品分别使用不同的品牌。例如，上海联合利华生产的牙膏名“洁诺”，洗衣粉名“奥妙”，等等。

（4）企业名称加个别品牌策略。企业名称加个别品牌策略，是指企业对其不同种类的产品分别使用不同的品牌，但在各种类产品品牌前面还冠以企业名称。这种策略的好处是：在各种不同新产品的品牌名称前冠以企业名称，可以使新产品享受企业的信誉，又可以使各种不同品牌的新产品保持自己相对的独立性。

（5）多品牌策略。多品牌策略，是指企业对同一种产品使用两个或两个以上的品牌。多品牌策略虽然会使原有品牌的销售量减少，但几个品牌加起来的总销售量却可能比原来一个品牌时要多。这一策略的优点是：使企业能针对不同细分市场的需要，有针对性地开展营销活动；采用此策略，各品牌之间联系松散，不会因个别产品出现问题、声誉不佳而影响企业的其他产品。缺点是：品牌较多会影响广告效果，易被遗忘。这种策略需要较强的财力做后盾，因此，一般适宜实力雄厚的大中型企业采用。

📖 实例 8-12　宝洁公司在中国市场的洗发香波就有四个品牌：海飞丝、飘柔、潘婷、沙宣。每个品牌都有其鲜明的个性，都有自己的发展空间，如海飞丝的个性为去头屑，飘柔的个性是使头发光滑柔顺，而潘婷的个性则在于对头发的营养保健，沙宣的个性是随意。四者在中国市场的总占有率高达 60%以上。

7．品牌延伸策略

品牌延伸是指企业利用其成功品牌的声誉来推出改进产品或新产品。

（1）纵向延伸。纵向延伸，是指企业先推出某一品牌，赢得一定市场声誉后，逐步推出新一代经过改进的该品牌产品。例如，宝洁公司在中国市场推出“飘柔”洗发香波后，逐步推出新一代“飘柔”洗发香波。

（2）横向延伸。横向延伸，是指企业把成功的品牌用于新开发的不同产品。例如，海尔公司先后向市场推出海尔品牌的冰箱、空调、电视机、计算机、手机等系列产品。

品牌延伸策略的优点是可以大幅度降低广告宣传等促销费用，使新产品迅速、顺利地进入市场。缺点是品牌延伸可能淡化甚至损害品牌原有的形象，使品牌的独特性被逐步遗忘。因此，品牌延伸策略的实施应谨慎行事。

📖 实例 8-13　三九集团进入啤酒行业的失败，就是品牌延伸背离品牌核心价值的结果。三九胃泰的核心价值在于“爱惜生命，关怀健康”，而三九啤酒的出现是对原有品牌的损害。又如，以生产味精闻名的莲花集团，其在味精市场上的占有率高达 80%，却将莲花品牌延伸到了纯净水上，相信没几个人想去喝它，这就是产品间关联度低导致的。

8.3.3　包装策略

1．包装的概念

“包”即包裹，“装”即装饰。产品包装是形式产品的重要组成部分，通常是指产品的容器、包装物及其设计装潢。如图 8-9 所示，产品包装包括三个层次，市场营销的包装策略主要从这三个方面进行规划。

包装在营销活动中的作用表现为保护产品、便利消费、促进销售、方便储运。

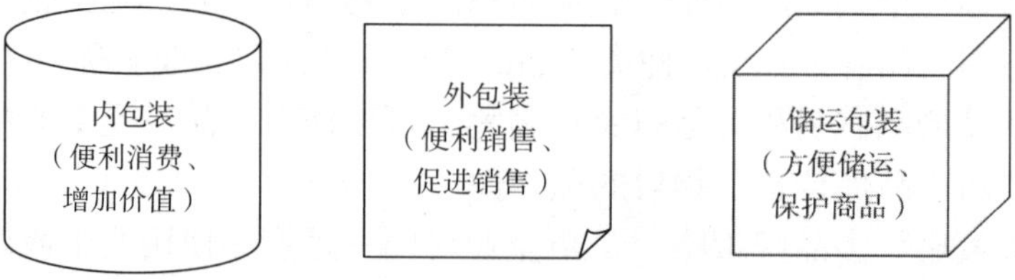

图 8-9　商品包装的层次与作用

（1）内包装。内包装，是指包装产品的直接容器或器物，如饮料瓶子、香烟纸盒等，因此也被称为使用包装。这部分包装的作用主要是方便消费者的消费与使用。

（2）外包装。外包装，是指能起到保护内包装、方便销售和促进销售作用的包装物，如酒瓶外的包装纸盒，因此也被称为销售包装。这部分包装一般在消费者购买商品后、使用商品前被扔掉。

（3）储运包装。储运包装，是指产品储存和运输过程中所使用的包装物。

2. 包装策略

如表 8-6 所示，企业营销活动中常用的包装策略有以下六种。

（1）统一包装策略。企业对自己生产经营的所有产品采用统一的包装模式，即在颜色、图案、造型等方面采取相同或相近的特征，使人一看便联想到这是同一企业的产品。其优点是可以统一形象，节约成本。其缺点是容易对优质产品产生不良影响。因此，它适用于质量水平相近的产品，而对于不同种类、不同档次的产品一般不宜采用这种包装策略。

实例 8-14 著名的法国香水业有句名言："设计精美的香水瓶是香水的最佳推销员。"法国香水的包装瓶根据香味类型使用统一的造型。例如，有种香味类似森林和木料的男用香水，它的包装瓶子被设计成细高如树的造型，又配上能让人联想到木板的本色细条纸盒外包装；另一种叫"高山"的香水，包装瓶子被设计成旋转升天式。这些造型别致、富于联想的包装，自然能激发顾客的购买欲望。

（2）组合包装策略。组合包装策略，即把若干在消费上有关联的产品，包装在一个特制的包装物中销售。例如，化妆品的组合包装、节日礼品包装等，都属于这种包装策略。其优点是，既可便利消费，又可扩大销路。其缺点是，如果商品组合搭配不当，容易引起消费者的反感。

（3）附赠品包装策略。附赠品包装策略，是指在包装物中附赠一些物品的包装策略。其优点是，一方面可以激发消费者的购买兴趣，另一方面还能诱发消费者重复购买的欲望。例如，在珍珠霜盒里放一颗珍珠，顾客购买一定数量本产品之后，就能串成一条项链。

（4）再使用包装策略。再使用包装策略，是指包装物在产品使用完后，可以回收再用或挪作他用的包装策略。其优点是，通过使购买者得到一种额外的产品价值激发其购买欲望。其缺点是，可能加大包装成本，推高产品价格，从而影响销售。

实例 8-15 我国《韩非子》中所记的买椟还珠的典故，就是这一效果。另外，在包装物的继续使用过程中，还可以起到经常性的广告宣传作用。例如，设计精巧的果酱瓶，在果酱吃完后可以做旅行杯用。

（5）分档包装策略。分档包装策略，是指对同一种产品，根据消费者的不同需要，采用不同档次的包装。如用作礼品，则可以精致地包装；若自己使用，则只需要简单包装。此外，对不同等级的产品，也可采用不同包装。高档产品，包装精致些，表示产品的身份；中低档产品，包装简略些，以降低产品成本。

（6）更新包装策略。更新包装策略，是指改变原来的包装。其优点是，企业可以在改进产品质量的同时，改变产品的包装形式，从而以新的产品形象出现在市场上，以迅速恢复企业声誉，重新扩大市场份额。

小结

表 8-6　包装策略比较

策略类型	特　　点
统一包装策略	所有产品采用统一的包装模式
组合包装策略	把若干在消费上有关联的产品包装在一个特制的包装物内
附赠品包装策略	包装内附有赠品
再使用包装策略	包装可以回收利用或挪作他用
分档包装策略	对同一种产品设计使用不同档次的包装
更新包装策略	更换包装，重新定位

【职业知识检测】

1．名词解释

产品　　核心产品　　形式产品　　附加产品　　产品市场寿命周期　　产品组合
快速撇脂　　缓慢渗透　　快速渗透　　缓慢撇脂　　新产品　　新产品开发
品牌　　包装

2．填空题

（1）产品整体概念包括五个层次，分别是（　　）、（　　）、（　　）、（　　）、（　　）；其中最基本的层次是（　　）。

（2）多品牌是同一企业在（　　）上设立两个或多个相互竞争的品牌。

（3）一般来说，产品市场寿命周期包括（　　）、（　　）、（　　）、（　　）四个阶段。

（4）一般来说，产品包装包括（　　）、（　　）、（　　）三个层次。

（5）品牌包括品牌（　　）和品牌（　　）两个方面内容。

3．选择题

（1）《韩非子》中所记的“买椟还珠”，说的正是现代市场营销中的（　　）。

A．产品策略　　B．包装策略
C．关系营销策略　　D．促销策略

（2）最近 6 年，某产品的年销售量依次为 5 000 台、6 000 台、7 500 台、9 500 台、9 800 台、9 850 台，由此可以看出该产品现在处于其市场寿命周期的（　　）阶段。

A．介绍期　　B．成长期
C．成熟期　　D．衰退期

（3）好多火锅城打出“锅底、小料免费”的口号，但当你真的带上羊肉去吃涮火锅时商家又不同意，这是因为（　　）。

A. 火锅城所提供的“免费的锅底、小料”只是促销的一种幌子，并不是真免费

B. 火锅城所提供的“免费的锅底、小料”只是产品整体中的一部分，并不是真免费

C. 火锅城所提供的“免费的锅底、小料”是产品整体的一部分，只不过是附加产品而已，是真免费

D. 这是一种欺诈行为，其实不是真免费

（4）从理论上说，商标即（　　）；“奇强”是某洗衣粉产品的（　　）。

A. 品牌　　B. 品牌标志

C. 品牌名称　　D. 注册后的品牌

（5）一个老妇人在街头卖扇子，扇子不好卖，一个铜板一把扇子还卖不出去。王羲之见了，对她说：“来来来，我给你写几个字，你卖十个铜板一把。”于是，王羲之拿起笔来在扇子上题了字。不一会儿扇子就被抢购一空了。这是因为王羲之的题字是扇子的（　　）。

A. 核心产品　　B. 形式产品　　C. 期望产品　　D. 附加产品

（6）在产品的介绍期，如果市场规模较小、产品已有一定的知名度、目标顾客愿意交付高价、潜在竞争的威胁不大，则企业宜采用（　　）。

A. 快速撇脂法　　B. 缓慢撇脂法　　C. 快速渗透法　　D. 缓慢渗透法

（7）品牌与包装属于产品整体概念中的（　　）。

A. 核心产品　　B. 形式产品　　C. 期望产品　　D. 附加产品

（8）对原有产品的结构功能、花色品种等进行改进后获得的新产品是（　　）；应用新技术、新原理、新工艺或新材料研制出的市场上前所未有的产品是（　　）。

A. 全新新产品　　B. 换代新产品　　C. 改进新产品　　D. 仿制新产品

（9）在技术上和结构上密切相关，规格型号不同，具有相同使用功能，满足同类需求的一组产品是（　　）。

A. 产品组合　　B. 产品线　　C. 产品项目　　D. 产品结构

（10）一瓶“娃哈哈”品牌的纯净水，其核心产品是（　　）。

A. 纯净水　　B. 水　　C. 瓶和水　　D. 解渴

（11）当产品竞争激烈，销售量大，新加入消费者越来越少，销售量和利润的增加越来越小。我们说，产品已经进入（　　）。

A. 引入期　　B. 成长期　　C. 成熟期　　D. 衰退期

（12）可采用无品牌策略的商品是（　　）。

A. 方便面　　B. 大米、蔬菜　　C. 瓶装酱油　　D. 袋装牛奶

（13）钢笔、笔记本等产品采用一个包装合并出售，属于（　　）策略。

A. 家族包装　　B. 豪华包装

C. 多用途包装　　D. 组合包装

（14）产品项目是指（　　）。

A. 产品大类　　B. 一类产品中的规格、型号等

C. 产品线的相关性　　D. 产品线的深度

（15）企业开发新产品的第一个环节是（　　）。

A. 形成产品构思　　B. 筛选产品公司

C. 产品研发试制　　D. 商业效益分析

4．简答题

（1）如何理解产品整体概念？它包括哪几个层次？

（2）产品市场寿命周期一般包括哪几个阶段？各具有哪些特点？不同阶段应该采取哪些营销策略？

（3）什么是新产品？新产品包括哪些类型？开发新产品包括哪些程序？

（4）包装有什么作用？从营销的角度考虑，企业可以考虑实施哪些包装策略？

（5）什么是品牌？它由哪些内容构成？它与商标之间是什么关系？企业可以实施哪些品牌策略？

【职业技能训练】

1．方案策划

王先生在某家具城购买了 A 公司生产的家具，使用 3 个月后发现该家具出现了较多的质量问题，遂提出投诉，要求退换该家具。请你以此为例论述 A 公司的客户投诉处理程序。（A 公司承诺其所生产的家具如半年内出现质量问题无条件退换。）

2．分析讨论

如何理解“没有疲软的市场，只有疲软的产品”的说法与“货卖一张皮”的生意经？

3．案例分析

贵邦公司是一家以生产家庭日用消费品为主的企业。它生产的产品种类较多，品种和规格比较复杂，但都与居民日常生活相关，公司产品的总体市场占有率比较高。为了方便管理，贵邦公司对产品项目实施了品牌化管理的管理措施，为每个产品项目都提供一个不同的品牌，不同品牌之间相互进行竞争，一方面方便对产品项目进行管理，另一方面有利于公司整体竞争优势的提高。

在 2002 年以前，公司主要生产四大类产品：洗涤剂、牙膏、香皂和纸尿布。在洗涤剂类中主要有十大品牌，而牙膏类中则有六大品牌，香皂类中有七大品牌，纸尿布类中有两大品牌。2002 年年初，公司对其产品组合进行了调整：首先，收购了几家纸巾生产企业，把这几家纸巾生产企业所生产的产品规划为四大品牌，分别为手牵手、紫云、旗帜和乐夫。其次，公司开发了一种面对白领阶层的名为“贵邦”的牙膏，该牙膏价格昂贵，但具有许多难以模仿的具有针对性的功能。

（1）到 2002 年中期，贵邦公司产品组合的宽度是（　　），产品组合的深度（产品线的平均长度）是（　　），产品组合的长度是（　　）。

（2）“贵邦”公司产品线延伸策略属于（　　）。

A. 向上延伸　　B. 向下延伸　　C. 双向延伸　　D. 水平延伸

（3）“贵邦”公司的品牌策略属于（　　）。

A. 统一品牌　　B. 分类品牌　　C. 多品牌　　D. 家族品牌

（4）公司开发出的“贵邦”牙膏的目标市场营销策略属于（　　）。

A. 差异性　　B. 无差异性　　C. 集中性　　D. 个性化

（5）公司面对白领阶层开发出“贵邦”牙膏，属于（　　）战略。

A. 人口细分　　B. 地理细分　　C. 心理细分　　D. 行为细分

4. 模拟实训

（1）每 6 位同学 1 组，10 分钟内尽可能多地列举出眼镜（或某一其他产品）的缺点（不必考虑改进的现实性）。每小组指定 1 人记录列举出的缺点；规定时间结束后，分类、汇总各小组列举出的缺点，并向全班公布；面向全班，针对列举出的某项缺点，由各小组指定发言人提出新产品开发创意，在规定时间内尽可能多地提出创意；比较评价各小组列举出的缺点和提出的新产品开发创意数量与质量，分优、良、中、及格 4 个等级评定各小组成绩，并记入各小组成员平时成绩。

要求：不许有任何批评意见，只考虑想法，不考虑可行性；想法越新颖越好，鼓励异想天开；可以寻求各种想法的组合和改进。

（2）全班同学每人在粉色卡片上写一个具体的人物（包括性别、职业、年龄等），在红色卡片上写一件令人尴尬的事件（如在某重要场合脸上有脏点却全然不知）；老师收回卡片后，将卡片按颜色分成两组；每位同学从老师手中抽取两种颜色卡片各一张；要求同学把红色卡片上的事件巧妙地告知粉色卡片上的人物；根据创意性、关联性评定成绩。

第9章 价格策略

薄利多销生意好，暴利逐客冷萧条！
三分毛利吃饱饭，七分毛利饿死人！

——我国民间商业谚语

学习目标

☑ 重点理解各类定价策略。
☑ 重点掌握各种定价方法。
☑ 一般理解影响定价的因素。

【任务导入】一位黑人父亲引导孩子三次卖掉衣服

13岁那年，父亲有一天突然递给他一件旧衣服。

“这件衣服能值多少钱?”父亲问。“大概1美元。”他回答。“你能将它卖到2美元吗?”父亲用探询的目光看着他。“傻子才会买!”他赌着气说。父亲的目光真诚中透着渴求：“你为什么不试一试呢？你知道的，家里日子并不好过，要是你卖掉了，也算帮了我和你的妈妈。”他这才点了点头：“我可以试一试，但是不一定能卖掉。”

他很小心地把衣服洗净，没有熨斗，他就用刷子把衣服刷平，铺在一块平板上阴干。第二天，他带着这件衣服来到一个人流密集的地铁站，经过六个多小时的叫卖，终于卖出了这件衣服。他紧紧攥着2美元，一路奔回了家。以后，每天他都热衷于从垃圾堆里淘出旧衣服，打理好后，去闹市里卖。

如此过了十多天，父亲突然又递给他一件旧衣服：“你想想，这件衣服怎样才能卖到20美元？”他说：“怎么可能？这么一件旧衣服怎么能卖到20美元，它至多值2美元。”“你为什么不试一试呢?”父亲启发他，“好好想想，总会有办法的。”

终于，他想到了一个好办法。他请自己学画画的表哥在衣服上画了一只可爱的唐老鸭与一只顽皮的米老鼠。他选择在一个贵族子弟学校的门口叫卖。不一会儿，一位管家为他的小少爷买下了这件衣服，那个十来岁的孩子十分喜爱衣服上的图案，一高兴，又给了他 5 美元的小费。25 美元，这无疑是一笔巨款!相当于他父亲一个月的工资。

回到家后，父亲又递给他一件旧衣服："你能把它卖到 200 美元吗？"父亲目光深邃。这一回，他没有犹疑，沉静地接过了衣服，开始了思索。

两个月后，机会终于来了。当红电影《霹雳娇娃》的女主角拉佛西来到纽约做宣传。记者招待会结束后，他猛地推开身边的保安，扑到了拉佛西身边，举着旧衣服请她签名。拉佛西先是一愣，但是马上就笑了，没有人会拒绝一个纯真的孩子。拉佛西流畅地签完名后，他笑着说："拉佛西女士，我能把这件衣服卖掉吗?""当然，这是你的衣服，怎么处理完全是你的自由!"

他"哈"的一声欢呼起来："拉佛西小姐亲笔签名的运动衫，售价 200 美元!"经过现场竞价，一名石油商人以 1 200 美元的高价买了这件运动衫。

父亲问："孩子，从卖这三件衣服中，你有明白什么吗?""我明白了。您是在启发我!"他感动地说，"只要开动脑筋，办法总是会有的。"父亲点了点头，又摇了摇头："你说得不错，但这不是我的初衷。我只是想告诉你，一件只值 1 美元的旧衣服，都有办法高贵起来，更何况我们这些活着的人呢？我们有什么理由对生活丧失信心呢？我们只不过黑一点、穷一点，可这又有什么关系？"

20 年后，他的名字传遍了世界的每个角落。他就是迈克尔·乔丹。

启示：可谓死店活人开，只要有生生不息的创意，就会有源源不断的生意。

9.1 影响定价的因素

价格是市场营销组合策略中十分敏感的因素，定价是否恰当直接关系到顾客对产品的接受程度，影响着企业产品的销售量和盈利水平。因此，价格策略是企业营销策略中最富有灵活性和艺术性的策略。

产品价格的上限取决于产品的市场需求水平，产品价格的下限取决于产品的成本费用，在最高价格和最低价格的范围内，企业能把产品价格定多高，则取决于竞争对手同种产品的价格水平、买卖双方的议价能力等因素的影响。影响企业定价的因素是多方面的，主要有如图 9-1 所示的六个方面。

图 9-1　影响企业定价的因素

9.1.1 定价目标

企业的定价目标是指企业希望通过制定产品价格所实现的目的。它是企业选择定价方法和制定价格策略的依据。不同企业有不同的定价目标，同一企业在不同发展阶段也有不同的定价目标。如图 9-2 所示，企业的定价目标一般有以下五个方面。

图 9-2 企业的定价目标

1. 维持企业生存

当企业生产能力过剩、面临激烈的市场竞争或试图改变消费者需求时，企业可以把维持企业生存作为主要的定价目标。此时，企业的价格策略主要是保本价或低价，有时为了避免更大损失，甚至可以使售价低于成本。这种目标只能是企业面临困难时的短期目标，长期目标仍然是要获得发展，否则企业终将破产。

2. 当期利润最大化

有些情况下，一些企业价格的制定以追求当期利润最大化为目标。一般而言，需求价格弹性较大的产品能够做到薄利多销，所以希望实现利润最大化可以制定低廉的价格；而对于需求弹性较小的产品，则可以通过高价策略，实现当期利润最大化。

3. 市场份额最大化

有些情况下，企业试图通过价格策略的实施赢得某一商品最高的市场占有率，以赢得某一商品绝对的竞争优势，从而实现最低成本和最大长期利润的营销效果。在此情况下，企业一般制定尽可能低的价格来追求市场占有率的领先地位。

一般而言，当企业以市场占有率最大化为目标时，需要具备的条件是：该产品需求价格弹性较大，产品销量会随着价格的降低而快速增长；该产品的生产或销售规模经济效益明显，产品成本会随着销量的增加而下降，利润会因销量的增加而上升；企业有足够的实力承受短期内低价所造成的经济损失；低价能阻止现有的或可能出现的竞争对手。

4. 应付和防止竞争

有些企业为了阻止竞争者进入自己的目标市场，故意将产品的价格定得很低。这种定价目标一般适用于实力雄厚的大企业。有些中小企业在激烈的市场竞争中，为了维持自己的市场地位，跟随市场主导企业的降价行动，也实施降价策略，从而消除竞争对手降价对自己造成的威胁。

5．产品质量最优

如果企业以高端市场作为自己的目标市场，就需要实行“优质高价”策略，以高价来保证高质量产品的研究开发成本和生产成本。实施这一定价目标的企业，其产品一般都在消费者心目中享有一定声誉，利用消费者的求名心理，制定一个较高的产品价格。

9.1.2　需求因素

从需求方面看，市场需求规模及消费者的消费心理、感受价值、收入水平、对价格的敏感程度、消费者的议价能力等都是影响企业定价的主要因素。经济学上因价格和收入变动而引起需求的相应变动率称为需求弹性。一般来说，需求弹性可以分为需求收入弹性、需求价格弹性、交叉价格弹性和顾客议价能力几类。

1．需求收入弹性

随着人们收入的增加（或减少），对某种产品或服务的需求可能会产生三种变化，即需求增加、减少或不变。需求收入弹性就是指因收入变动而引起的需求相应变动的敏感程度。一般来说，高档商品、奢侈品、服务产品、娱乐消费多属于需求收入富有弹性的产品，而生活必需品则一般表现为需求收入缺乏弹性。

2．需求价格弹性

需求价格弹性是指因价格变动而引起的需求相应变动的敏感程度，常用需求价格弹性系数来表示。需求价格弹性系数通过需求变动的百分比与价格变动的百分比的比值来计算，也就是价格变动百分之一引起的需求变动百分之几。其计算式为

$$E_{\mathrm{d}} = \frac{\Delta Q / Q_0}{\Delta P / P_0} = \frac{(Q_1 - Q_0)/Q_0}{(P_1 - P_0)/P_0} \tag{9-1}$$

式中，E_{d} 表示需求价格弹性系数，ΔQ 和 ΔP 分别表示需求量与价格的变动量，Q_0 和 P_0 分别表示变动前的需求量与价格，Q_1 和 P_1 分别表示变动后的需求量与价格。

需求价格弹性系数有五种情况：$|E|>1$ 时，富有弹性；$|E|<1$ 时，缺乏弹性；$|E|=1$ 时，单位弹性；$|E|=0$ 时，完全无弹性；$|E|\to\infty$ 时，完全有弹性。在正常情况下，市场需求与价格的变化呈反方向变动。随着价格的提高（或降低），对某种产品或服务的需求可能会产生三种变化，即需求增加、减少或不变。一般来说，高档食品、奢侈品、服务产品、娱乐消费多属于需求价格富有弹性的产品，而生活必需品则一般表现为需求价格缺乏弹性。

正因为价格会影响需求，所以企业产品定价的高低会影响企业产品的销售。因此，价格策略的制定必须了解所定价产品需求价格弹性的大小，即了解需求量对价格的敏感程度。一般来说，对于需求价格富有弹性的产品可以实施低价策略，而对于需求价格缺乏弹性的产品则可以实施高价撇脂策略。

3．交叉价格弹性

交叉价格弹性，即商品 A 需求变化的百分比与商品 B 价格变化的百分比之间的比率，

可能是正数、负数，也可能是零。如果交叉价格弹性大于零，则商品A与商品B之间存在相互替代的关系，如洗衣粉与肥皂；如果交叉弹性小于零，则说明商品A和商品B之间存在互补关系，如照相机和胶卷；如果交叉价格弹性的绝对值很小，接近于零，则说明商品A与商品B之间没有什么关系，互相独立；如果商品A价格上涨，商品B的需求减少，而商品B价格的变化对商品A的需求并无影响，则这两种产品称作条件品，如电与电视机。因此，企业产品的定价还要考虑互补品、替代品、条件品的价格水平高低。

4．顾客议价能力

市场营销活动中，顾客议价能力或顾客价格谈判的能力对企业产品交易价格的形成有很大影响。一般来说，顾客的议价能力是众多因素综合作用的结果。这些因素主要有：顾客购买量的大小、企业产品的性质、顾客趋向一体化的可能性、企业产品在顾客产品形成中的重要性，以及顾客寻找替代品的可能性等。

实例9-1 一家果品公司的采购员来到果园，问卖主："苹果多少钱一斤？""8角。""6角行吗？"目前正是苹果刚上市的时候，这么多的买主，卖主显然不肯让步。

"商量商量怎么样？""没什么好商量的。""不卖拉倒！死了张屠夫，未必就吃混毛猪！"几句话说呛了，买卖双方不欢而散。

不久，又一家公司的采购员走上前来，先递过一支香烟，问卖主："多少钱一斤？""8角。""整筐卖多少钱？""零买不卖，整筐8角一斤。"

卖主仍然坚持不让。买主却不急于还价，而是不慌不忙地打开筐盖，拿起一个苹果在手里掂量着、端详着，不紧不慢地说："个头还可以，但颜色不够红，这样上市卖不上价呀。"接着伸手往筐里掏，摸了一会儿摸出一个个头小的苹果："老板，您这一筐，表面是大的，筐底可藏着不少小的，这怎么算呢？"边说边继续在筐里摸着，一会儿，又摸出一个带伤的苹果："看！这里还有虫咬，也许是雹伤。您这苹果既不够红，又不够大，有的还有伤，无论如何算不上一级，勉强算二级就不错了。"

这时，卖主沉不住气了，说话也和气了："您真的想要，那么，您还个价吧。"

"农民一年到头也不容易，给您6角钱吧。""那可太低了，"卖主有点着急，"您再添点吧，我就指望这些苹果过日子呢。"

"好吧，看您也是个老实人，交个朋友吧，6角5分一斤，我全包了。"

双方终于成交了。第一个买主遭到拒绝，而第二个买主却能以较低的价格成交。

9.1.3 成本因素

从供给方面看，企业产品的生产成本、营销费用是影响企业定价的主要因素。成本是产品价格的最低界限，也就是说，产品的价格必须能补偿产品生产、分销、促销过程中发生的所有支出，并且要有所盈利。产品成本根据与产量（或销量）之间的关系来划分，可以分为固定成本和变动成本两类。固定成本是指在一定限度内不随产量或销量变化而变化的成本部分；变动成本是指随着产量或销量增减而增减的成本。二者之和即产品的总成本。产品的最低定价应能收回产品的总成本。对企业定价产生影响的成本费用主要有总固定成本、总变动成本、总成本、单位产品固定成本、单位产品变动成本、单位产品总成本等因素。

> 📖 **实例 9-2**　美国卡特彼勒公司是一家生产和销售大型拖拉机的公司，它的计价方法十分奇特，一般拖拉机的价格均在 2 万美元，然而该公司的同类产品却卖 2.4 万美元，虽然高出 4 000 美元，销量却很大！
>
> 该公司是这样向客户说明原因的：2 万美元是竞争者同一型号机器的价格；3 000 美元是产品更耐用多付的价格；2 000 美元是产品可靠性更高多付的价格；2 000 美元是公司服务更佳多付的价格；1 000 美元是保修期更长多付的价格。由此可得：28 000 美元是上述总和的应付价格。另外，4 000 美元是给顾客的折扣，所以最后价格 24 000 美元。

9.1.4　供求关系

从营销学的角度考虑，价格策略既是一门科学，也是一门艺术，但是，从经济学的角度考虑，企业的定价大体上还是遵循价值规律的。因此，供求关系也是影响企业产品交易价格形成的一个基本因素。一般而言，当企业的产品在市场上处于供小于求的卖方市场条件时，企业产品可以实行高价策略；反之，当企业的产品在市场上处于供大于求的买方市场时，企业应该实行低价策略；当企业的产品在市场上处于供给等于需求的均衡状态时，交易价格的形成基本处于均衡价格处。因此，企业的定价不能过度偏离均衡价格。

9.1.5　竞争因素

竞争因素对价格的影响，主要包括商品的供求关系及其变化趋势，竞争对手的定价目标和定价策略及变化趋势对价格产生的影响。在营销实践中，以竞争对手为导向的定价方法主要有三种：一是低于竞争对手的价格；二是随行就市与竞争对手同价；三是高于竞争对手的价格。

9.1.6　其他因素

企业定价时还必须考虑其他环境因素，如国家的政策法令、国内外的经济形势、货币流通状况等。通货膨胀、经济繁荣或萧条、利率的高低等，都会影响产品成本和顾客对产品价格与价值的理解，从而影响企业定价方法和策略的选择。

企业定价应考虑的因素如表 9-1 所示。

小结

表 9-1　企业定价应考虑的因素

因素			定价水平
定价目标	维持企业生存		倾销价、保本价或低价
	当期利润最大化		需求弹性大的产品定低价，需求弹性小的产品定高价
	市场份额最大化		低价
	应付和防止竞争		低价
	产品质量最优		高价
成本	固定成本+变动成本		保本价
	总成本+目标利润		目标利润价
	变动成本		边际收益价
需求	需求收入弹性		弹性大，则收入增、定高价，收入减、定低价；弹性小，则定常价
	需求价格弹性		弹性大定低价，弹性小定高价
	交叉价格弹性	互补品	主产品定低价，附（次）产品定高价
		替代品	保持价格水平一致
		条件品	条件产品（如电）涨价，本产品降价；反之，本产品可以考虑提价
	顾客议价能力		顾客议价能力强，定低价；顾客议价能力弱，定高价
供求	买方市场（供>求）		定低价
	卖方市场（供<求）		定高价
竞争	实力强大，资本雄厚		低于竞争对手的价格
	实力相当或实力弱		随行就市与竞争对手同价
	产品独特、优质		高于竞争对手的价格
其他	通货膨胀、国家法律法规、国民经济发展状况、国际进出口状况等		

9.2 定价方法

由于影响定价的三个最基本的因素是产品成本、市场需求和市场竞争，因此，企业定价的基本方法也可分为三类：成本导向定价法、需求导向定价法和竞争导向定价法。

9.2.1 成本导向定价法

成本导向定价法是一种主要以成本为依据的定价方法，如图 9-3 所示。其定价的基本指导思想是，在一定成本基础上，增加一定的目标利润以确定产品的价格。它包括成本加成定价法、售价加成定价法、保本定价法、目标利润定价法和边际贡献定价法五种具体方法。

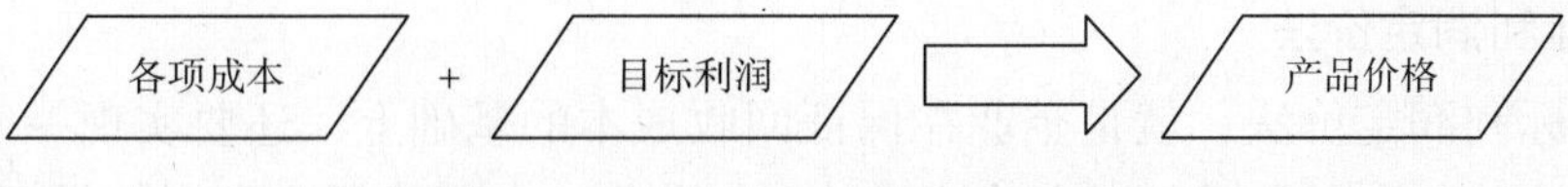

图 9-3　成本导向定价法的指导思想

1．成本加成定价法

所谓成本加成定价法，是指按照单位成本加上一定百分比的加成来制定产品销售价格。加成的含义就是一定比率的利润。其计算公式如下：

加成率=（计划售价−成本）÷成本×100%　（9-2）

单位产品价格=单位产品成本÷（1+加成率）　（9-3）

例如，某手表厂生产某牌子的石英表，其单位成本为 120 元/只，加成率为 50%，则每只手表价格为 120×（1+50%）=180（元）。

周大福珠宝金行始创于 1929 年，素以超卓工艺技术及创新首饰设计驰誉珠宝界。珠宝饰品价格是消费者与商家能否达成交易的关键所在，针对这一敏感的问题，在价格策略上，周大福创出了一套有别于其他同行的方法。周大福创新性地推出了“珠宝首饰一口价”的销售政策，并郑重声明：产品成本加上合理的利润就是产品的售价，通过“薄利多销”的经营模式，节省消费者讨价还价的时间，让顾客真正体验货真价实的感受。

2．售价加成定价法

售价加成定价法又称毛利率法，这种方法与成本加成定价法类似，可以说是成本加成定价法变通的一种形式。零售企业往往以售价为基础进行加成定价。这里的成本就是商业企业的进货成本，加成率就是商业毛利率。其计算式如下：

加成率（毛利率）=（计划售价−成本）÷计划售价×100%　（9-4）

单位产品价格=单位产品成本÷（1−加成率）　（9-5）

此方法的加成率因不同商品而异，在西方一般在 15%～60%。通常罐头、冷冻食品等加成率低，而服装鞋帽等款式变化快、经营风险大或损耗大的商品，则加成率高。

一般而言，生产制造部门较多采用成本加成定价法，而零售商业部门较多采用售价加成定价法。

3．保本定价法

所谓保本定价法，就是企业制定的产品价格以保证能够回收全部成本为目标，产品价格等于单位产品成本。按照量本利分析法（又称盈亏平衡分析法），产品成本一般由变动成本和固定成本两部分构成。固定成本在一定范围内不因产量变化而变化，因而单位产品固定成本就等于总固定成本除以预期销售量。因而，产品价格就等于单位产品变动成本与单位产品固定成本的和，计算公式如下：

$$\text{产品价格}=\frac{\text{总成本}}{\text{预期销售量}}=\frac{\text{总固定成本}}{\text{预期销售量}}+\text{单位产品变动成本} \qquad (9\text{-}6)$$

4．目标利润定价法

所谓目标利润定价法，就是企业在保证回收成本的基础上，还要实现一定数额目标利润的定价方法。在采用目标利润定价法定价时，首先，应明确所要实现的目标利润是多少；然后，再根据产品的需求弹性来考虑各种价格及其对销售量的影响；最后，将价格定在能够使企业实现目标利润的水平上。其计算公式如下：

$$产品价格=\frac{总固定成本+总目标利润}{预期销售量}+单位变动成本 \quad (9\text{-}7)$$

5．边际贡献定价法

边际成本，是企业在原生产量或销售量基础上，再多生产和销售 1 件产品所需追加的成本。边际收益，就是企业在原销售基础上，因多销售 1 件产品而增加的收入部分。边际收益扣除边际成本后的余额称作边际贡献。边际贡献定价法，就是企业以一定的目标边际贡献为依据，确定可以接受的产品价格的定价方法。其计算公式如下：

$$价格=单位变动成本+单位产品边际贡献 \quad (9\text{-}8)$$

9.2.2 需求导向定价法

所谓需求导向定价法，是依据买方对产品价值的感受和需求强度来定价，而不是依据卖方的成本定价。如图 9-4 所示，其定价的指导思想是首先通过研究市场需求确定产品价格，然后减除目标利润，以进一步确定企业成本控制的目标。常用的需求导向定价方法有以下两种。

图 9-4　需求导向定价法的指导思想

1．感受价值定价法

所谓“感受价值”或“认知价值”，是指买方在观念上所认同的价值，而不是产品的实际价值。因此，卖方可运用优美的装潢、幽雅的环境、高质量的服务等各种营销策略和手段，影响买方的感受，使之形成对卖方有利的价值观念，然后再根据产品在买方心目中的价值来定价。例如，在便利店或超市内，一罐可口可乐零售价格不过 3 元左右，而在高级饭店饮用要付 10 元甚至更多，这就是由于环境、气氛、服务等因素提高了产品的附加值，使顾客愿意支付那么高的价格。

感受价值定价法的关键是找到比较准确的感受价值，否则，定价过高或过低都会给企业造成损失。如果定价高于顾客所感受的价值，产品就无人问津，销量就会减少；定价低于顾客所感受的价值，又会使企业收入减少，也有可能使消费者不屑一顾，产品卖不出去。这就要求企业在定价前认真做好营销调研工作，将自己的产品与竞争者的产品仔细比较，从而对感受价值做出准确估测。

📖 实例 9-3　伦敦北部有一家名为“就在拐角处”的法式小酒馆，到这里的客人往往花上 2 小时品美酒、尝佳肴，饭后自己算账付钱。令人惊奇的是，多数顾客给的饭钱都很公道，甚至出手很慷慨。餐馆老板迈克尔·瓦索斯说：“如果服务和饭菜非常好，人们会多给小费。于是，我就想，为什么不把账单交给顾客去算呢，他们认为值多少钱就给多少钱。”这种经营策略被证明是成功的，“随便给”餐馆在英国方兴未艾。

2．拍卖定价法

拍卖定价法是由卖方引导买方进行竞争以发现价格达成交易的方法。一般由卖方预先发表公告，展出拍卖物品，买方预先看货，在规定时间公开拍卖，由买方公开竞争叫价，不再有人竞争的价格即为成交价格，买卖双方按此价格拍板成交。这是一种古老的传统买卖方式。拍卖定价法有三种具体形式。

（1）增价拍卖。增价拍卖是最常用的一种拍卖方式。一般由拍卖人宣布最低价格，有时还规定每次的加价额度，直到拍卖人认为无人再出更高的价格时，用击槌动作表示竞买结束，与最后出价最高的人成交。在击槌前，竞买者可以撤销出价。如果竞买者出价低于拍卖人宣布的最低价格，卖方有权撤回商品。

（2）减价式拍卖。减价式拍卖又称荷兰式拍卖，是先由拍卖人喊出最高价，然后逐步降价，直到有人应价购买。

（3）密封递价拍卖。密封递价拍卖是由拍卖人公开宣布商品与拍卖条件后，各竞买方在规定时间内将出价密封递交给拍卖人，拍卖人审查后决定成交对象。

📖 实例 9-4　还有一种需求导向的定价方法，可以称为竞赛式促销定价。例如，某家饭店，顾客自己钓鱼，每条不分大小，一律 20 元；有的商店按斤卖衣服，不论款式、类型，一律按斤销售；渔场按钓鱼时间计费，而不论钓的鱼是多还是少；一些商店，支付确定的金额后，在规定时间内，以抢购的货物数量多少为准等。

9.2.3　竞争导向定价法

所谓竞争导向定价法，就是以市场上相互竞争的同类产品价格为定价基本依据，并随竞争状况的变化确定和调整价格水平的定价方法。它的具体方法通常有两种：随行就市定价法和密封投标定价法。

1．随行就市定价法

所谓随行就市定价法，是指企业按照行业的平均现行价格水平来定价。不论市场结构是完全竞争市场，还是寡头竞争市场，随行就市定价都是同质产品市场的惯用定价方法。在完全竞争的市场上，销售同类产品的各个企业在定价时实际上没有多少选择余地，只能按照行业的现行价格来定价。某企业如果把价格定得高于市价，产品就卖不出去；反之，如果把价格定得低于市价，也会遭到降价竞销。在寡头竞争市场上，只有少数几家大公司，彼此十分了解，购买者对市场行情也很熟悉，因此，如果各大公司的价格稍有差异，顾客就会转向价格较低的企业。

2．密封投标定价法

这是买方引导卖方通过竞争发现价格达成交易的一种定价方法，通常用于建筑包工、大型设备制造、政府大宗采购等。一般由买方公开招标，卖方竞争投标，密封递价，买方按照物美价廉的原则择优选取，到期公布中标者名单，中标的企业与买方签约成交。

一般而言，卖方企业为了赢得合同，投标的价格主要以竞争者可能的递价为转移。递价太高，中标概率减小，递价低于竞争者，虽然可以增加中标的机会，但不一定能保证适当的利润。因此，投标企业通常需要计算“期望利润”，以期望利润最高的价格作为递价的依据。如表 9-2 所示，有四种价格，中标率和期望利润各不相同。其中以递价 1 万元的期望利润最高（216 元），因此应递此价格。

表 9-2　投标递价的期望利润　　单位：元

企业递价	企业利润 （1）	中标概率（%） （2）	期望利润 （1）×（2）
9 500	100	81	81
10 000	600	36	216
10 500	1 100	9	99
11 000	1 600	1	16

表 9-3 将以上各种定价方法进行了总结。

小结

表 9-3　定价方法

类　型	方　法	特　点
成本导向定价法	成本加成定价法	价格＝单位产品成本÷（1+加成率）
	售价加成定价法	价格＝单位产品成本÷（1–加成率）
	保本定价法	价格＝单位产品成本
	目标利润定价法	价格＝单位产品成本+单位产品目标利润
	边际贡献定价法	价格＝单位变动成本+单位产品边际贡献
需求导向定价法	感受价值定价法	价格＝顾客感受（预期）价格水平
	拍卖定价法	价格＝最高竞价
竞争导向定价法	随行就市定价法	价格＝行业市价
	密封投标定价法	价格＝期望利润最高的递价

9.3 定价策略

9.3.1 新产品定价策略

如图 9-5 所示，根据新产品在投放市场时定价水平的高低，可以有三种类型的定价策略。其中撇脂定价与渗透定价策略的分析比较见表 9-4。

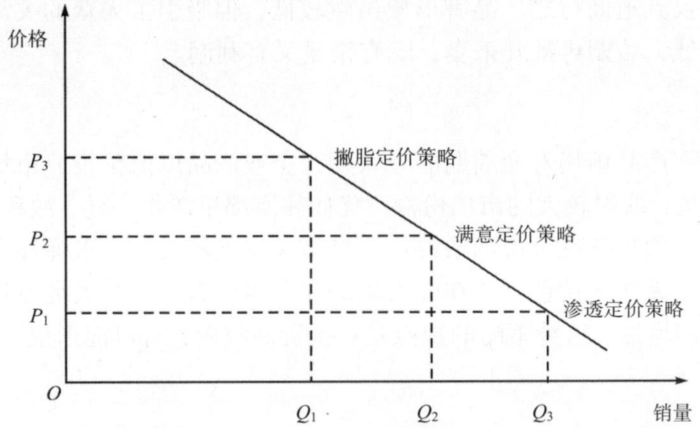

图 9-5 三种新产品定价策略

表 9-4 撇脂定价与渗透定价策略的比较

项　目	撇脂定价	渗透定价	项　目	撇脂定价	渗透定价
定价水平	高	低	生产能力	不足	充足
市场需求强度	强	小	产品的独特性	强	弱
市场潜力	小	大	仿制的难易程度	难	易
需求价格弹性	小	大	规模经济效益	不大	明显
消费者购买力	高	低	投资回收期	短	长

1. 撇脂定价

撇脂定价是指在产品市场寿命周期的导入期，企业产品以高价投放市场，以获取高额利润，犹如从牛奶中撇走奶油一样，故称撇脂定价策略。以后，随着销量和产量的扩大、成本的降低，再逐步降低价格。

使用这种策略必须具备四个市场条件：一是产品的质量与高价格相符；二是要有足够多的顾客能接受这种高价并愿意购买；三是竞争者在短期内很难进入该产品市场；四是企业的生产能力有限，难以应付市场需求，可以用高价限制市场需求。

苹果的第一款 iPod 零售价高达 399 美元，即使对于美国人来说，也属于高价位产品，但是有很多“苹果迷”既有钱又愿意花钱，所以还是纷纷购买。苹果的撇脂定价取得了成功。但是苹果认为还可以“撇到更多的脂”，于是不到半年又推出了一款容量更大的 iPod，当然价格也更高，定价 499 美元，仍然卖得很好。苹果的撇脂定价大获成功。苹果公司在 iPhone 推向市场不到两个月之后，价格就猛然降低了 1/3。2014 年第四季度，三星虽然仍然以 7510 万的出货量、20.01% 的市场份额占据第一名的位置，但是苹果的出货量已经达到了 7450 万，市场份额 19.85%。三星出货量比去年同期减少了 11%，而苹果增长了 46%。这份数据表明，苹果在新机 iPhone 6 和 iPhone 6 Plus 的刺激下，销量大增，表现出极强的竞争力。初期高价卖，虽然卖得少，但也还是有销量的，总体收益不一定比低价高量少，更重要的是可以维持高端品牌形象，后期再一步步降价，赚低购买力层级消费者的钱。而小米正好反其道而行之，品牌形象虽然较低，但吸引了大众的关注度，初期不愁销量，但不怎么赚钱，后期再敞开来卖，既有销量又有利润。

2. 渗透定价

渗透定价是指在产品市场寿命周期的导入期，企业产品以低价投放市场，吸引大量顾客，以迅速占领市场，取得较大的市场份额。犹如往海绵里渗水一样，故称渗透定价策略。

采取这种策略必须具备三个市场条件：一是市场规模较大，需求弹性大，低价会刺激需求增长；二是产品无明显特色，存在较大的潜在竞争因素；三是大批量销售会使成本显著下降，企业总利润增加。这种策略的缺点是：投资回收慢，有可能形成产品“低价低质”的品牌形象。

3. 满意定价

满意定价策略又称折中定价策略或稳妥定价策略，是新产品投放市场时，在产品成本的基础上增加适当的利润，把价格定在高价与低价之间。这种定价策略较为稳妥、风险小，一般会使企业收回成本和适当盈利。

9.3.2 折扣定价策略

如图 9-6 所示，营销活动中企业常用的折扣定价策略有五种。

图 9-6 折扣定价策略

1. 现金折扣

现金折扣是企业给那些当场或折扣期限内付清货款的顾客的一种减价。例如，顾客在 30 天内必须付清货款，如果 10 天内付清货款，则给予 2%的折扣。这种折扣方式可以简单地表示为“2/10，net/30”或“2/10，*n*/30”。这种折扣带来的回报率通常比银行利率明显要高，所以顾客一般都不会放弃这种折扣价格，同时又可加强卖方的收现能力，减少信用成本和呆账。

2. 数量折扣

数量折扣是企业为了鼓励顾客大量购买本企业的商品，针对不同购买数量或金额的顾客给予不同的价格折扣。这种折扣通常划分为累计折扣和非累计折扣两种。累计折扣是在一定期间内，按照顾客累计购买商品达到的数量给予折扣。非累计折扣是按照顾客一次购买的商品数量或金额给予一定折扣的定价方式。

3. 功能折扣

功能折扣又称贸易折扣，是指制造商根据中间商的不同类型和不同分销渠道所提供的服务不同给予不同的折扣。例如，制造商报价“100 元，折扣 40%及 10%”，表示给零售商折扣 40%，即卖给零售商的价格是 60 元；给批发商则再折扣 10%，即卖给批发商的价格是 54 元。这是因为批发商和零售商功能不同。

4. 季节折扣

季节折扣又称季节差价，是指企业给那些购买过季商品或服务的顾客的一种减价，它可以使企业的生产和销售在一年四季保持相对稳定，加速资金周转和节省费用，鼓励客户淡季购买商品。例如，滑雪橇制造商在春夏季给零售商以季节折扣，以鼓励零售商提前订货；旅馆、航空公司等在淡季营业额下降时给旅客以季节折扣。

5. 促销折让

促销折让也是折扣的一种形式。例如，一辆小汽车标价为 4 000 美元，顾客以旧车折价 500 美元购买，只需付给 3 500 美元。这叫作以旧换新折让，多用于汽车行业或其他耐用品。如果经销商同意参加制造商的促销活动，则制造商卖给经销商的物品可以打折。这叫作促销折让，是对中间商提供促销的一种回报。

9.3.3　地区定价策略

所谓地区定价策略，就是企业要决定对于卖给不同地区（包括当地和外地不同地区）顾客的某种产品，是分别制定不同的价格，还是制定相同的价格。也就是说，企业要决定是否制定地区差价。如表 9-5 所示，地区定价主要有四种形式。

表 9-5　地区定价策略比较

地区定价	特　点	优　点	缺　点
FOB 产地定价	出厂价购买，卖方负责运到产地某种运输工具上	价格统一	远顾客不利
统一交货定价	全国统一定价（出厂价＋加平均运费）	简单	近顾客不利
分区定价	划分若干价格区，不同价格区制定不同的价格	相对合理	管理复杂
基点定价	厂价＋基点城市到顾客所在地的运费	相对合理	选择基点难

1. FOB 产地定价

所谓 FOB 产地定价，就是买方按照出厂价购买某种产品，卖方只负责将这种产品运到产地某种运输工具（如卡车、火车、船舶、飞机等）上交货。交货后，从产地到目的地的一切风险和费用均由顾客承担。这种定价方法的优点是价格统一，但由于顾客离产地距离不同会产生不同的费用，远距离的顾客往往愿意就近购买而不愿购买这个企业的产品。

2．统一交货定价

所谓统一交货定价，就是企业对于卖给不同地区顾客的某种产品，都按照相同的厂价加相同的运费（按平均运费计算）定价。也就是说，对全国不同地区的顾客，不论远近，都实行一个价。这种定价简便易行，有利于争取远方顾客。

3．分区定价

分区定价，是指企业把全国（或某些地区）分为若干价格区，对于卖给不同价格区顾客的某种产品，分别制定不同的地区价格。距离企业远的价格区，价格定得较高；距离企业近的价格区，价格定得较低。在各个价格区范围内实行一个价。采用分区定价存在的问题有：一是在同一价格区内，有些顾客距离企业较近，有些顾客距离企业较远，前者就不合算；二是处在两个相邻价格区界两边的顾客，他们相距不远，但是要按高低不同的价格购买同一种产品；三是处于不同价格区的经销商为了追求利益，常常会"窜货"，从而加大中间商管理难度。

4．基点定价

所谓基点定价，是指企业选定某些城市作为基点（或窗口），然后按一定的厂价加从基点城市到顾客所在地的运费来定价，而不管商品实际上是从哪个城市起运的。有些公司为了提高灵活性，选定许多个基点城市，按照距顾客最近的基点计算运费。

9.3.4 心理定价策略

心理定价策略，是指企业定价时利用消费者不同的心理需要和对不同价格的感受，有意识地采取多种价格形式，以促进销售。如图9-7所示，常见的心理定价策略有如下四种。

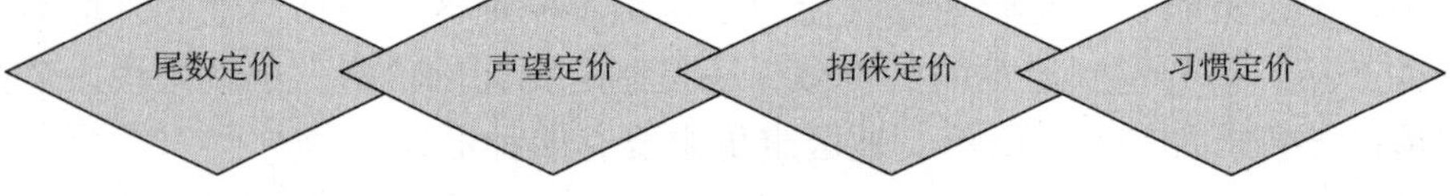

图9-7 心理定价策略

1．尾数定价

尾数定价，又称零头定价，就是定价时故意保留小数点后的尾数，这可使购买者对定价增强信任感，同时还可使人感觉价廉。例如，本应定价100元的商品，定成99.98元，本应定价70元的商品，定成69.95元，这种方法多用于需求价格弹性较大的中低档商品。

📖 实例9-5 吉诺·鲍洛奇是美国著名的推销大王，他创办了重庆公司。20世纪50年代，重庆公司的杂碎罐头刚上市的时候，按照产品的成本和商业界的惯例，每斤的价格应该不超过0.5元。负责营销的经理建议价格定在0.47～0.49元，这个建议得到多数人的支持，但鲍洛奇表示反对。他建议将价格定为 0.59 元，并解释说：“0.49 元的价格已被人们用得太滥了，已经没有原有的那种心理促销作用，顾客也已对此感到厌烦，有的甚至将它视作一种欺骗行为；其次，一般人心目中，0.5 元以下的产品是低级品，0.5 元以上的才是高级品，我们把价格定在 0.5 元以上，既不太贵，又可以使重庆公司的罐头被人们视作便宜的高级品，这样销路才会好。”产品销售结果证实了鲍洛奇的判断，很多高收入家庭也加入了重庆公司的顾客行列，公司由此获得了巧妙定价带来的丰厚利润。

2．声望定价

声望定价，指在定价时，把在顾客中有声望的商店或企业所销售的商品的价格定得比一般的商品要高一些，这是根据消费者对某些品牌的商品、商店或企业的信任心理而使用的价格策略。

📖 **实例 9-6** 宝洁公司在将它的“海飞丝”洗发香波打入中国市场时，在同类产品中定价最高，结果反而畅销。参加巴黎世界博览会的中国成套瓷器，就因为标价只有 800 法郎，使一些本想买去做家庭陈设的顾客欲购又止，因为这个价格不足以满足他们的炫耀心理的需要。

3．招徕定价

有些企业利用许多顾客有贪图价廉的心理，将某几种商品定低价（低于正常价格，甚至低于成本）刺激顾客；或利用节假日和换季时机举行“酬宾大减价”等活动，把部分商品按原价打折出售，吸引顾客，从而带动其他商品的销售。

📖 **实例 9-7** 日本东京有个银座绅士西装店。这里就是首创“打 1 折”销售的商店，曾经轰动了东京。具体的操作是这样的：先定出打折销售的时间，第一天打 9 折，第二天打 8 折，第三、四天打 7 折，第五、六天打 6 折，第七、八天打 5 折，第九、十天打 4 折，第十一、十二天打 3 折，第十三、十四天打 2 折，最后两天打 1 折。

第一天前来的客人并不多；从第三天开始，客人一群一群地光临；第五天打 6 折时，客人就像洪水般涌来开始抢购，以后客人连日爆满。当然等不到打 1 折，商品就全部卖完了。商家运用独特的创意，把自己的商品在打 5 折或 6 折时就全部推销出去。“打 1 折”只是一种心理战术而已，商家怎能亏本呢？

4．习惯定价

有些商品在顾客心目中已经形成了一个习惯价格。这些商品的价格稍有变动，就会引起顾客不满。提价时，顾客容易产生抵触心理，降价时，会被认为降低了质量。因此，对于这类商品，企业宁可在商品的内容、包装、容量等方面进行调整，也不采用调价的办法。

📖 **实例 9-8** 针对消费者花最少的钱买最多、最好的东西这一理性决策心理，小件贵重物品如人参、黄金、茶叶等常常习惯以 1 克或 10 克、50 克、100 克为单位标价，一方面显示并非高不可攀的价格，另一方面也暗示可以按克零星购买，打消顾客顾虑，如人参 8 元/10 克。对于药品，美国人喜欢用每百片为计价单位，我国习惯以盒或瓶为单位，然后再在使用说明书中细说。

9.3.5 差别定价策略

所谓差别定价，是指企业按照两种或两种以上不反映成本费用的比例差异的价格销售某种产品或服务。如图 9-8 所示，差别定价策略主要有以下四种形式。

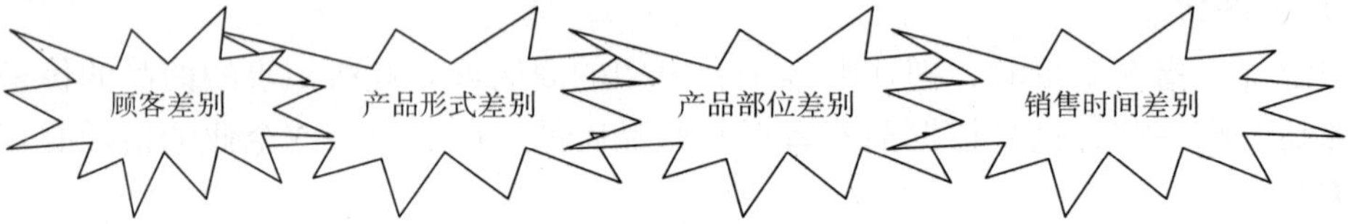

图 9-8 差别定价策略

1．顾客差别定价

顾客差别定价即企业按照不同的价格把同一种产品或服务卖给不同的顾客。例如，公园、展览馆的门票对某些顾客群（学生、军人、残疾人等）给予优惠价；有些企业对新老顾客实现不同的价格；我国对中外顾客的不同票价（火车、轮船、飞机等）均属此类定价。这种差别定价又称价格歧视，在有些国家要受到法律限制。

2．产品形式差别定价

产品形式差别定价即企业对相同质量和成本而不同花色、不同品种、不同款式的产品定不同价格。例如，不同花色的布匹、不同款式的手表等，都可定不同的价格；国外有的商人把同一种香水装在形状新奇的瓶子里，就将价格提高 1~2 倍。这主要是依据市场对该产品的需求情况而定的。

3．产品部位差别定价

产品部位差别定价即企业对于处在不同位置的产品或服务分别制定不同的价格，即使这些产品或服务的成本费用没有任何差异。例如，剧院里虽然不同座位的成本费用都是一样的，但不同座位的票价有所不同；火车卧铺因位置差异，上下铺票价不一样；同一头牛不同部位的肉，其售价也不同等。这是由人们对产品或服务的偏好有所不同导致的。

4．销售时间差别定价

销售时间差别定价即企业对于不同季节、不同时期甚至不同钟点的产品或服务分别制定不同的价格。例如，美国公用事业对商业用户（如旅馆、饭馆等）在一天中不同时段、周末和平常日子的收费标准有所不同。又如，旅游业在淡旺季定价不同；长途电话在不同时间收费不同；某些鲜活产品“早晚市价不同”；有些餐馆甚至在同一天的午餐和晚餐定价也不同。

📖 实例 9-9　日本名古屋市有一家中国面馆，当时，日本每碗汤面 300 日元，而这家面馆的定价是：星期一卖“中华面”，特价 185 日元/碗；星期二全部面点多加分量，售价 200 日元/碗；星期三各种饭类用碗装；星期四买一份菜，米饭管饱；星期五面条大碗装；星期六清酒、啤酒大减价。每月 14 日、15 日、16 日 3 天，面条一律特价 150 日元/碗，因为日本企业发工资多在每月 20 日左右，这样可以照顾靠领薪水过日子的一般职员。

9.3.6　产品组合定价策略

1．产品线定价策略

企业一般都不希望只生产单一品种的产品，而是希望经营系列产品，使产品品种、档次、规格、花色、式样、等级多样化。因为产品之间存在差异，因此在价格上也应有所区别。在定价时，首先，确定某种产品价格为最低价格，它在产品线中充当招徕价格，吸引消费者购买产品线中的其他产品；其次，确定产品线中某种产品的价格为最高价格，它在产品线中充当品牌质量象征和收回投资的角色；最后，依据其他产品在产品线中的角色不同，制定出不同的价格。

2．分级定价策略

分级定价策略是企业将系统产品按等级分为几组，形成相对应的几个档次的价格的策略。其目的是便于顾客选择、比较，满足不同类型消费者的需求，从而促进销售。

📖 实例 9-10　某大型服装商场女装部共有三层，其中，第一层为普装部（各种普通面料、款式，价格较低的女装）；第二层为品牌部（各种知名品牌服装，价格较高）；第三层为精品女装（国外流行女装，进口面料、特殊材料制作的女装，价格昂贵）。消费者会根据自己的需求预期有目的地选购。这种分级定价策略可以满足不同层次消费者的需求。

3．单一价格策略

企业销售品种较多而成本差别不大的商品时，为了方便顾客挑选和内部管理的需要，企业所销售的全部产品实行单一的价格。例如，市场上出现的“十元店”“两元店”“一元店”就是单一价格定价，店内所有的商品无论颜色、大小、款式、档次价格一律按“十元”“两元”或“一元”计。

4．互补品定价策略

有些企业同时生产与主要产品组合配套使用的互补品，如生产照相机的企业同时生产胶卷，生产剃须刀架的企业同时生产刀片等。对于这类产品，企业可以有意识地降低购买频率低、需求弹性大的商品的价格，同时提高购买频率高但需求弹性小的商品的价格，这样会取得良好的效果。

5．替代品定价策略

替代品是指在使用价值上具有相互替代效应的产品。一般来说，对于替代品，企业应当适当提高畅销品的价格，降低滞销品的价格，以使二者的销售相得益彰，增加企业盈利。

9.3.7 调价策略

1．主动降价

主动降价是指在市场营销活动中，企业为了适应市场环境和自身内部条件的变化而降低产品价格的做法。实施降价策略主要有三种情况：一是企业产品积压，虽运用各种营销手段，仍难以打开销路；二是企业市场占有率下降，为了击败竞争者，扩大市场份额，必须降价；三是企业为了通过销量和产量的大幅增加而进一步降低单位成本，形成良性循环。

2．主动提价

主动提价是指在市场营销活动中，企业为了适应市场环境和自身内部条件的变化而提高产品价格的做法。企业提价常常是面临以下情况时的一种考虑：一是成本上涨，企业需要通过涨价来维持正常的盈利水平；二是通货膨胀下，企业不得不通过涨价来减少因货币贬值造成的损失；三是产品供不应求，超过其供给能力时，企业通过调高价格抑制需求；四是企业为了补偿改进产品过程中支付的费用和显示其产品的高品位。

3．竞争性被动调价

企业面对竞争对手降价竞销时，一般来说，有四种对策可供选择：一是维持原价不变，运用非价格竞争手段出击，如改进产品质量或增加服务项目等；二是降价，但同时保持产品质量和服务水平稳定不变；三是提价，并推出新品牌产品以围攻竞争对手的降价品牌；四是推出更廉价的产品进行反击。

最后，表 9-6 将以上定价策略进行了总结。

小结

表 9-6 定价策略

类　型	具体策略
新产品定价策略	撇脂定价、渗透定价、满意定价
折扣定价策略	现金折扣、数量折扣、功能折扣、季节折扣、促销折让
地区定价策略	FOB 产地定价、统一交货定价、分区定价、基点定价
心理定价策略	尾数定价、声望定价、招徕定价、习惯定价
差别定价策略	顾客差别定价、产品形式差别定价、产品部位差别定价、销售时间差别定价
产品组合定价策略	产品线定价策略、分级定价策略、单一价格策略、互补品定价策略、替代品定价策略
调价策略	主动降价、主动提价、竞争性被动调价

【职业知识检测】

1．名词解释

密封投标定价　　尾数定价　　拍卖定价　　FOB 产地定价

2．填空题

（1）一般来说，高档食品、奢侈品、服务产品、娱乐消费多属于需求价格弹性（　　）的产品，而生活必需品则一般表现为需求价格弹性（　　）。

（2）经济学里因价格和收入变动而引起的需求的相应变动率称为（　　）。

（3）如果某种商品价格提高了 10%，该商品需求量却下降了 5%，则该商品的需求价格弹性系数为（　　）。

3．选择题

（1）新产品投放市场时制定较高的市场价格，以求在短时间内收回投资并赚取高额利润，这属于（　　）定价策略。

A．渗透定价　　B．撇脂定价　　C．稳妥定价　　D．歧视定价

（2）可以使购买者对企业定价增强信任感并使人感觉价格低廉的定价方法是（　　）。

A．尾数定价　　B．习惯定价　　C．声望定价　　D．招徕定价

（3）按照行业平均现行价格水平来定价的随行就市定价法属于（　　）。

A．需求导向定价　　B．成本导向定价

C．竞争导向定价　　D．招徕定价

（4）在赊销情况下，卖方为鼓励买方提前付款时按原价给予一定折扣，这种做法叫（　　）。

A．功能折扣　　B．现金折扣　　C．数量折扣　　D．季节折扣

（5）以保证产品质量领先为定价目标的企业，通常为其产品制定（　　）。

A．低价格　　B．市场价　　C．高价格　　D．保本价格

（6）以维持企业生存为目标的企业，通常为其产品制定（　　）。

A．低价格　　B．市场价　　C．高价格　　D．保本价格

（7）竞争导向定价法比较适用于（　　）。

A．质量差别不大的产品　　B．需求价格弹性小的产品

C．实力不强的中小企业　　D．实力雄厚的大企业

（8）在建筑包工、大型设备制造或大宗采购业务中，通常会用到的定价方法是（　　）。

A．理解价值定价法　　B．随行就市定价法

C．竞争导向定价法　　D．密封投标定价法

（9）成本加成定价法在（　　）中被普遍采用。

A．制造业　　B．建筑业　　C．零售业　　D．网络营销

（10）将价格定为1 000元或1 050元，而不是998元，采用的是（　　）策略。

A．尾数定价　B．整数定价　C．声望定价　D．招徕定价

（11）某企业为了增加胶卷的销量，采用了降低照相机价格的方法，这种产品组合定价策略是（　　）。

A．替代品定价　B．互补品定价

C．副产品定价　D．任选商品定价

（12）下列定价方法中，将价格定在成本以下的是（　　）。

A．成本加成定价法　B．目标收益定价法

C．边际贡献定价法　D．保本定价法

4．简答题

（1）你认为哪一种定价目标最重要？企业在选择定价目标时应考虑哪些因素？

（2）什么是需求价格弹性？它对定价有何影响？

（3）企业为什么要实施价格折扣策略？折扣程度的依据是什么？

（4）如何理解定价方法中的需求导向定价？

（5）针对你了解的某种产品，进行定价决策（定低价、高价还是中间价），并说明理由。

（6）根据需求导向定价法思路，探讨企业提高产品感受价值的路径或方法。

【职业技能训练】

1．方案策划

（1）某企业投入固定成本200 000元，单位产品变动成本15元，预计销售量50 000件。

1）如果企业以保本为定价目标，其保本价格为多少？

2）若企业定价目标为实现目标利润100 000元，则销售价格应定为多少？

3）当企业产品50 000件售完后，销路一直不畅，受此影响，企业一直不景气，现有人发来订单，最高报价16元，10 000件，考虑企业是否该接受此订单，并说出理由。

（2）一种产品，去年以35元的价格销售了25万件。今年企业准备降价至30元，预计今年能够销售31万件。请用需求价格弹性的原理计算并说明降价是否正确。

（3）某企业经销的某品牌大衣成本300元/件，加成率为40%，如果运用成本加成定价法定价，该大衣售价多少？

（4）某企业经销的某品牌大衣成本300元/件，公司总部规定毛利率为40%，如果按照售价加成定价法计算，该大衣售价多少？

2．分析讨论

（1）有的人对市场营销中的定价策略，有很多不同意见：原价20.00元，现价19.80元，销量就会大量增加，这是自作聪明；原价70元，提高至100元，限量打7折销售，买的人就多，这是欺诈；超市4元一瓶的啤酒，酒吧要20元一瓶，这简直是暴利；原价300元的

皮衣，无人问津，标价 3 000 元，却抢购一空，这是消费者太蠢；1999 年 2 月 19 日，突然降温造成峨眉山游客被困，个别商家 1 包方便面售价 30 元，租一件军大衣 150 元；2003 年"非典"期间，一瓶原价 4 元的普通消毒液，20 元才能买到，商家认为，这是物以稀为贵，遵循的是价值规律。客观解释造成这些现象的原因，讨论在营销活动中，该如何处理好定价策略与营销道德、诚信和价值规律的关系。

（2）一件大衣标价 350 元，议价能力强的消费者可能 50 元就能买到，不会议价的消费者至少得 300 元才能买到；一件商品标价 300 元，一位顾客认为，降价至 290 元就能接受，否则绝对不买，可商场规定不准议价，到手的生意只能告吹。比较分析商业营销活动中"能议价"与"一口价"的定价策略各自的优缺点。你认为哪一种更好？班内同学按观点不同分成两组，以辩论明理。

3．案例分析

"不要利润，要市场！""买一送一"，3 100 元/台的 1P 空调挂机只卖 2 300 元/台。近日×市空调市场陡刮降价风暴，各大商家纷纷亮出撒手锏，降幅高达 30%，战况空前"惨烈"。业内人士惊呼："空调产品　'市场定价'时代已经到来！"

海尔空调产品经理周大伟说，这次海尔产品价格未降，是因为推出了 47 款新产品，涵盖高、中、低档产品，如"智慧眼"1P 空调售价 3 900 元，比去年 1P 空调价格还上涨了。海尔价格一直比较稳定，因为任何商家不能低于厂家给出的限价，如果低于这个限价，厂家就会取消该商家的经营权。所以定价权肯定在厂家手里，不能让商家随意定价。各商场所进产品型号都有不同，彼此也不知对方价格。产品价格是否该降，降多少，应该根据消费者需求与产品价值大小来定。

（1）海尔空调采用的目标市场营销战略的特点有（　　）。

A．有利于大规模生产，降低成本　　B．会增加生产成本与营销费用

C．往往会导致"多数谬误"　　D．能更好地满足消费者需要

（2）该城市空调经销商采用的定价方法是（　　）。

A．需求导向定价法　　B．竞争导向定价法

C．成本导向定价法　　D．综合导向定价法

（3）一般而言，价格战会导致（　　）。

A．空调销量上升　　B．过度竞争出现

C．商家利润率降低　　D．企业与经销商关系紧张

（4）一般来说，企业可以考虑降低价格的情况有（　　）。

A．企业生产能力过剩，但企业又无法通过改进产品和加强销售来扩大销售

B．通货膨胀，物价上涨，企业成本费用提高

C．竞争激烈，企业市场占有率下降

D．企业成本费用比竞争者低，企图通过降价来占有市场或提高市场占有率

4．模拟实训

向全班同学征集拍卖物品，每人 2 ~ 3 件；将全班同学分成若干组；各组选派代表成立

估价委员会，对征集到的拍品进行评估并设定底价；估价委员会按照底价总值相等的原则，将拍品分成若干组，各组选派代表抽签确定本组负责拍卖的物品，并分配给各组与拍卖物品底价总值相等（或上浮 20%）的资金额度，用于竞买物品；各组选派拍卖师面向全班同学拍卖本组物品；拍卖结束后，计算各组盈亏额度，决定胜负，计入平时成绩。

各组盈亏额度=（拍卖前拍品底价总值+资金额度）–（拍卖后拍品底价总值+资金额度）

或

拍卖物品余额（成交价–底价）–竞买物品超额（成交价–底价）

游戏规则：竞买人一经应价，不得撤回，当其他竞买人有更高应价时，其应价即丧失约束力；竞买人的最高应价经拍卖师落槌或以其他公开表示买定的方式确认后，拍卖成交；每次加价不得低于预先规定的加价幅度，否则叫价无效。

第 10 章

分销渠道策略

即便人见人爱、物有所值、家喻户晓的产品，如果没有无处不在、随处可得的分销店，那也只是海市蜃楼、空中楼阁！

——编著者

学习目标

☑ 重点掌握分销渠道的概念、分销渠道的类型。

☑ 理解各类分销渠道的优缺点，选择分销渠道应该考虑的因素。

☑ 一般了解经销商与代理商的概念与区别、分销渠道模式的设计与分销渠道的管理、各种中间商业态的特点。

CASE

【任务导入】传统中间商路在何方

2015 年 5 月底，世界最大的零售商沃尔玛宣布终止部分由香港利丰有限公司供货的协议，转而由公司内部直接经营采购。一家零售商是选择供货外包还是建立自己的团队与供应商直接来往，主要考虑成本和效益，以及是否与公司未来发展的核心能力一致。大规模的零售商品的成本费用中，制造只占 1/4，其他都产生于中间环节。利丰以往的规模效应能压低成本，然而市场日趋透明，竞争激烈，侵蚀其市场份额；同时，各国对食品安全的要求、对血汗工厂的指责，促使大零售商选择自己直接经营，来规避可能损害公司品牌的风险。

随着生产厂家越来越追求最短的渠道，零售终端的作用越来越被强化，中间商的分销作用、物流中转作用越来越被弱化，中间商正处于一个尴尬的境地。传统的中间商路在何方，是个值得深思的问题。

10.1 分销渠道的概念与类型

10.1.1 分销渠道的概念

根据菲利普·科特勒的定义：分销渠道是指在某种商品或服务从生产者向消费者转移的过程中，取得这种商品或服务的所有权或帮助所有权转移的所有企业和个人。因此，分销渠道一般是由处于渠道起点的制造商、处于渠道终点的消费者，以及处于制造商与消费者之间的经销商（因为他们取得了商品的所有权）和代理商（因为他们帮助所有权的转移）等营销中介构成的。

10.1.2 分销渠道的类型

1．根据是否有中间商介入划分

根据生产者与消费者之间是否有中间商的介入，可以划分为直接分销渠道与间接分销渠道。

（1）直接分销渠道。直接分销渠道简称直销渠道，是在商品流转过程中没有任何中间商的介入，生产者直接通过自己的销售人员或销售机构把商品销售给消费者。如图 10-1 所示。

直销的主要形式有上门推销、邮寄销售、电话销售，开设自销门市部和通过订货会或展销会与消费者直接签约供货等形式也属于直销。

📖 **实例 10-1**　我国自 2005 年 12 月 1 日起施行的《直销管理条例》所称的直销，是指直销企业招募直销员，由直销员在固定营业场所之外直接向最终消费者推销产品的经销方式。直销产品的范围由国务院商务主管部门会同国务院工商行政管理部门根据直销业的发展状况和消费者的需求确定、公布。我国自 2005 年 11 月 1 日起施行的《禁止传销条例》所称的传销，是指组织者或者经营者通过发展人员按照其直接或间接发展人员数量或这些人员的销售业绩为依据计算和给付报酬，或者要求被发展人员以缴纳一定费用为条件取得加入资格等方式牟取非法利益，扰乱经济秩序，影响社会稳定的行为。

直接分销渠道比较突出的两个优点是产销直接沟通，交易快捷低廉。直接分销渠道比较突出的缺点是精力分散、费用增加、专业化水平不高。

（2）间接分销渠道。间接分销是商品生产者通过一定的中间商实现商品的销售。如图 10-2 所示。

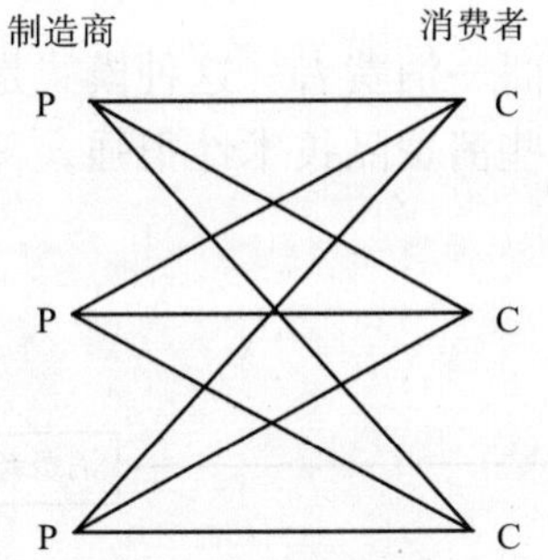

图 10-1　直接分销

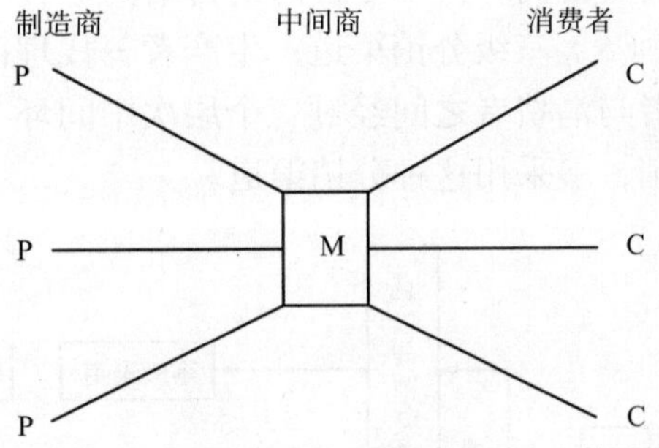

图 10-2　间接分销

间接分销渠道比较突出的两个优点是节约交易成本和增强营销能力。首先，生产者可以利用中间商所具有的集中、平衡和扩散的功能，使交易次数减少，商品销售简单化，大大节省了花费在销售上的人力、物力和财力。如图 10-1 所示，三个制造商与三个消费者在没有中间商的情况下，需要交易九次；而图 10-2 中，三个制造商与三个消费者在有一个中间商介入的情况下，则只需交易 6 次即可实现同样的商品交换目标。其次，中间商具有庞大的销售网络，能收集大量的信息，掌握市场动态。生产者可以借助中间商的这些能力，充分发挥它们的纽带和桥梁作用，引导消费，促进产品销售。

间接分销渠道比较突出的缺点是增加流通环节、推高产品成本、加大产销距离、增加沟通难度。

2．根据中间环节层次的多少划分

根据中间环节层次的多少，可以划分为长渠道与短渠道。

分销渠道的长度是指产品流通过程中所经过的不同层次中间环节的多少。在产品从生产者转移到消费者的过程中，任何一个对产品拥有所有权或负有推销责任的机构，就叫作一个渠道层次。显然，产品流通所经过的中间环节越多，则渠道越长；反之，则越短。

按照产品流转过程中，所经过的中间环节层次的多少，分销渠道可以划分成以下几种模式，如图 10-3 所示。

（1）零级分销渠道：生产者→消费者。这种模式又称直接分销渠道，简称直销，指产品不经过任何中间环节，直接由生产者供应给消费者。它是一种最简便、最短小的渠道。

（2）一级分销渠道：生产者→零售商→消费者。这种模式是指生产者和消费者之间只经过一个层次中间环节的分销渠道。在消费品市场上，这个中间环节通常是零售商，即由生产企业直接向零售商店供货，零售商再把商品转卖给消费者。

（3）二级经销渠道：生产者→批发商→零售商→消费者。这种模式是指在生产者与消费者之间经过两个层次的中间环节的分销渠道。这种渠道是消费品分销渠道中的传统模式，为大多数中小企业所采用。

（4）二级代理分销渠道：生产者→代理商→零售商→消费者。这种模式也是在生产者与消费者之间经过两个层次中间环节的分销渠道，与二级经销渠道不同的是代理商代替了批发商。许多生产企业为了大批量销售产品，通常通过代理商或经纪人，由他们把产品转卖给零售商，再由零售商销售给消费者。

（5）三级分销渠道：生产者→代理商→批发商→零售商→消费者。这种模式是指在生产者与消费者之间经过三个层次中间环节的分销渠道。有些消费品技术性很强，又需广泛推销，多采用这种分销渠道。

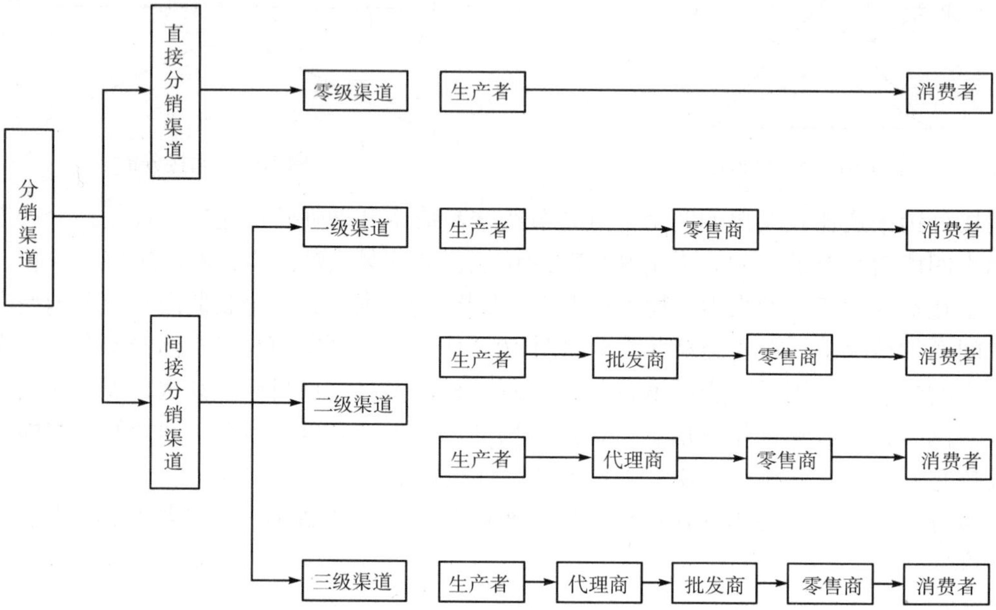

图 10-3　分销渠道的模式

长渠道比较突出的优点是能高效开拓市场并分散经营风险。长渠道比较突出的缺点是渠道长、环节多、控制性差、推高产品成本、失去低价优势。

短渠道的优点是渠道短、环节少、流转成本低、销售速度快、信息反馈及时。短渠道的缺点是商品生产者承担的商业职能多，难以大规模拓展市场。

3．根据同一层次中间商的多少划分

根据分销渠道同一层次选用中间商的多少，可以划分为宽渠道与窄渠道。

分销渠道的宽度是指渠道的同一个层次中间环节使用同类型中间商数目的多少。一般而言，按照渠道的宽窄，企业的分销渠道可以分成三种模式。

（1）密集性分销。密集性分销指企业尽可能多地通过许多负责任的批发商、零售商推销其产品。例如，便利品通常采取这种策略，使广大消费者能随时随地买到这些日用品。如图 10-4 所示。

（2）选择性分销。选择性分销指制造商在某一地区仅仅通过少数几个精心挑选的、最合适的中间商推销其产品。这种形式对各类产品都适用，它比独家分销面宽，有利于扩大销路，开拓市场，展开竞争；与密集性分销相比，既节省费用，又易于控制。如图 10-5 所示。

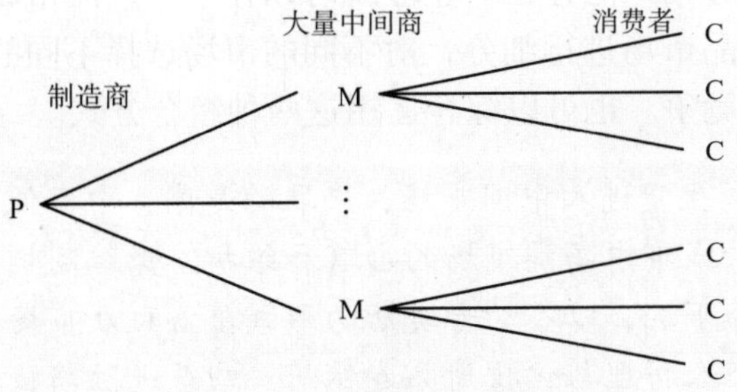

图 10-4　密集性分销

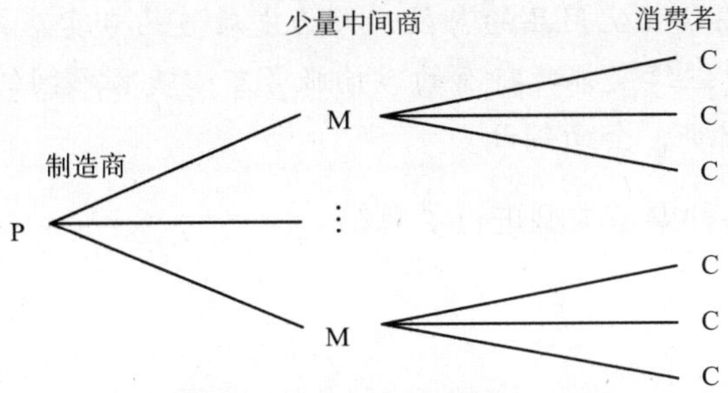

图 10-5　选择性分销

（3）独家分销。独家分销指制造商在某一地区仅仅选择一家中间商推销其产品，通常双方协商签订独家经销合同，规定经销商不得经营竞争者的产品，以便控制经销商的业务经营范围，调动其经营积极性，以有效地占领市场。如图 10-6 所示，这是最窄的分销渠道。

宽渠道的优点是市场覆盖面宽，推广力度大，有利于促进中间商之间展开竞争。宽渠道的缺点是生产者与中间商之间关系松散，渠道控制力降低。

窄渠道最大的优点是生产者与中间商之间的关系非常密切，二者互相依赖。窄渠道的缺点是生产者对某一中间商的依赖性太强，缺乏选择优秀中间商的灵活性，市场推广力度有限，不利于使中间商形成竞争压力。

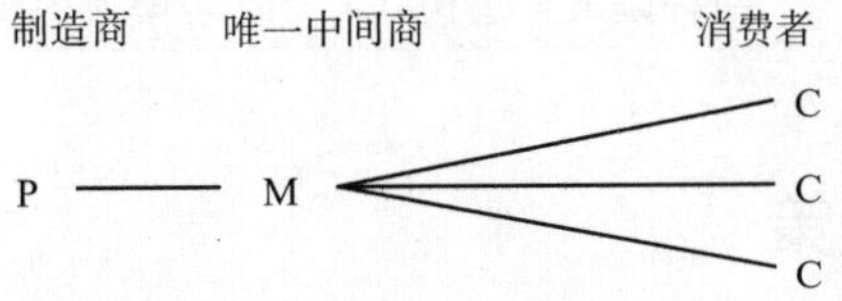

图 10-6　独家分销

4．根据选用渠道模式的多少划分

根据生产者选用渠道模式的多少，可以划分为单渠道与多渠道。

（1）单渠道。如果生产者在一定的时空条件下，只选择一种模式的分销渠道，就叫单一的分销渠道。

（2）多渠道。如果生产者在一定的时空条件下，同时选择两个或两个以上模式的分销渠道，就叫复合型的多渠道。

在实践中，多渠道分销广泛存在。企业既可以在单一产品市场上组合多条彼此竞争的分销渠道；也可以对产品市场进行细分，对不同的市场选择不同的分销渠道，这些渠道既不互相重叠，也不彼此竞争。也可以综合运用这两种组合方式。

实例 10-2 资生堂进入中国市场，采取的是高、中、低全方位出击的办法来攻略中国市场。一是坚持城市中高端市场的占有和维护，保障高档百货店专柜的竞争力；二是向二线、三线市场下沉，以签约专卖店的形式覆盖大众市场；三是进驻一线市场中以屈臣氏等为代表的个人护理与化妆用品连锁店；四是进驻药妆店，开辟新的化妆品销售市场。这四种策略中，资生堂最为倚重的是向二线、三线市场下沉。这方面又运用两个策略：一是放下高端日化用品的身段，大力发展签约专卖店，向市场潜力十分巨大的中国农村渗透；二是继续发挥其特有的咨询服务中心美容顾问的温柔“杀伤力”，使资生堂产品在中国家喻户晓，全面铺开。

表 10-1 将以上各种渠道类型进行了总结。

小结

表 10-1 分销渠道类型

划分标准	类 型	形 式	优 点	缺 点
是否有中介	直接分销	上门推销，直销中心	交易快捷低廉	市场推广力度小
	间接分销	经销商，代理商	市场推广力度大	提高产品成本
中间环节多少	长渠道	二级、三级分销	市场推广力度大	控制性差，成本高
	短渠道	零级、一级分销	成本低、速度快	市场推广力度有限
选用中间商多少	宽渠道	密集性分销	市场推广力度大	渠道控制力降低
	窄渠道	选择性分销，独家分销	渠道控制力强	市场推广力度有限
选用渠道模式多少	单渠道	一种渠道模式	渠道控制力强	市场推广力度小
	多渠道	两种以上渠道模式	渠道控制力弱	市场推广力度大

10.2 分销渠道决策

10.2.1 设计分销渠道模式

设计分销渠道模式，即决定企业是采取短渠道还是长渠道；考虑选择不经过中间商的直接分销，还是经过中间商的间接分销，还要决定经过几道中间环节最合适，要考虑宽渠道和窄渠道哪个更为有效；是只选择一种模式的分销渠道，还是同时选择若干个分销渠道。影响分销渠道模式选择的因素很多，如表 10-2 所示，企业需要仔细分析，认真考虑，综合评价，然后设计出适合本企业营销的渠道模式。

小结

表 10-2　设计分销渠道模式应该考虑的因素

因素		渠道长度		渠道宽度		因素		渠道长度		渠道宽度	
		长	短	宽	窄			长	短	宽	窄
产品	价值	低	高	低	高	企业	企业实力	弱	强	强	弱
	自然属性	稳定	不稳定	不稳定	稳定		管理水平	弱	强	强	弱
	体积与重量	小	大	小	大		控制愿望	小	强	小	强
	技术性	弱	强	弱	强	中间商	经销积极性	高	低	高	低
	通用化	高	低	高	低		经销条件	低	高	低	高
	市场寿命周期阶段	后期	前期	后期	前期		开拓能力	强	弱	弱	强
市场	规模	大	小	大	小	环境	总体经济形势	好	差	好	差
	分布	分散	集中	分散	集中		国家政策法规	依法设计分销渠道			
	消费者的购买习惯	便利	选购	便利	选购						

1．产品因素

（1）产品的价值。一般来讲，产品的单价越低，分销渠道可以越长；反之，产品单价越高，分销渠道短一些则更经济。因此，普通的日用消费品和工业品中的标准件的销售，一般都要经过一个或一个以上的批发商，再经零售商转至消费者手中。而一些价格较高的耐用消费品和工业品中的专用设备则不宜经过较多的中间商转卖。

（2）产品的自然属性。一般来讲，自然属性比较稳定的产品可以考虑使用中间商或相对较长的渠道；而易腐烂、易毁损或易于过时的产品，应尽可能采用直接渠道或相对较短的渠道，如新奇玩具、时装、新鲜食品、各种陶器、玻璃、精制的工业品等尽可能采用短渠道。

（3）产品的体积与重量。体积庞大和笨重的产品应尽可能采取较短的分销渠道，以节省运输和保管方面的人力和物力，如大型设备、机械设备等；体积小或重量轻的产品，则可采取较长的渠道。

（4）产品的技术性。技术性不十分强的耐用消费品，一般可以通过中间商出售，为加强售后服务，企业应对中间商进行必要的培训和指导；对于技术性很强的工业品，企业应采取直接渠道销售，以加强售后服务。

（5）产品的通用化。定制品有特殊的规格要求，一般需生产者与消费者或用户直接面议规格、质量和式样等，不宜经过中间商；标准品因具有一定品质、规格和式样，分销渠道可长可短；对于那些标准化、系列化、通用化程度很高的产品，可以选用宽渠道和长渠道。

（6）产品所处的市场寿命周期阶段。企业为了尽快打开新产品销路，往往不惜花费大量资金，组成直接分销队伍直接向消费者销售。当产品在市场上已经形成高的知名度与美誉度时，出于拓展市场的需要，可以逐步考虑利用间接渠道分销产品。我国许多企业在创立品牌初期走的是直接销售的路子，等创立品牌后，就采取多种方式尝试间接销售的做法了。

2. 市场因素

（1）潜在市场的规模。如果潜在市场的规模较小，企业可以考虑使用推销员或邮寄直接向消费者或顾客推销；反之，如果潜在市场规模较大，则应采取间接分销。

（2）潜在市场的分布。如果顾客集中分布在一个或少数几个地区，则可以考虑采用直接销售的方式，或者生产企业直接卖给零售商；顾客分布很分散，则应选择间接销售和宽渠道销售。

（3）消费者的购买习惯。首先，顾客购买数量越大、单位分销成本越低的产品，越应尽可能将批量性产品直接出售给顾客。其次，顾客购买频率高，每次购买数量很少，而且产品价值低的产品，则需要利用中间商进行分销，即采用长渠道与宽渠道；反之，则采用短渠道。最后，消费者购买行为投入程度较高的产品，即购买之前需要充分比较研究、购买过程中需要投入较多精力与时间的产品，选用短渠道与窄渠道效果会更好；反之，则可以采用长渠道。

3. 企业因素

（1）企业实力。对于资金雄厚、信誉好的企业，可以自己组织分销队伍进行销售，采取直接分销渠道，也可采取间接渠道销售。而资金缺乏、财力较弱的企业，只能依靠中间商，分销渠道势必要长些。

（2）管理水平。企业渠道管理水平也会影响企业渠道的长度与宽度。一般来说，假如制造商在销售管理、储存安排、零售运作等方面缺乏经验，人员素质不适合自己从事广告、推销、运输和储存等方面的工作，最好选择较长渠道与窄渠道。如果制造商熟悉分销运作，具有一定的产品分销经验，并具有较强销售力量、储存能力，则不必依赖中间商，可以选择短渠道与宽渠道。

（3）控制愿望。如果企业希望对分销渠道进行高强度控制，同时自身又有控制能力，一般采取较短较窄渠道的做法。如果采用中间商分销，一方面会使制造商的渠道控制力削弱，极可能导致制造商受制于中间商；另一方面会使制造商分销受限制。

4. 中间商因素

（1）中间商的经销积极性。如果中间商愿意经销制造商的产品，同时不对制造商提出过多、过分要求，会使企业更愿意利用中间商，因此企业可选择长渠道与宽渠道的做法。

（2）中间商的经销条件。利用中间商的成本太高，或者中间商压低采购价格，或者中间商要求的上架费太多，就应考虑采取较短、较窄的渠道。

（3）中间商的开拓能力。如果中间商能够帮助制造商把产品及时、准确、高效地送达消费者手中，则可以选择较长、较宽的分销渠道，否则将选择较短、较窄的渠道。

5．环境因素

（1）总体经济形势。整个社会经济形势好，分销渠道模式选择余地就大。当经济不景气时，市场需求下降，企业必须尽量减少不必要的流通环节，应当利用较短的渠道。

（2）国家政策法规。国家的有关政策和法律因素对分销渠道也有重要影响，如反不正当竞争法、反垄断法规、进出口规定、税法等，都会影响分销渠道选择。我国对烟酒、鞭炮、汽油、食盐等产品的销售有专门的一些法规，这些产品的分销渠道，就要依法设计。

10.2.2　选择中间商

当企业选择好渠道模式后，就需要根据渠道模式，进一步选择具体的渠道成员——中间商来承担具体的分销任务了。从制造商的角度出发，如图 10-7 所示，企业评价和选择中间商的主要依据可以概括为八个方面，简称 8C 标准，即成本、资金、控制、覆盖、特点、连续性、信用和能力。

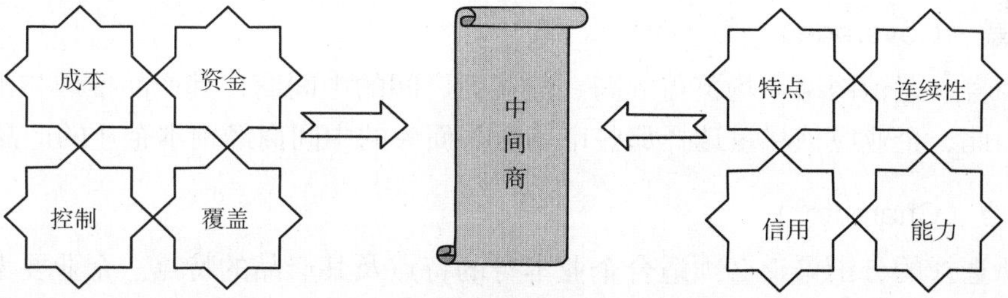

图 10-7　选择中间商的 8C 标准

1．成本（Cost）

企业选择中间商首先要考虑的就是成本问题，如果选用中间商效益低下或成本太高，得不偿失，就不应该选择这一中间商。渠道成本就是企业建立、发展与维持渠道所需要的费用。制造商一般选择那些能够承担一部分广告费用和其他销售促进活动费用的中间商，以减少企业的负担，降低销售费用。

📖 **实例** 10-3　在营销实践中存在这样一种现象：商场、超市等零售商向供货商收取各种形式的进店费，一种商品要进入零售店铺要收取进店费、节庆费、修缮费、货架费、广告费、条码费、商场海报费、店庆费、新店开业赞助费、折扣、商品丢失补偿、商品残损补偿、配送费、合同续签费、超市工作人员的胸牌费、服装费等林林总总几十种费用。同时，供货商还得参加零售商的促销活动，有时售价甚至低于厂家的生产成本，如果不同意就得退出店铺。

2．资金（Capital）

生产企业要选择资金力量比较雄厚、财务状况良好的中间商。因为这样的中间商不仅能及时付款、不拖欠，而且还能对有困难的制造商提供某些财务帮助，从而有利于扩大产品销路。

3．控制（Control）

在营销活动中，选择的中间商不同，所享有的控制力也不同。一般来说，企业在其产品的分销渠道中卷入越深，对渠道的控制越大。当销售渠道变得越来越长时，企业对价格、销售量、推销方式和零售形式等的控制力就会削弱。为了更及时地掌握市场变化，更加了解营销渠道的情况，以扩大其销量，企业需要增强对分销渠道的控制力。

📖 实例 10-4　2004年2月21日，国美在成都发起一场“空调大战”，将格力零售价为1 680元的1P空调降价为1 000元，零售价为3 650元的2P柜机降价为2 650元，使得格力“无法忍受”。四川新兴格力电器销售有限公司要求其“立即终止低价销售行为”，但国美依旧我行我素，格力电器当即宣布正式对成都国美停止供货。该事件最后以成都国美道歉并恢复原价告一段落。但在3月10日，双方矛盾进一步激化，并扩展到全国。国美北京总部向全国分公司发了一份“关于清理格力空调库存的紧急通知”，在全国范围内停止对格力空调的销售。格力也毫不退让，宣布取消对国美的供货。

4．覆盖（Coverage）

一般而言，营销网络市场覆盖率高、覆盖面广阔的中间商，其产品推广与市场开拓能力也强。因此，企业应该尽量选择那些市场覆盖面大的中间商经销本企业的产品。

5．特点（Character）

企业所选择的分销渠道必须适合企业本身的特点及其产品的特点。企业要考虑中间商的销售对象是否与企业所要进入的目标市场一致，即所要选用的中间商的经营范围，应该与生产企业的产品销路基本对口。

6．连续性（Continuity）

在市场营销实践中，企业选择的一些中间商可能是一些小型中间商，这些中间商的经营状况不十分稳定，寿命有时很短，常常因为各种原因倒闭或转业，企业就可能随之失去在该地区的市场。另外，有些批发商，特别是零售商，做生意缺乏连续性，商品走俏能赚大钱时，他们便乐于经销；当商品销路欠佳或利润较低时，就会拒绝进货。因此，制造商选择中间商也须注意维持连续性。

7．信用（Credit）

信用是指中间商的信用度的大小，这一点往往会被忽略。在营销实践中，商品销售状况良好但回款能力极差的中间商应该慎重考虑。否则，企业会因资金周转问题而陷入困境。

📖 实例 10-5　大型超市进不起，中小企业只好将目标瞄向规模小一些的超市，可是少数零售商利用经营户们的急切心理，做起了“圈钱”的生意。目前在供应商与零售商签订的合同中，关于货款结算期限一般定为“月结30天”或“月结60天”，但零售商关于账期的承诺往往不能实现。结账的危机主要有两方面的原因：一是供应商生产经营链条长，供应商和零售商在规定的时间内无法完成对账；二是少数零售商恶意拖欠货款，以更长时间、更大量地占用资金。

8．能力（Capability）

能力是指在对中间商进行评价选择时要从其开拓市场的能力、营销能力、管理能力、提供技术支持与售后服务能力、商品的储存运输能力等方面进行考察。例如，经营鲜活商品有无冷藏或控温设备；经营有特殊要求的商品有无保管防护设备；有无必要的或专用的仓库和运输车辆等。

10.2.3 分销渠道管理

1．中间商激励

中间商选定之后，还需要进行日常的监督和激励，使之不断提高业务经营水平。中间商首先是顾客的采购代理，然后才是制造商的销售代理，只有顾客愿意购买的产品，中间商才有兴趣经营。营销实践中，中间商一般不会对各品牌产品分别进行销售记录，有些原始资料也不一定注意保存，除非给予特殊的激励。因此，制造商要制定一些考核和奖罚办法，对中间商的工作及时给予考核和奖励，必要时给予惩罚。对经营效果较好的中间商，应争取建立长期产销合作关系，也可派专人驻商店协助推销并收集信息。

激励中间商的办法运用比较普遍的是直接返利、价格折扣、促销等物质或货币的激励，也可以通过帮助中间商改善管理和促进销售的方法实现间接激励。

2．协调产销关系

协调制造商同中间商的关系主要有三种形式，即合作、合伙和分销规划。

（1）合作。多数制造商与经销商建立合作关系，一方面，对中间商以高利润、特殊优惠、合作推销折让、销售竞赛等办法，激励其推销热情和积极性；另一方面，对表现不好的或工作消极的中间商予以惩罚，如降低利润率、推迟发货甚至终止合作关系。

（2）合伙。较成熟的制造商一般与经销商建立合伙关系，签订协议，在协议中明确规定双方的责任和权利。例如，规定经销商的市场覆盖面、市场潜量，以及应提供的市场信息和咨询服务，或者根据协议执行情况，对经销商支付报酬等。

（3）分销规划。分销规划是一种最先进的办法，是一种把制造商和中间商的利益融为一体的“纵向营销系统”。通过统一规划营销工作，如决定销售目标、存货水平、培训计划，以及广告和营业推广方案等，使产销双方协调一致地完成任务。

总之，产销双方是既相互依存又相互对立的关系，生产企业对中间商应贯彻“风险分担，利益共享”的原则，尽力使之与自己站在同一卖方立场，作为营销渠道的一员来考虑问题，而不要使他们站在对立的买方立场。这样，就可减少并缓和产销之间的矛盾，双方密切协作，共同搞好营销工作。

3．评估中间商业绩

渠道管理的最后一项工作是对渠道成员——中间商业绩的评估。每隔一段时间，制造商必须考察和评估中间商的配额完成情况、平均库存水平、装运时间、对受损货物的处理、促销方面的合作，以及为顾客提供服务的情况。对表现好的予以奖励，对表现不好的予以批评，必要时可更换渠道成员，以保证营销活动顺利而有效地进行。

4．分销渠道的组织

传统渠道组织是一种松散关系，由各自独立的制造商、批发商、零售商等组成，各自为政，没有统一领导和统一规划，因而经营效果不好。制造商和中间商由于各自所处地位和利益不同而经常发生矛盾，同一渠道的各个中间环节之间也经常发生矛盾，这是传统渠道组织固有的弊病。为了管理渠道成员，减少渠道冲突，常用的渠道组织形式有以下两种。

（1）垂直营销系统。垂直营销系统又称纵向营销系统，是由制造商、批发商和零售商形成的统一整体。三者统一规划，协调行动，服从于一个领导者。垂直营销系统有三种具体形式。

1）统一垂直营销系统。又称直营式垂直分销系统。这种形式是在单一所有权下把生产和分销这两个阶段结合在一起，实际上是一种产销一体化经营。

📖 实例 10-6　格力公司实行厂商股份合作制的主要渠道模式。格力联合湖北省几家经销商于 1997 年年底率先在湖北省成立股份制销售公司，创立了“区域性销售公司”这一独特的营销模式，统一了湖北全省的销售和服务网络。随后，这一模式扩展到全国，格力连续 9 年夺取了空调销量第一的宝座。

2）契约式垂直分销系统。由从事制造和分销的不同层次的相互独立的企业组成，它们以契约的形式联合起来。

3）管理垂直营销系统。由力量最强或规模最大的一方来管理和协调制造和分销的各个环节，但不以所有权或特许权的形式来管理。

（2）横向营销系统。横向营销系统又称水平营销系统，是指同一层次的两个或两个以上的企业联合起来，利用各自的资金、技术、资源等方面的优势，共同开发和利用市场机会。

10.3　中间商

10.3.1　中间商概述

1．中间商的概念

中间商是指介于生产者与消费者（用户）之间，专门从事商品流通活动的经济组织或个人，或者说，中间商是生产者向消费者（或用户）出售产品时的中介机构。

2．中间商的类型

（1）按照中间商在商品流通转让过程中是否取得商品的所有权，可以划分为经销商、代理商和经纪人三类。

1）经销商。是指从事商品交易业务，在商品买卖过程中取得商品所有权的中间商，其利润来源主要是商品的购销差价，一旦买进商品，则商品的销售风险与利益均由自己独立承担。

2）代理商。是指从事商品交易业务，接受生产企业委托，但不具有商品所有权的中间商，其利润来源主要是被代理企业的佣金，但商品的销售风险与利益一般由被代理企业承担。

3）经纪人。俗称掮客，既无商品所有权，也不持有和取得现货，其主要职能在于为买卖双方牵线搭桥，协助谈判，促成交易，由委托方付给佣金，不承担产品销售的风险。

这三种类型中间商的比较分析，如表 10-3 所示。

表 10-3　三类中间商比较

类　型	商品所有权	利润来源	销售风险	业务特点
经销商	取得	购销差价	自己承担	购进售出商品
代理商	不取得	佣金	不承担	代理销售商品
经纪人	不取得	佣金	不承担	不取得商品，撮合交易

（2）按照中间商在流通转让过程中所处的地位和所起的作用不同，可以划分为批发商和零售商两类。

1）批发商。是指那些主要从事批发业务的企业。批发是指将购进的商品批量转售给各类组织购买者的业务，也指将商品转售给为了转卖或商业用途而进行购买的组织购买者的活动。

2）零售商。是指向最终消费者直接销售商品的、从事零售业务的企业或个人。

10.3.2　批发商

批发商的主要业务活动是批发商品流转活动，即批发商品的购、销、存、运活动。批发商主要有商人批发商、经纪人和代理商、制造商销售办事处和零售商采购办事处四种类型。

1．商人批发商

商人批发商，是指自己进货，取得产品所有权后再批发出售的商业企业，也就是人们通常所说的独立批发商。商人批发商是批发商最主要的类型。它又可分为执行全部批发职能的完全服务批发商和执行部分批发职能的有限服务批发商。

2．经纪人和代理商

经纪人和代理商与独立批发商的主要区别，在于它们没有商品所有权，只在买卖双方之间起媒介作用，促成交易，从中赚取佣金。经纪人和代理商一般都是专业化的，专门经营某一方面的业务。经纪人多见于房地产业、证券交易及保险业务、广告业务等；代理商有制造业代理商、销售代理商、采购代理商和佣金商等。通过代理商推销产品、开拓市场是现代市场营销的一种通用的办法，在经济发达国家十分普遍，目前在我国也开始出现。

3. 制造商销售办事处

制造商办事处没有存货，是企业驻外的业务代办机构。制造商自己设立分销部和办事处，有利于掌握当地市场信息和加强促销活动。

4. 零售商采购办事处

有些零售商也在中心城市及商品集散地设立采购办事处，其职能与代理商和经纪人类似，但其隶属关系是购买方。

10.3.3 零售商

根据2004年10月1日正式实施的国家标准《零售业态分类》（GB/T 18106—2004），零售业态从总体上划分为有店铺零售业态和无店铺零售业态两类。具体按照零售店铺的结构特点，根据其经营方式、商品结构、服务功能，以及选址、商圈、规模、店堂设施、目标受众和有无固定营业场所，零售商业态划分为2大类17个小类。

1. 有店铺零售

有店铺零售是有固定的进行商品陈列和销售所需要的场所和空间，并且消费者的购买行为主要在这一场所内完成的零售业态。如表10-4所示，有店铺销售有以下12种具体业态。

1）食杂店。是以香烟、酒、饮料、休闲食品为主，独立、传统的无明显品牌形象的零售业态。

2）便利店。是以满足顾客便利性需求为主要目的的零售业态。

3）折扣店，是店铺装修简单、提供有限服务、商品价格低廉的一种小型超市业态。拥有不到2 000个品种，经营一定数量的自有品牌商品。

4）超市。是开架售货、集中收款、满足社区消费者日常生活需要的零售业态。根据商品结构的不同，可以分为食品超市和综合超市。

5）大型超市。是实际营业面积6 000平方米以上、满足顾客一次性购齐需求的零售业态。根据商品结构，可以分为以经营食品为主的大型超市和以经营日用品为主的大型超市。

6）仓储会员店。是以会员制为基础，实行储销一体、批零兼营，以提供有限服务和低价格商品为主要特征的零售业态。

7）百货店。是在一个建筑物内，经营若干大类商品，实行统一管理，分区销售，满足顾客对时尚商品多样化选择需求的零售业态。

8）专业店。是以专门经营某一大类商品为主的零售业态，如办公用品专业店、玩具专业店、家电专业店、药品专业店、服饰专业店等。

9）专卖店。是以专门经营或被授权经营某一主要商品为主的零售业态。

10）家居建材商店。是以专门销售建材、装饰、家居用品为主的零售业态。

11）购物中心。是多种零售店铺、服务设施集中在由企业有计划地开发、管理、运营的一个建筑物内或一个区域内，向消费者提供综合性服务的商业集合体。

12）厂家直销中心。是由生产商直接设立或委托独立经营者设立，专门经营本企业品牌商品，并且多个企业品牌的营业场所集中在一个区域的零售业态。

表 10-4　有店铺零售业态的分类和基本特点

序号	业态	基本特点						
		选址	商圈与目标客户	规模	商品经营结构	商品售卖方式	服务功能	管理信息系统
1	食杂店	位于居民区内或传统商业区内	辐射半径为0.3 公里；目标受众以固定的居民为主	营业面积一般在 100 平方米以内	以香烟、饮料、酒、休闲食品为主	柜台式和自选式相结合	营业时间每天12小时以上	初级或不设立
2	便利店	商业中心区、交通要道，以及车站、医院、学校、娱乐场所、办公楼、加油站等公共活动区	商圈范围小，顾客步行 5 分钟内到达；目标受众主要为单身者、年轻人；顾客多为有目的的购买	营业面积 100 平方米左右，利用率高	即食食品、日用小百货为主，有即时消费性、小容量、应急性等特点，商品品种在 3 000 种左右，售价高于市场平均水平	以开架自选为主，结算在收银处统一进行	营业时间每天 16 小时以上，提供即时食品的辅助设施，开设多种服务项目	程度较高
3	折扣店	居民区、交通要道等租金相对便宜的地区	辐射半径 2 公里左右，目标受众主要为商圈内的居民	营业面积 300～500 平方米	商品平均价格低于市场平均水平，自有品牌占有较大的比例	开架自选，统一结算	用工精简，为顾客提供有限的服务	一般
4	超市	商业中心、居住区	辐射半径 2 公里左右，目标受众主要为商圈内的居民	营业面积在 6 000 平方米以下	经营包装食品、生鲜食品和日用品。食品超市与综合超市商品结构不同	自选销售，出入口分设，在收银台统一结算	营业时间每天 12 小时以上	程度较高
5	大型超市	商业中心、城郊结合部、交通要道及大型居住区	辐射半径 2 公里以上，目标受众以居民、流动顾客为主	实际营业面积 6 000 平方米以上	大众化衣、食、日用品齐全，一次性购齐，注重自有品牌开发	自选销售，出入口分设，在收银台统一结算	设有不低于营业面积 40% 的停车场	程度较高

续表

序号	业态	基本特点						
		选址	商圈与目标客户	规模	商品经营结构	商品售卖方式	服务功能	管理信息系统
6	仓储会员店	城乡结合部的交通要道	辐射半径5公里上，目标受众以中小零售店、餐饮店、集团购买和流动顾客为主	营业面积6 000平方米以上	以大众化衣、食、用品为主，自有品牌占相当一部分，商品在4 000种左右，实行低价、批量销售	自选销售，出入口分设，在收银台统一结算	设有相当于营业面积的停车场	程度较高，并对顾客实行会员制管理
7	百货店	市、区级商业中心，历史形成的商业聚集地	目标受众以追求时尚和品位的流动顾客为主	营业面积6 000~20000平方米	综合性、门类齐全，以服饰、鞋类、箱包、化妆品、家庭用品、家用电器为主	采取柜台销售和开架面售相结合方式	注重服务，设餐饮、娱乐等服务项目和设施	程度较高
8	专业店	市、区级商业中心，百货店，购物中心内	目标受众以有目的选购某类商品的流动顾客为主	根据商品特点而定	以销售某类商品为主，体现专业性、深度性，品种丰富，选择余地大	采取柜台销售或开架面售方式	从业人员具有丰富的专业知识	程度较高
9	专卖店	市、区级商业中心，百货店，购物中心	目标受众以中高档消费者和追求时尚的年轻人为主	根据商品特点而定	以销售某一品牌系列商品为主，销售量少、质优、毛利高	采取柜台销售或开架面售方式，商店陈列、照明、包装、广告讲究	注重品牌声誉，从业人员具备丰富的专业知识，提供专业性服务	一般
10	家居建材商店	城乡结合部、交通要道或消费者自有房产比较高的地区	目标受众以拥有自有房产的顾客为主	营业面积6 000平方米以上	商品以改善、建设家庭居住环境有关的装饰、装修等用品、日用杂品、技术及服务为主	采取开架自选方式	提供一站式购足和一条龙服务，停车位300个以上	较高

续表

序号	业态	基本特点							
		选址		商圈与目标客户	规模	商品经营结构	商品售卖方式	服务功能	管理信息系统
11	购物中心	社区购物中心	市、区级商业中心	商圈半径为 5～10 公里	商圈半径为5～10公里	20～40 个租赁店，包括大型综合超市、专业店、专卖店、饮食服务及其他店	各个租赁店独立开展经营活动	停车位 300～500 个	各个租赁店使用各自的信息系统
		市区购物中心	市级商业中心	商圈半径为 10～20 公里	建筑面积 10 万平方米以内	40～100 个租赁店，包括百货店、大型综合超市、各种专业店、专卖店、饮食店、杂品店及娱乐服务设施等	各个租赁店独立开展经营活动	停车位 500 个以上	各个租赁店使用各自的信息系统
		城郊购物中心	城乡结合部的交通要道	商圈半径为 30～50 公里	建筑面积 10 万平方米以上	200 个租赁店以上，包括百货店、大型综合超市、各种专业店、专卖店、饮食店、杂品店及娱乐服务设施等	各个租赁店独立开展经营活动	停车位 1 000 个以上	各个租赁店使用各自的信息系统
12	厂家直销中心	一般远离市区		目标受众多为重视品牌的有目的的购买者	单个建筑面积 100～200 公里	为品牌商品生产商直接设立，商品均为本企业的品牌	采用自选式售货方式	多家店共有 500 个以上停车位	各个租赁店使用各自的信息系统

2．无店铺零售

无店铺零售是指不通过店铺销售，由厂家或商家直接将商品递送给消费者的零售业态。如表 10-5 所示，无店铺零售有以下五种业态。

1）电视购物。是以电视作为向消费者进行商品推介展示的渠道，并取得订单的业态。

2）邮购。是以邮寄商品目录作为主要向消费者进行商品推介展示的渠道，并通过邮寄的方式将商品送达给消费者的零售业态。

3）网上商店。是通过互联网进行买卖活动的零售业态。

4）自动售货亭。是通过售货机进行商品售卖活动的零售业态。

5）电话购物。是主要通过电话完成销售或购买活动的一种零售业态。

表 10-5　无店铺零售业态分类和基本特点

序号	业　态	基本特点			
		目标受众	商品（经营）结构	商品售卖方式	服务功能
1	电视购物	以电视观众为主	商品具有某种特点，与市场上同类商品相比，同质性不强	以电视作为向消费者进行商品宣传展示的渠道	送货到指定地点或自提
2	邮购	以地理上相隔较远的消费者为主	商品包装具有规则性，适宜储存和运输	以邮寄商品目录作为主要向消费者进行商品宣传展示的渠道，并取得订单	送货到指定地点
3	网上商店	有上网能力，追求快捷性的消费者	与市场上同类商品相比，同质性强	通过互联网进行买卖活动	送货到指定地点
4	自动售货亭	以流动顾客为主	以香烟和碳酸饮料为主，商品品种在 30 种以上	由自动售货机器完成售卖活动	没有服务
5	电话购物	根据不同的产品特点，目标受众不同	商品单一，以某类品种为主	主要通过电话完成销售或购买活动	送货到指定地点或自提

【职业知识检测】

1．名词解释

分销渠道　　直销　　经销商　　代理商

2．填空题

（1）分销渠道的长度是指产品流通过程中所经过的（　　　）的多少；而分销渠道的宽度是指（　　　　　　　　　　）的多少。

（2）协调制造商同中间商关系的三种主要形式是（　　　）、（　　　）、（　　　）。

（3）按照中间商在商品流通转让过程中是否取得商品的所有权，可以划分为（　　）、（　　）、（　　）三类。

（4）按照中间商在流通转让过程中所处的地位和所起的作用不同，可以划分为（　　）和（　　）两类。

（5）同一层次的两个或两个以上的企业联合起来，利用各自的资金、技术、资源等方面的优势，共同开发和利用市场机会的分销渠道组织管理方式称作（　　　　）。

（6）（　　）是批发商最主要的类型。

（7）最窄的渠道模式是（　　　），最宽的渠道模式是（　　　）；最长的渠道模式是（　　　），最短的渠道模式是（　　　）。

3．选择题

（1）不拥有商品所有权的中间商是（　　）。
A．经销商　B．代理商　C．批发商　D．零售商

（2）下列产品中不能采用较长分销渠道的是（　　）。
A．花生　B．自行车　C．鲜鱼　D．电视机

（3）直接向最终消费者提供商品的中间商是（　　）。
A．经销商　B．代理商　C．批发商　D．零售商

（4）牙膏、香皂、标准件等产品最适宜采用的分销形式是（　　）。
A．单渠道　B．独家经销　C．密集性分销　D．选择性分销

（5）没有中间商介入的分销渠道，称作（　　）。
A．直接分销渠道　B．间接分销渠道
C．一级分销渠道　D．二级分销渠道

（6）下列情况中，（　　）类产品适宜采用最短的分销渠道。
A．单价低、体积小的产品　B．技术性强、价格昂贵的产品
C．生产集中的产品　D．处在成熟期的产品

（7）分销渠道不包括（　　）。
A．中间商　B．消费者　C．供应商　D．制造商

（8）在目前市场游戏规则不甚完善的情况下，选择分销商考虑（　　）因素就显得尤其重要。
A．成本　B．特点　C．资金　D．信用

（9）体积大的重型产品，一般应采取（　　）。
A．短渠道　B．长渠道　C．宽渠道　D．多渠道

（10）下列产品中最适合采用密集性分销策略的是（　　）。
A．电视机　B．洗衣机　C．高档家具　D．啤酒

（11）能有效控制销售渠道，与中间商关系密切的渠道宽度策略是（　　）。
A．密集性分销　B．独家分销　C．集中分销　D．选择性分销

（12）两家或两家以上的渠道成员在同一层次上联合，共同开拓新的市场机会，将资本、生产能力或营销资源进行密切合作，以完成独家经营所不能达到的业绩，这是（　　）。
A．垂直营销系统　B．多渠道
C．网络营销渠道　D．横向营销系统

（13）生产者通过两个或两个以上的同类中间商来销售自己的产品的渠道是（　　）。
A．长渠道　B．短渠道　C．宽渠道　D．窄渠道

4．简答题

（1）经销商与代理商、批发商与零售商的主要区别是什么？

（2）选择分销渠道应该考虑哪些因素？企业选择中间商的主要标准有哪些？

【职业技能训练】

1．方案策划

（1）某公司向所有中间商供货时均采取统一的供货政策，销售业绩较为稳定。最近由于竞争加剧，公司30%的大客户停止或减少订货。请你分析：该公司近来销售中出现了什么问题？产生这一问题的主要原因是什么？公司销售工作管理的重点是什么？公司应如何恢复销售业绩？

（2）Q 是位二手车销售商，通常情况下，他买下车况较好的旧车，然后转手卖出，并从中赚取30%的利润。一次，一个客户从 Q 手里买下一部二手车，但是，三个月后，车子坏了。大为不满的客户找到 Q 要求退款。经过耐心商谈与解释，Q 同意以当时交易价格的80%回收这部车。客户最后也以理解的态度答应了。你知道 Q 在整个交易中赚了多少个百分点的利润吗？

2．分析讨论

课后查找我国自2005年12月1日施行的《直销管理条例》和2005年11月1日施行的《禁止传销条例》，分析讨论：《市场营销学》中对直销的概念解释与《直销管理条例》所称的直销有何异同？传销是否属于直销行为？我国为什么要禁止传销？

3．案例分析与诊断

因经销商不得力造成销售业绩不理想的结果，A 企业的新领导人 H 想到了更换经销商。当 H 的这个想法刚想尝试实施，便遭遇了出乎意料的阻力。遇到的困难有以下几项。① 来自企业内部的障碍。一是企业元老对原有经销商的长期情感培养造成的人情障碍；二是企业相关业务人员担心长期与经销商达成的利益分配协议被触动，造成利益损失。② 来自被更换经销商的障碍。由于面临企业的遗弃，经销商心理极不平衡，他们会在所能触及的范围内，处处给企业设置障碍，最典型的手段有两种：囤积货品，扰乱市场秩序，毁坏品牌形象；以大宗欠款来对企业施压。③ 来自整个渠道的障碍。经销商进行大面积的负面传播，动摇原有渠道的军心，同时向本地区同行和终端客户散布谣言，为企业重新寻找经销商设置障碍。

假如你是企业营销经理，根据案例资料，请为该企业制订出顺利实现经销商更换的可行方案。

4．模拟实训

一年一度的“五一”节（或者“十一”节）就要到了，请每位同学为某商厦策划一个促销活动方案。要求从主办单位、活动目的、活动对象、活动方式（规则、内容、注意事项）等方面撰写活动文案。每位同学用 10 分钟的时间向全班同学推荐介绍自己的促销活动方案，说服商厦决策者（全班同学）采纳你的创意。

游戏规则：老师提前一周布置任务；根据创意预期所能产生的吸引眼球作用、激发购买欲望作用、烘托购物气氛作用、激发人气作用等评定成绩，计入平时成绩。

第 11 章
促销策略

人无笑脸莫开店，会打圆场自落台！

——我国民间商业谚语

学习目标

☑ 重点掌握广告的概念与构成要素，人员推销、公共关系、营业推广的基本概念与特点。

☑ 理解促销、人员推销、营业推广、广告等策略的一般程序，常用广告媒体的特点，促销组合策略应该考虑的因素，促销的作用。

CASE 【任务导入】让总统帮你做推销

有一位出版商，手上有一种滞销书，积压了好长时间也无法脱手。愁苦之际，他突然想到应该找一位大人物来帮他。

于是他给总统送去了一本书，并三番五次地去征求总统的意见。总统日理万机，根本没有时间去看他的书，于是礼节性地说："这本书不错。"出版商便大做广告："现在有总统喜欢的书出售。"果然，不出几天，那种滞销书便被抢购一空。

后来，出版商又有一种书滞销。他又给总统送去了一本书。总统不愿再上当，没好气地说："这本书糟糕透了。"谁知，没过多久，这本书又脱销了。原来，这次的广告语变成了"现在有总统讨厌的书出售"。

当这位出版商第三次将书积压在手中时，他还是想到了总统。总统拿到书后，接受教训，任凭出版商再三征求意见，就是不做任何回答。出版商却大做广告："现有令总统难以下结论的书，欲购从速。"该书居然又被一抢而空。

总统哭笑不得，出版商大发其财。

- **启示**：死店活人开，买卖各不同！做生意就要有生生不息的创意！

11.1 促销策略概述

11.1.1 促销的概念

促销，是促进产品销售的简称，是指企业应用各种信息沟通方式与手段，向消费者传递企业及其产品或服务的信息，通过信息沟通，使消费者对企业及其产品或服务产生兴趣、建立好感与信任，进而做出购买决策，产生购买行为的活动。

11.1.2 促销总策略

促销总策略根据促销合力形成的总体方向划分为推式促销与拉式促销两种。

1．推式促销

推式促销主要是指上游企业直接针对下游企业或目标顾客开展的促销活动。促销活动过程主要是运用人员推销、营业推广等手段，把产品从制造商推向批发商，由批发商推向零售商，再由零售商将产品推向最终消费者，如图 11-1 所示。运用这一策略的企业，通常有完善的促销队伍，或者产品质量可靠、声誉较高。这种促销策略的促销对象一般是中间商，它要求促销人员针对不同的销售对象采取不同的促销方法和技巧。

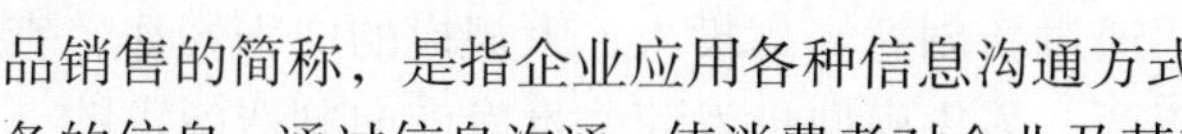

图 11-1　推式促销

📖 **实例 11-1**　1919 年的春天，卢森堡王室。后厨的帮厨——莱昂整天都在清洗碗碟和盘子，双手裂开了许多口子。当他正在用盐水擦洗伤口时，一个女孩走了过来，对他说："你好！很疼吧？"这个女孩就是后来影响莱昂一生的芭莎公主。莱昂每天晚上悄悄溜进厨房，为芭莎做冰淇淋；芭莎教莱昂英语。情窦初开的甜蜜萦绕着两个年轻人。为了使卢森堡在整个欧洲的地位强大起来，卢森堡和比利时订立了盟约，为了巩固两国之间的关系，王室联姻是最好的办法，而被选中的人就是芭莎公主。一连几天，莱昂都看不到芭莎，他心急如焚。终于在一个月后，芭莎出现在餐桌上。莱昂在准备甜点时，用热巧克力写了几个英文字母"DOVE"是"DO YOU LOVE ME"的英文缩写。他相信芭莎一定猜得到他的心声，然而芭莎发了很久的呆，直到热巧克力融化。几天之后，芭莎出嫁了。一年后，莱昂离开了王室后厨，带着心中的隐痛，悄然来到了美国的一家高级餐厅。1946 年的一天，莱昂看到儿子在追一辆贩卖冰淇淋的车，记忆的门顿时被撞开。经过几个月的精心研制，一款富含奶油、同时被香醇的巧克力包裹的冰淇淋问世了，并被刻上了四个字母：Dove。莱昂以此来纪念他和芭莎那错过的爱情，它苦涩而甜蜜，悲伤而动人，如同德芙的味道。当情人们送出德芙，就意味着送出了那轻声的爱情之问：DO YOU LOVE ME？ 那也是创始人在提醒天下有情人，如果你爱他（她），请及时让他（她）知道。并深深地爱，不要放弃。

2．拉式促销

拉式促销主要是指制造商直接针对最终消费者施加促销影响，以扩大产品或品牌的知名度，刺激消费者的购买欲望，进而产生购买行为，如图 11-2 所示。拉式促销策略一般以广告促销为主要手段，通过新创意、高投入、大规模的广告轰炸，直接诱发消费者的购买欲望，由消费者向零售商、零售商向批发商、批发商向制造商求购，由下游至上游，层层拉动以实现产品销售。运用这种策略的企业一般具有较强的经济实力，能够花费昂贵的广告和公关费用。

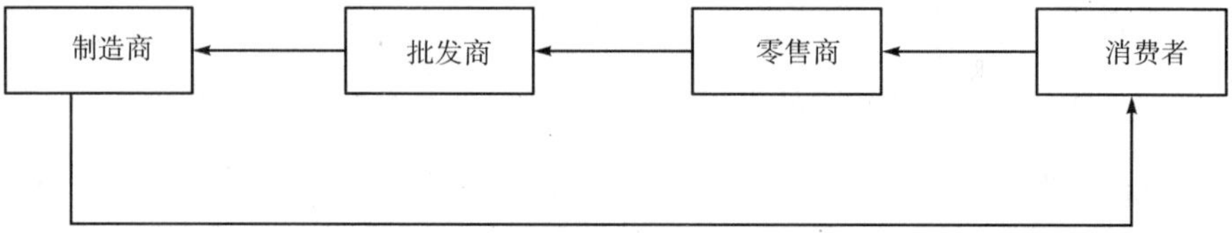

图 11-2　拉式促销

11.1.3　促销组合策略

1．促销方式

促销方式是企业向消费者传播与沟通信息的媒体，如图 11-3 所示。促销方式一般来说，可以划分为人员促销和非人员促销两类。

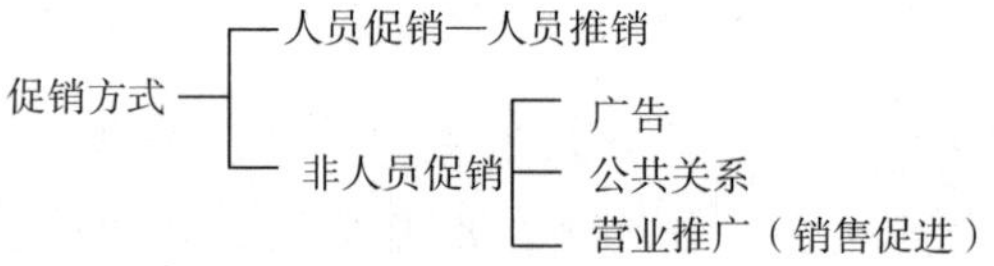

图 11-3　促销方式

人员促销即人员推销，是企业运用推销人员向消费者推销商品或服务的一种促销活动，它主要适合消费者数量虽少但比较集中的情况下进行的促销。

非人员促销，是企业通过一定的媒体传递产品或服务的有关信息，以促使消费者产生购买欲望、实施购买行为的一系列促销活动，包括广告、公共关系和营业推广三种方式。它适合消费者数量虽多但比较分散的情况下进行的促销。营销实践中，企业一般综合运用人员促销和非人员促销等促销方式。

四种促销方式的特点比较如表 11-1 所示。人员推销最主要的特点是推销员“人的表现”；

广告促销最主要的特点是“告知”；公共关系促销最主要的特点是“关系好”“形象好”“人缘好”，追求的是远期效益；营业推广促销最主要的特点是与日常营业活动紧密结合，起到催化交易活动的作用，产生“短期效益、快速反应、购买高潮”的效果。

表 11-1　各种促销方式比较

方　式	促销因素	见效	适宜产品	寿命周期	渠道模式	总策略	价　格
人员推销	人的表现	及时	生产资料	后期	直销	推式	高价
广告	告知信息	滞后	消费品	前期	间接分销	拉式	低价
营业推广	激励购买	最快	消费品	后期	直销	推式	低价
公共关系	形象塑造	最慢	生产资料	各期	间接分销	拉式	高价

2．促销组合策略

促销组合，是指企业在促销活动中，把公共关系、广告、营业推广和人员推销有机结合，综合运用，以便实现更好的整体促销效果。四种促销方式各具特点，企业要制订一套行之有效的促销组合策略方案，一般来说，主要应该考虑以下七个方面的因素。

（1）促销的目标。企业的整体促销目标具有阶段性的侧重点，促销目标的重点不同，促销组合策略也不同。例如，以提高知名度和塑造良好形象为主要目标时，应以公共关系和广告为主；而以销售商品为主要目标时，公关是基础，广告是重点，人员推销是前提，营业推广是关键。

（2）产品的特点。从产品类型来说，消费品主要供个人和家庭生活之用，涉及面广、量大，常常以广告促销为主，辅以公共关系和营业推广，人员推销相对较少，如图 11-4 所示；生产资料商品具有技术专用性强、价格高、批量大等特性，购买时一般要经过复杂的研究、审批等手续，应以人员推销为主，配合公共关系和营业推广，而广告相对使用较少，如图 11-5 所示。一般来说，高价商品由于使用风险大，应以公共关系和人员推销为主，低价商品以广告和营业推广为主。

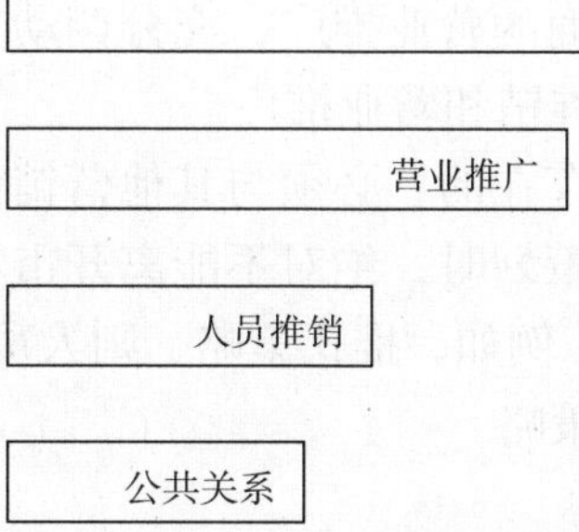

图 11-4　消费品促销组合策略

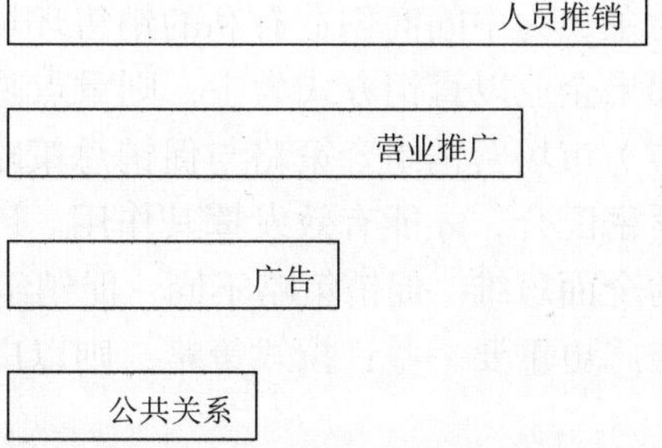

图 11-5　生产资料商品促销组合策略

（3）产品市场寿命周期。导入期以广告和公共关系为主，其次是人员推销和营业推广；在成长期，虽仍以广告和公共关系为主，但所有促销策略的成本效应都降低了；在成熟期，以营业推广为主，辅以广告、公共关系和人员推销；在衰退期，仍以营业推广为主，但广告、公共关系和人员推销的成本效应则降低了，其中以人员推销最低。

（4）目标市场的特点和消费者心理阶段。在诸多市场因素中，主要是市场规模与集中性、购买者类型、消费者心理和竞争对手的促销攻势对促销组合影响较大。市场规模小且相对集中的市场，人员推销是重点；规模大、范围广且分散的市场，则应多采用广告、公共关系和营业推广；对消费者市场应以广告、公关促销为主，辅之以营业推广；对组织市场则应以人员推销为主，辅之以公共关系和广告；对中间商则宜以人员推销为主，并配合营业推广。

如图 11-6 所示，根据 AIDA 模式，广告在消费者注意（Attention）阶段应当作为促销组合的重点选择；在消费者兴趣（Interest）阶段主要选择广告、公共关系和人员推销方式；在消费者欲望（Desire）阶段，人员推销是重点；在购买（Action）阶段应主要选择人员推销和营业推广，并配合广告与公共关系；企业还要根据自身与竞争对手的实力分析和比较，选择针锋相对的促销方式或避其锋芒的促销组合。

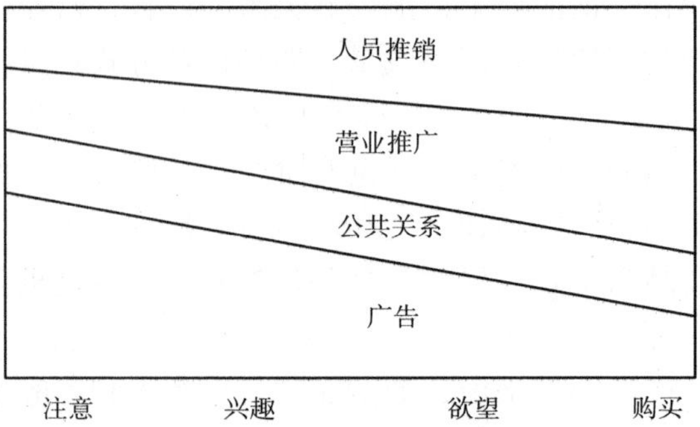

图 11-6　不同阶段的促销组合策略

（5）促销时机选择。任何商品都会面临销售时机和非销售时机。显然，在销售时机（如销售旺季、流行期、特别事件和节假日等）应当掀起促销高潮，一般要以广告、营业推广为重点；而在平时，则应以公共关系和人员推销为主。

（6）分销渠道的类型。如果企业以间接分销渠道为主来分销商品，则应以广告、公共关系为主，为中间商创造有利的销售环境，再配合对中间商的营业推广，充分调动其积极性；如果企业以直销方式为主，则重点是公共关系、人员推销和营业推广。

（7）市场营销组合策略与促销总策略。促销不是孤立存在的，必须与其他营销策略和手段紧密配合，才能有效发挥其作用。因此，在进行促销策划时，绝对不能离开市场营销组合的全面思维。促销策略不同，促销组合策略也不一样。例如，推式策略，则人员推销、营业推广更重要一些；拉式策略，则以广告为重要的促销策略。

11.2 人员推销策略

11.2.1 人员推销的概念、特点与方式

1. 人员推销的概念

所谓人员推销，是指企业派出推销人员与目标消费者进行面对面的接触，将产品或服务的信息传递给消费者，运用一定的促销手段和技巧，使消费者认识产品或服务的性能、特征，以引起注意，激发消费者购买欲望，激励消费者购买行为，以实现促进和扩大销售的目的。

2. 人员推销的特点

作为一种促销方式，人员推销与其他促销方式相比，最根本的特点是：推销人员的工作是促进销售的主要原因。因此，有人把它叫作“人力促销”也是有道理的。具体地说，它主要有以下四个特点。

（1）信息沟通双向互动，促销业绩及时有效。人员推销与其他促销方式相比，具有双向互动信息沟通的特点。推销人员良好的推销工作，可以及时有效地激发顾客的购买兴趣，并促使其立即采取购买行为，从而缩短了消费者从了解信息到实施购买行为之间的距离，并可立刻获知顾客的反应，据此及时调整自己的推销策略和方法，解答顾客的疑问，使顾客产生信任感。

（2）推销任务双重互补，促销成果一举多得。推销人员的工作任务并非是单一的推销产品，它具有双重性，即激发需求促进销售与市场调研相结合，推销商品与提供服务相结合。一方面，推销人员应该寻求机会，发现潜在顾客，创造需求，开拓新的市场；另一方面，推销人员要及时向消费者传递产品和服务的信息，为消费者提供购买决策的参考资料；同时，推销人员在推销过程中还要收集情报、反馈信息，开展全方位的售前、售中与售后服务。

（3）推销方法灵活多样，促销计划对症下药。在推销活动开始之前，推销人员应该选择具有较大购买可能的顾客进行推销，避免盲目、泛泛地进行推销。还应该事先对未来顾客做深入研究，拟订具体的推销方法、推销策略等，以提高推销的成功率。推销人员可以和顾客直接接触、当面洽谈，根据不同潜在顾客或用户的需求和购买心理，有针对性地进行推销。

（4）关系建立温情长久，形象塑造以点带面。关系建立温情长久，形象塑造以点带面，这是人员推销的一个突出特点。它可以把企业与客户的关系从纯粹的买卖关系培养成朋友关系，彼此建立友谊，相互信任、理解。这种感情有助于推销工作的展开，实际上起到了公共关系的作用。

3. 人员推销的方式

如图 11-7 所示，人员推销的基本方式有上门推销、柜台推销和会议推销三种。

图 11-7　人员推销的方式

（1）上门推销。上门推销是最常见、最“正宗”、最典型的推销方式，由推销人员携带产品样品、说明书、产品订单等走访顾客，推销产品。

（2）柜台推销。柜台推销又称营业性推销或门市推销，是企业在适当的地点设置固定的门市、柜台或摊点，等客上门，由营业员向顾客推销产品的方式。

（3）会议推销。会议推销就是利用各种会议向与会人员宣传介绍企业产品的推销活动，如在订货会、交易会、展览会、物资交流会等会议上推销企业的产品。

按照推销对象来划分，人员推销可以划分为向消费者推销、向制造商用户推销和向中间商购买者推销三种情况。

📖 **实例 11-2**　著名的推销员乔·吉拉德对每位潜在客户，每年都会寄上 12 封信。1 月是“恭贺新禧”，2 月是“请你享受快乐情人节”，3 月是“祝你圣巴特利库节快乐（爱尔兰人节日）”，然后是 4 月、5 月、6 月……每封信下只是一个简短的签名：雪佛兰轿车，乔·吉拉德。这样每年就有 12 次机会，使吉拉德的名字在愉悦的节日气氛中来到每个家庭。

11.2.2　人员推销的程序

人员推销的程序一般包括八个前后衔接的阶段，如图 11-8 所示。

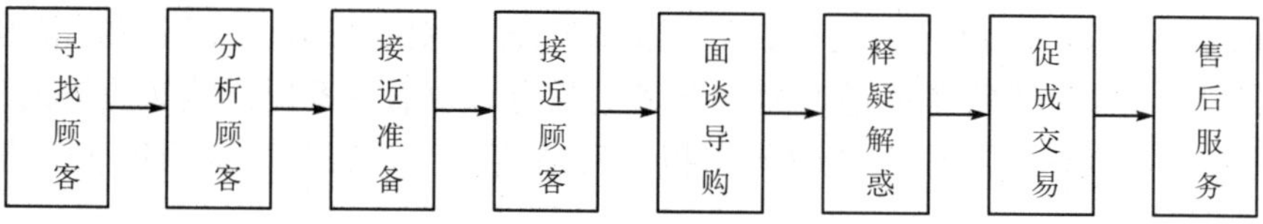

图 11-8　人员推销的程序

1. 寻找顾客

推销人员首先要善于寻找产品的购买者，包括有支付能力的现实购买者及未来可能成为企业产品购买者的潜在消费者及用户，以减少推销的盲目性，提高成交率。推销人员可以采用的寻找顾客的方法有逐户访问法、连锁介绍法、中心开花法、个人观察法、委托助手法、广告开拓法、竞争插足法、资料查阅法、参加会议法、市场咨询法等。

2. 分析顾客

发现潜在顾客后，推销员还要进行初步的顾客分析。分析的主要目的，就是进一步确认潜在顾客成为现实顾客实施购买行为的可能性有多大。MAN 法则认为，作为顾客的人是由金钱（Money）、权力（Authority）和需要（Need）这三个要素构成的，即只有同时具备购买力、购买决策权和购买需要这三个要素的人才是合格的顾客，这种分析就是顾客资格鉴定。

3．接近准备

推销人员在确定推销对象，着手进行推销工作之前，应进行充分的准备：一要针对买主的需求收集有关产品资料、各种信息的情报，并编制销售计划方案，准备好样品、说明材料及应变语言等；二要了解顾客的个体信息，如年龄、性格、家庭、收入、文化水平、活动地点、联系方式等；三要制订推销计划、推销进程、可预见问题的解答方式等。

> 📖 **实例 11-3**　服务人员的服饰装扮没有固定的模式，具体地讲，应该遵循 TOP 原则，即根据时间（Time）、场合（Occasion）和地点（Place）来选择相应的着装。做到协调得体，整洁大方，干净利落，不穿奇装异服，不戴繁杂装饰。

4．接近顾客

在做好接近顾客的准备工作后，推销人员就要设法与顾客进行接触。接近顾客又分约见和接近两个环节。约见是推销人员事先征得顾客同意接见的行动。约见可以采取当面约见、书信约见、电话约见、托人代约、广泛约见（利用大众传媒，约见大众顾客）等方式，具体到约定时间、地点、人物等内容。接近顾客就是正式接触推销对象，引起顾客注意和兴趣，以顺利转入面谈导购阶段的行动。接近的方法有利益接近法、好奇接近法、产品介绍接近法、问题接近法、调查接近法、直接接近法等。

5．面谈导购

面谈导购即推销人员与潜在顾客正式接触，引导与指导购物阶段。在这一过程中，推销人员在描述产品性质和特点时，必须使自己的表述充分吸引顾客的注意力，然后，再针对产品本身的特点及能给顾客带来的利益进行说服与解释。还要特别注意了解对方的反应，以判断顾客的真实需求。

6．释疑解惑

顾客在听取产品介绍后，可能提出一些异议，如怀疑产品的价值，不接受交易条件或价格，对企业或产品缺乏信心等。推销人员应有巧妙的语言能力，并提供有说服力的论据。例如，通过产品详细介绍等工作，说服顾客，克服障碍，达到预期的销售目标。

7．促成交易

人员推销工作的重要环节是促使顾客采取购买行动，这也是推销工作最困难的阶段。推销人员在认为时机成熟时，应抓住有利时机，或者提出购买建议，或者提供价格优惠，或者提供便利的服务，或者归纳销售的重点，以促进顾客做出购买决策。

8．售后服务

产品销售并不意味着整个推销过程的终止。如果推销人员希望确保顾客满意并重复购买，就必须对顾客进行跟踪服务，收集顾客对于产品的改进意见，及时向有关部门反映，以调整营销措施，并帮助顾客解决使用中的问题。这些工作有利于树立企业信誉，密切双方关系，促成重复购买。

📖 **实例 11-4** 一辆丰田越野车按照黄伟的手势停在加油机旁。当车窗摇下来时，黄伟看到司机原来是经常来加油的张老板。黄伟边加油边与张老板寒暄，得知张老板的车队最近要从襄樊拉货到辽宁省。

临走前，张老板突然问黄伟："对了，你们这里大概什么时候会有负10号柴油啊？"黄伟说："现在气温偏高，负10号柴油还没上市。"刚说完，黄伟就想起张老板说要到辽宁省去，于是说："负10号柴油没有，但有防凝剂，它的效果跟负10号柴油一样，而且非常方便，随时随地都可以加。"

看到张老板好奇的眼神，黄伟将防凝剂的作用、性能、效果、勾兑比例详细地介绍了一遍，还算了一笔加负10号柴油与加1瓶防凝剂的经济账。张老板听后动心了，一下答应购买3箱，1箱就是12瓶。黄伟把张老板带到仓库，一看就剩下8个整箱和4个单瓶，于是说："张老板，您看这儿的货也不多，加起来一共是100瓶，正好8000元，就要'发'啦！"张老板笑笑说："你真会说话，就随你的意吧。"就这样，黄伟一下卖掉了100瓶防凝剂。

一周后，雨雪纷至，黄伟又接到了张老板的电话。张老板充分肯定了防凝剂的效果，并和黄伟约定时间，要再买40瓶防凝剂。通过和张老板的合作，黄伟体会到，只要"口到、心到、技到"，就会赢得顾客的信任。（摘自《特别关注》，作者：刘芳）

11.3 广告策略

11.3.1 广告的概念

1．广告的概念

从营销的角度来说，广告其实有两层含义。一层是动态概念，即广告活动，是指"广而告知"的信息传播活动。正如《中华人民共和国广告法》所解释的，广告是指商品经营者或服务提供者承担费用，通过一定媒体和形式直接或间接地介绍自己所推销的商品或所提供的服务。另一层含义是静态含义，即广告作品，广告作品即广告信息的表达形式。广告媒体不同，人们接受的广告信息表达形式也不一样，一般来说，包括语言文字和非语言文字两部分。语言文字部分一般称作广告文案，一般由广告标题、广告语（广告口号）、正文、附文等内容构成；非语言文字部分包括图案、声音、色彩、情节等。

2．广告活动的构成要素

广告作为大众传播的一个重要分支，必须具备广告主、广告信息、广告受众、广告媒体四个基本要素，即国际上对广告设计的习惯表述：由谁告、告什么、告给谁、怎么告。

（1）由谁告：广告主。广告主是广告活动的主体，是指为推销商品或提供服务，自行或委托他人设计、制作、发布广告的法人、其他经济组织或个人。广告经营者、广告发布者是与广告主相关的两个概念。广告经营者，是指受委托提供广告设计、制作、代理服务的法人、其他经济组织或个人。广告发布者，是指为广告主或广告主委托的广告经营者发布广告的法人、其他经济组织或个人。

（2）告什么：广告信息。广告信息是广告活动的内容，一般是指商品信息、服务信息和观念信息等。在广告中，商品信息包括产品的性能、质量、规格、型号、价格、产地、用途、销售地点、销售时间等内容。服务信息是指广告主向社会或个人提供的各种为生产和生活服务的信息。观念信息是指广告通过广告活动倡导的某种意识，使消费者树立一种有利于广告主推销其商品和服务的消费观念。

（3）告给谁：广告受众。广告受众是广告活动的客体，是广告信息的传播对象。只有了解广告对象的性别、年龄、教育程度、职业，地域等，才能根据广告对象的要求、利益和爱好，有的放矢、投其所好，才能实现广告的目标与目的。

（4）怎么告：广告媒体。广告活动是一种有计划、有目的的大众传播活动，其信息的传播必须借助一定的媒体来实现。广告媒体就是这种传播信息的中介工具，其表现形式有报纸、杂志、广播、电视、户外广告，以及其他名目繁多的广告媒体等。

广告主、广告信息、广告受众、广告媒体是构成广告活动的四大要素，合理地协调四者之间的相互关系，是搞好广告设计的前提条件。

📖 **实例 11-5** 广告中的 3B 法则，又称广告中的黄金法则，即 Beauty（美女）、Baby（婴幼儿）、Beast（动物）。襁褓中的婴儿，宛若天仙的美女，可爱的动物，最能博得人们的怜爱和喜悦，因而是广告向视听者倾诉与诉求的常用三要素。广告中的白银法则则是指名人效应，名人效应打的也是心理战，主要利用消费者对名人的信赖，或者对名人生活方式的向往，影响消费者的购买行为。

11.3.2 广告媒体的选择

现代广告媒体种类繁多，选择的余地越来越大，不同的媒体具有不同的优越性和局限性。根据广告活动的目标，选择合适的媒体进行合理的配置，才能尽可能地减少广告浪费，实现广告目标。被人们称作现代广告五大媒体的是以下五种常用媒体。

1．报纸

报纸是使用最为普遍的媒体。其优点是：读者广泛、覆盖面广，传播迅速、时效性强，交代清楚、便于查阅，简便灵活、费用低廉，权威性强、信誉较高。其缺点是：寿命短暂、利用率低、内容繁杂、注意力分散、印刷粗糙、色彩感差。

2．杂志

杂志是以刊登各类文章、专门知识和学术论文为主的读物，往往有相对固定的读者群。作为媒体，其优点是：对象明确、针对性强，有效期长、易于保存，易被接受、效果较好，印刷精美、图文并茂。缺点是：专业性强、传播面窄，周期较长、灵活性差，制作复杂、成本较高。

3．广播

广播是诉诸人的听觉的信息载体和传播工具。作为媒体，其优点是：传播迅速、时效性强，覆盖面广、听众面宽，方便灵活、声情并茂，制作简便、费用低廉。缺点是：有声无形、印象不佳，转瞬即逝、不便存查，盲目性大、选择性差。

4．电视

电视是通过文字、声音、图像、色彩、动作等视觉和听觉形象的结合，以电波传递信息的媒体。其优点是：覆盖面广、收视率高，声像兼备、直观生动，娱乐性强、接受性好。缺点是：稍纵即逝、不易保存，制作复杂、费用高昂，针对性弱、选择性差。

5．网络

网络广告就是广告主以付费的形式运用互联网媒体对公众劝说的一种信息传播活动。具体形式有广告网站、标语式广告、按钮式广告、聊天室广告、赞助式广告、插页广告、关键字广告、互动游戏广告、电子邮件广告、电子公告牌广告等形式。其优点是：覆盖面宽广、受众广泛，到达率高、可读性强，实时性强、持久性强，自主性阅读、针对性强等。缺点是：目前上网用户规模有待继续扩大，效益不十分明显。

11.4 营业推广策略

11.4.1 营业推广的概念

营业推广是企业在一定时期内，采用特殊方式对顾客进行强烈刺激，以激发顾客强烈的购买欲望，促成迅速购买的一种促销方式。营业推广在营销实践中，也习惯称为促销，即狭义的促销。

在促销活动中，营业推广往往配合人员推销、广告、公关等促销方式使用，使整个促销活动产生热烈的氛围和强烈的激励。

11.4.2 营业推广的特点

作为一种促销方式，营业推广与其他促销方式相比，最根本的特点是：与日常销售活动紧密配合，产生“短、高、快”的销售效果。具体地说，它主要有以下四个特点。

1．辅助作用

一般来说，人员推销、广告、公共关系都可以独立开展促销活动，而营业推广则很少单独使用，常常作为其他促销手段的一种辅助手段，与日常销售活动紧密结合，用于特定时期、特定商品的销售。因此，从全面、系统的角度看，营业推广策略要与其他促销策略有机组合，从而发挥更有效的作用。

2．非连续性

营业推广一般是为了某种即期的促销目标而专门开展的一次性促销活动。它不像广告、公共关系、人员推销等促销方式那样作为一种连续的、常规性的促销活动出现，而往往着眼于解决一些更为具体的促销问题，所以常常是无规则、非周期性地组织实施的。

3．形式多样

营业推广策略的关键是发掘新颖独特的创新思维，根据企业所处的客观环境和市场态势，以及企业自身的条件，创造性地进行分析、决断、选择、组合和创造有效而新颖的诱导刺激措施，使之能迅速吸引顾客的注意力，唤起并强化顾客购买该产品的利益动机。

4．即期效益

营业推广策略所要达到的目标是短期的和即时的，而其他促销策略，如广告、公共关系所要达成的目标则是长期的和缓慢的。正因为其短期性目标的要求，其促销效果必须要在短期内形成购买的高潮。营业推广策略的重心是迅速促进当前的商品销售，激发消费者的购买兴趣和参与热情，产生立竿见影的销售效果。它是促销方式中见效最快的一种。

11.4.3 营业推广的方式

1．以消费者为目标的营业推广方式

营业推广方式创意无穷、多种多样、难以枚举。每种营业推广方式都有其具体特点和适用范围，因此在策划时要反复分析、选择使用。同时，选择营业推广方式时还要综合考虑推广目标、竞争条件、经济环境及推广预算等因素。常见的方式有以下几种。

（1）赠送优惠券。赠送优惠券是指企业通过邮寄、在商品包装中或以广告等形式附赠一定面值的优惠券，持券人可以凭此优惠券在购买某种商品时免付一定金额的费用。优惠券可以分为两类，即零售商发行的优惠券和制造商发行的优惠券。

（2）折价优惠。折价优惠是指企业在一定时期内调低一定数量商品售价的营业推广活动。折价优惠通常在销售点上能强烈地吸引消费者的注意，并能促进购买欲望，有效提高销售点的销售量。折价优惠运用方式灵活多样，较为常用的有直接打折、买一赠 X、以旧换新、捆绑式定价等。

（3）集点优惠。集点优惠，又称商业印花，指顾客每购买单位商品就可以获得一张印花，若积累到一定数量的印花就可以换取这种商品或指定奖品。

实例 11-6 立波啤酒公司曾举行集点优待的活动以鼓励消费者购买。消费者所购买的立波啤酒的瓶盖内垫中均印有不同的点数记号，累积这些点数可换得不同礼品。例如，1 点：立波啤酒 1 瓶；2 点：洗衣粉 1 袋；16 点：立波雨伞 1 把；48 点：立波手表 1 块……

（4）附送赠品。附送赠品指当消费者每购买一定数量或金额的商品后，就附加赠送一定价值的同类商品或其他商品。

（5）赠送样品。将产品免费送达消费者手中的营业推广方式称为赠送样品。赠送样品按照发送方式不同可以划分为直接邮寄、逐户分送、定点分送，以及展示、媒体分送、凭优惠券兑换、入包装分送、选择性分送八种形式。

📖 **实例 11-7** 顶新国际集团武汉顶益食品有限公司派出大量业务人员，把“超级福满多”方便面挨宿舍送到每个大学生手中，每人 1 包，得到方便面的同学要在派送人员的记录本上签名，并留下宿舍号及电话号码以做信息反馈之用。方便面包装袋右上角印有“非卖品”几个大字。包装袋正面还印有“集空袋，进福气。集 2 个超级福满多空袋，即可参加兑换。奖品为：牙膏、相册、饭勺等任选一样，奖品多多，送完为止！建议零售价：1 元/包”。此次活动的目的是让在校大学生对改进后的“超级福满多”有一个全新的认识，品尝样品后能够喜欢它，以便于以后认牌购买。

（6）付费赠送。付费赠送指企业为吸引消费者而采取的只要消费者在购买某种商品的同时提供赠品的部分费用，即可获得赠品的营业推广方式。

（7）退费优惠。退费优惠指厂商在消费者购买商品后给予一定金额的退款，退款可以是售价的百分之几，也可以是全额退还，甚至超额退还。但退费的时间一般要与购买商品的时间有一定的间隔，使企业有一定的经营利润补偿退费造成的损失。

（8）竞赛、抽奖和游戏。竞赛、抽奖和游戏指企业通过竞赛、抽奖和游戏等形式，以特定奖品为诱因，促使消费者产生购买欲望，积极参与并期待中奖的一种营业推广活动。

2．以中间商为目标的营业推广活动

以中间商为目标的营业推广活动的目的是刺激其大批量购买，包括吸引中间商购买新品种和大批量重复购买，鼓励中间商销售过时、过季的库存商品，强化中间商对本品牌的信任和偏好等。针对中间商的营业推广活动形式有销售折扣、资助奖励、节日公关、业务会议、代销等形式。

📖 **实例 11-8** 虎牌啤酒针对其分销商开展了“是否想过拥有一台虎虎生威的生财工具”的促销活动，其中分销商销售虎牌啤酒总额（以批发价计算）达到人民币 500 万元，即可免费获赠全新 1.5 吨货车 1 辆（不包括道路税及保险费用）。在活动期间，销售虎牌啤酒总额（以批发价计算）达到人民币 400 万元，则可免费获赠全新 100 CC 摩托车 1 辆（不包括道路税及保险费用）。

3．以推销人员为目标的营业推广活动

以推销人员为目标的营业推广活动的促销的目的是鼓励其开拓新市场，包括鼓励推销人员推销某种新产品、促使他们扩大产品销量等。针对推销人员的营业推广形式主要有销售红利、推销竞赛、特别推销奖或补助等。

11.5 公共关系策略

11.5.1 公共关系的概念

“公共关系”一词，源于美国，是从英文 Public Relation 翻译过来的，简称 PR。总体来说，公共关系是指社会组织与公众之间相互联系、相互作用的状态和过程。它包括三个层次的含义，如图 11-9 所示。

图 11-9 公共关系的内涵

1. 公共关系意识

公共关系意识是指组织在处理或管理与社会公众之间的关系或解决公共关系问题时，具有的各种态度与观念的总称。它影响和制约着组织的政策和行为，而且渗透到日常工作的各个方面，成为引导组织行为的一种准则和价值观。

公共关系意识是从组织团体的立场出发，为组织的生存和发展而主动与各方面进行沟通、协调、控制和改善各种关系的意识；公共关系意识是一种主体积极主动对客体施加影响的意识，主动精神是公共关系意识的必要条件；公共关系意识是一种“内求团结，外求发展”的组织意识，企业文化是公共关系意识形成与发展的土壤。

2. 公共关系活动

公共关系活动是指一个组织为提高自己的知名度和美誉度，以争取公众舆论支持，而有计划地开展的各类活动的总称。

通常把公共关系活动分为公共关系日常业务活动和公共关系专题活动。因此，公共关系策划就是对公共关系日常业务活动和公共关系专题活动进行的策划。

公共关系活动的三个基本要素是：公共关系主体——社会组织，公共关系媒体——传播与沟通活动，公共关系客体——社会公众，如图 11-10 所示。

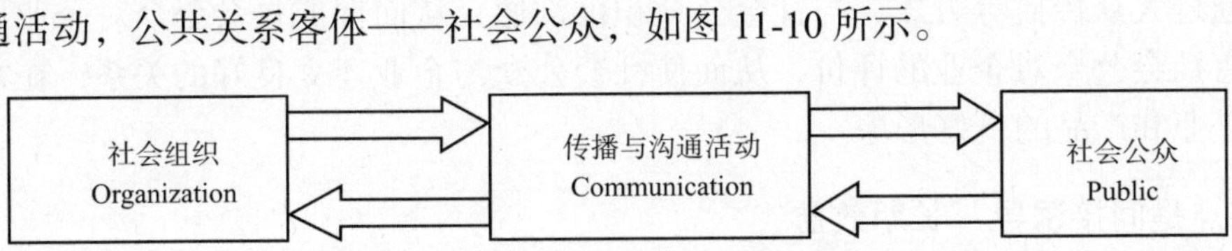

图 11-10 公共关系三要素的关系

3. 公共关系状态

公共关系状态是指一个社会组织与其所有社会公众之间形成的各个方面、各种类型、各种性质的关系的总称。它既是组织开展公共关系活动的基础，又是组织公共关系活动的结果。具体地说，包括组织内部公共关系和组织外部公共关系两部分。组织内部公共关系包括组织内部的员工关系、领导层关系、各部门间关系、股东关系等；组织外部公共关系包括组织与顾客的关系、组织与政府的关系、组织与社区的关系、组织与新闻媒体的关系、组织与竞争者的关系、组织与合作者的关系、组织与供应商的关系，以及组织与社会名流的关系等。

企业开展公共关系的主要目的就是处理好这一系列的关系，形成一种有利于企业“内求团结，外求发展”的良性关系状态与和谐的关系环境。

📖 **实例 11-9** 2008年3月至4月，SACOM（大学师生监察无良企业行动）与香港大学生调查员多次前往深圳、东莞等地调查港资工厂。此次调查中，以玖龙纸业为首的“血汗工厂”浮出水面。调查结果公布后，网络上掀起了针对玖龙纸业的强烈批评浪潮，不仅各主流网站对事件进行了持续跟踪的深入报道，网友也要求玖龙纸业集团主席张茵引咎辞去全国政协委员职务，而且SACOM呼吁投资人以抛出或拒绝购买玖龙纸业股票的方法、向企业施压，直至工人工作条件得到改善为止。玖龙纸业危机全面爆发。

危机爆发后，玖龙纸业迅速行动，一方面与SACOM进行沟通协商，另一方面紧急召开新闻发布会，邀请全国主流媒体记者与会，向媒体澄清解释，并且请求广东省总工会的支持。最终，负面舆论扩散得以平息。

11.5.2 公共关系促销的特点

简言之，公共关系促销就是以促销为目的的公共关系活动，它与其他促销方式相比有以下几个特点。

1. 主要手段是不断调适企业与社会公众之间的关系

良好的公共关系不是与生俱来的，它需要企业积极主动、不断调适来实现，而如何调适、调适的方向和力度、调适的方式和时机都需要严密充分的构思和谋划。公关促销的主要任务就是通过调适企业与社会公众之间的关系实现促销的目的。

2. 目的是塑造企业的良好形象

企业通过大众传播等方式，与社会公众积极沟通，从而促成社会公众对企业形成良好印象，改善社会公众对企业的评价，从而使社会公众与企业建立良好的关系，在社会公众中树立起企业和产品的良好形象。

3. 特点是间接诱导，长期效益

公共关系促销与其他促销方式不同，公关策略对顾客的影响追求的是长期效益，而营业推广策略追求的则是即期效益。其他促销方式都利用直接的诱导方式，即直接唤起消费者对产品的要求，激发购买动机，促成购买行为。但公共关系促销策略则不同，它不是采取直接的诱导方式，而是采取间接的方式，通过良好的企业形象，潜移默化地促成社会公众对企业的好感，间接达到促进产品销售的目的。因此，公共关系策略的核心就在于策划

过程中能否把握这个间接诱导的关键，精心策划，在具有创造性的新颖独特的公关策略中，实现对顾客的间接诱导。

11.5.3 公共关系的工作程序

国内外学者在大量研究的基础上，归纳总结了包括调查、策划、实施与评估的“四步工作法”，如图 11-11 所示。

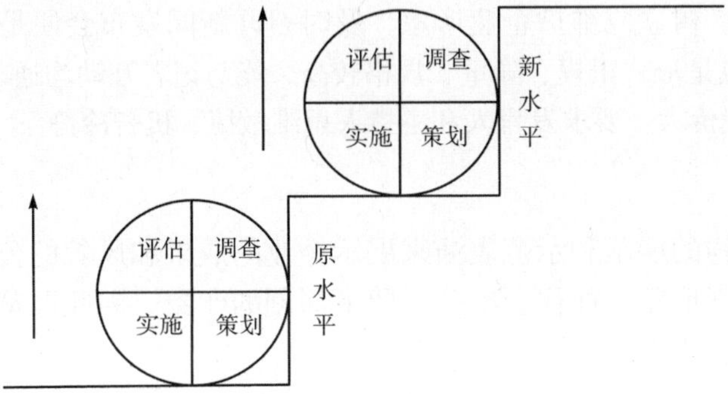

图 11-11 公共关系四步工作法

1. 公共关系调查

公共关系调查主要是了解和掌握与组织各项行为和政策相关联或受其影响的公众，对组织的行为和政策的认知、观点、态度和行为，获取真实的信息，得到第一手资料，有的放矢地开展公共关系活动。公共关系调查阶段主要发挥公共关系的情报信息功能的作用。

2. 公共关系策划

公共关系策划主要是将公共关系调查中所获取的情报信息运用于组织的政策和计划中，确定直接影响和涉及组织各种利益的公众对象，制定组织发展的公共关系战略、策略，编制公共关系活动计划等。

3. 公共关系实施

公共关系实施主要是通过沟通和其他公共关系活动，将组织策划制订的公共关系活动方案贯彻执行，完成和实现与组织总目标有联系的公共关系目标。公共关系实施阶段主要发挥公共关系的传播沟通功能的作用。

4. 公共关系评估

公共关系评估主要是对公共关系过程进行总结、分析和确定公共关系活动的最终结果，估计公共关系计划和活动实施的各种效果，为调整下一步公共关系目标和制订公共关系计划提供翔实的资料。

11.5.4 公共关系活动方式

1．新闻发布会

新闻发布会，又称记者招待会，是企业为公布重大新闻或解释重要方针政策而邀请新闻记者集会，先将信息告知记者，然后通过记者所属的大众传播媒体告知公众的一种公共关系专题活动。它是企业传播各类信息、吸引新闻界客观报道、处理好媒体关系的重要手段。特别是当企业遇到一些问题需要向社会公众解释时，借助新闻媒体向公众传递真相、澄清事实、引导舆论、树立或维护企业形象，及时召开新闻发布会便是一种有效的措施。

新闻发布会的特点是形式正规、隆重、规格较高，能与记者互动沟通，加深理解。但组织新闻发布会成本高、代价大，要求发言人和主持人思维敏捷、机智冷静。

2．展览会

展览会是通过实物的展示和示范表演来展示企业的成果和风貌的公共关系宣传活动。由于它图文并茂、直观形象，往往会给公众留下深刻的印象，因此展览活动也是企业塑造良好公共形象的重要手段之一。

3．业务洽谈会

业务洽谈会是企业与供应商、中间商或其他合作者之间，为了寻求业务合作而进行洽谈协商的一种公共关系专题活动。

4．赞助活动

赞助活动是企业无偿地提供资金或物资支持某一项社会事业或社会活动，以获得一定形象传播效益的公共关系专题活动。它可以使企业与所赞助的项目同步成名，是一种信誉投资和感情投资行为，也是一种积极有效的公共关系促销手段。

具体而言，赞助活动主要有赞助体育活动、赞助文化活动、赞助教育事业、赞助慈善福利事业、赞助纪念活动等。

5．对外开放参观

对外开放参观活动是企业为了让公众更好地了解自己，面向社会各界开放，及时组织和安排广大公众到企业内部来参观、考察，以提高组织的透明度，争取公众了解和支持的一个重要手段。

6．庆典活动

庆典活动是企业为庆祝某一重大事件而举行的一种公共关系专题活动，如开业或周年庆、新设施奠基、展销会开幕式、签字仪式等。目的在于联络公众、广交朋友、增进友谊、扩大影响。举行一次气氛热烈、隆重大方的庆典活动，就是一次向社会公众展示自身良好形象的机会。

7．危机公关活动

当企业与公众发生冲突，或发生突发事件，使得公众舆论反应强烈，企业形象受到严重损害时，公共关系便处于紧急状态之中，需要动用整个企业的力量及各种传播媒体来处理危机，协调与平衡企业与公众之间的紧张关系。

使企业面临公共关系危机的原因，一般来说主要有三种，即自身行为不当、突发事件、失实报道。企业应根据具体情况，分析具体原因，及时开展卓有成效的危机公关活动。如属于企业自身原因造成的危机，企业应真诚接受批评，立即采取善后措施，引以为戒；如属于突发事件，则要把真相告知公众，争取理解与支持，并积极处理突发事件引起的矛盾；如属于失实报道引起的公关危机，则要坚持不失态、不失策、冷静处理的原则，及时消除不利影响，扭转不利舆论状态。

【职业/知识检测】

1．名词解释

促销　　营业推广　　公共关系　　人员推销　　广告　　危机公关

2．填空题

（1）促销组合，是指企业在促销活动中，把（　　）、（　　）、（　　）、（　　）有机结合，综合运用，以便实现更好的整体促销效果。

（2）广告必须具备四个基本要素：（　　）、（　　）、（　　）、（　　）。

（3）国内外学者在大量研究的基础上，归纳总结了公共关系包括（　　）、（　　）、（　　）、（　　）的“四步工作法”。

（4）公共关系活动的三个基本要素是：主体——（　　），客体——（　　），媒体——（　　）。

（5）人员推销的基本方式有（　　）、（　　）、（　　）三种。

3．选择题

说明：（1）～（5）题的选项都从下述选项中选取。

A．人员推销　　B．广告　　C．营业推广　　D．公共关系

（1）从促销的历史发展过程来看，企业界最先流行的是（　　）。

（2）某发动机厂为了扩大其产品的销售，决定进行促销活动，该厂应以（　　）种促销工具为主。

（3）某速冻食品厂进行促销活动应该以（　　）种促销方式为主。

（4）可口可乐公司经常为各种体育活动提供赞助，这是（　　）促销。

（5）能在最短时间内见效的促销工具是（　　）。

（6）广告的优点是（　　）。

A．灵活机动，针对性强

B．具有很强的公众性、渗透性

C．易于与消费者培养感情，促成立即购买

D. 见效快、刺激性强

（7）为一类新款式的妇女时装做广告，若要使广告最具有吸引力，其最适宜的媒体是（　　）。

A. 广播　　B. 报纸　　C. 路牌　　D. 彩色杂志

（8）某推销员经过艰苦的努力，一年中实现了100万元的销售业绩，该推销员认为自己大大超额完成了工作任务。他非常高兴，主动地向销售主管汇报并提出额外奖金的要求。谁知销售主管只是说了些口头表扬的话，只字不提奖金的事。这位推销员等了好多天，什么也没等到。额外奖金的梦破灭了，他的工作热情也没有了。如果这位销售主管是一位称职的管理者的话，你认为他不给推销员发额外奖金的最可能原因是（　　）。

A. 他怕大家过分追求销售量，而忽视了服务质量

B. 没有预先给出计划标准，缺少控制和考核的依据

C. 企业正处于发展阶段，许多方面需要资金，不能发额外奖金

D. 企业其他的推销人员也同样超额地完成了销售任务

（9）翟经理是某化妆品公司的销售部经理。去年该公司招聘了一批刚毕业的大学生，其中有一位学化学的小唐，被认为很有培养前途。公司指定她负责G地区的销售工作，并设立了一种很有吸引力的佣金制度。一年下来，小唐尽管工作十分努力，但所分管地区的销售业绩就是上不去，她也承认G地区销售潜力不小。面对这种情况，有人给翟经理出了以下几个主意，你认为其中哪个主意最好？（　　）

A. 在办公室张榜公布各地区的销售业绩，让大家都知道谁干得好，谁干得差

B. 郑重告诉小唐，下季度若仍达不到分配给她的销售指标，公司就要请她另谋高就

C. 让翟经理带小唐去走访几家新客户，给她示范销售老手的做法

D. 顺其自然，什么事也不用做，反正通过实践摸索与经验积累，她会成熟起来的

（10）一家以生产化学添加剂为主的小型民营企业，对其销售员采取了按销售额提成的奖励办法，希望能够借此激励他们努力工作，扩大企业的产品销售。然而，此方法实行一年多后，随着企业销售额的大幅增加，却出现了销售回款额下降的严重问题。产生这种现象最可能的原因在于（　　）。

A. 用户财务状况恶化　　B. 企业催款力量不足

C. 销售员责任心减弱　　D. 销售考核指标有缺陷

（11）企业邀请记者参观考察企业，记者撰写了一篇报道企业的文章刊登在报纸上，这种活动叫作（　　）；最能立竿见影，对顾客刺激性最强的促销手段是（　　）。

A. 人员推销　　B. 广告　　C. 公共关系　　D. 营业推广

（12）在针对企业的促销中，最主要的促销手段是（　　）。

A. 人员销售和广告　　B. 广告和公共关系

C. 广告和营业推广　　D. 人员销售和营业推广

（13）儿童用品宜选择（　　）作为广告媒介。

A．报纸　　B．户外广告　　C．电视　　D．杂志

（14）一般在产品的衰退期，最重要的促销手段是（　　）。

A．营业推广　　B．广告宣传　　C．公共关系　　D．人员推销

（15）近年来，立氏化妆品的销量有了明显增长，同时，该品牌用于广告的费用也有同样明显的增长。业内人士认为，立氏化妆品销量的增长得益于其广告的促销作用。以下（　　）项为真，最能削弱上述结论？

A．立氏化妆品的广告费并不多于其他化妆品

B．立氏化妆品的购买者中，很少有人注意到该品牌的广告

C．注意到立氏化妆品广告的人中，很少有人购买该产品

D．近年来，立氏化妆品销售总量有明显增长

4．简答题

（1）什么是促销组合？影响促销组合的因素有哪些？

（2）人员推销、广告、营业推广及公共关系促销方式相比较有哪些特点？各自适用于什么情况？

（3）人员推销和公共关系策略的程序有哪些？

（4）分析各广告媒体的特点。

（5）营业推广与公共关系促销的常见方式有哪些？

【职业技能训练】

1．方案策划

（1）你是一家五星级酒店的客服部经理，某外宾随从（女性，50 岁左右）来参加中国太原国际面食节，住在这家酒店。一天，服务员清扫房间时发现，在酒店客房内陈设的一件小型古鼎不见了，而且确信被这位女性装在随身的小包里。作为客服部经理，你该如何处理此事？

（2）某白酒生产企业面对的是目前白酒业竞争激烈，白酒广告铺天盖地，而消费者却无所适从的局面。请你为其策划一种独特的形象，以实现脱颖而出的效果。

2．分析讨论

（1）联系实际，讨论当前我国企业促销策略的实施存在哪些突出的问题。

（2）推销与导购有何区别？你认为遵循现代营销观念，推销员的职责是“指导与引导购物”，还是“千言万语、千辛万苦、千方百计”将产品推销给顾客？

3．案例分析

某大型商场开业在即。为使企业开业伊始便有较高的知名度，企业策划了一个别出心裁的活动，以期引起当地媒体的关注。开业当天，在商场外搞抛发礼券活动，每张礼券 500

元，共抛发 1 000 张。活动当天，先后有数万人参加了争抢礼券活动。受活动影响，商场周围交通被迫中断，结果导致市政当局和部分市民不满。同时，活动本身秩序失控，导致一些人被挤伤。对此，当地几家媒体对活动所带来的问题进行了报道。尽管活动的开展客观上使企业有了知名度，但知名度带给企业的却是企业不希望看到的结果。

问题：用所掌握的公共关系知识对该商场的开业活动加以评析。

4．模拟实训

（1）学习推销策略理论后，同学以 2 人 1 组，互换角色扮演推销员与顾客，进行推销模拟演示，其他同学观看后进行公开分析讲评，并进一步归纳提炼推销理论。

场景一：推销员要将公司的某件商品销售给顾客，而顾客则挑出本商品的各种毛病。推销员应认真回答顾客的各种问题，即便一些吹毛求疵的问题也要让顾客满意，不能伤害顾客的感情。

场景二：假设顾客已经将商品买了回去，但是商品现在出现一些小问题，顾客找上门来。顾客要讲一大堆对于商品的不满，推销员的任务是帮顾客解决这些问题，提高顾客的满意度。

注意事项：推销的商品尽量选充当推销员角色的同学熟悉的商品。推销地点不同，接近方法也不同，具体地点由 2 位同学自己商定，并设计推销过程。

训练目标：推销过程策划能力、灵活应变能力、沟通表达能力、情绪控制能力。

（2）由同学和老师选定某常用消费品（如手机、纯净水、MP3 等）；将全班同学每 4 人 1 组分组，每组同学为选定的这一消费品策划一个约 30 秒的电视或广播广告，广告情节要注意趣味性、创造性、感召力和震撼力；各小组在 30 秒内向全班同学演示自己的广告作品，演示结束后选派代表进行广告策划案说明；全班同学做评委，为各小组策划的广告作品分优、良、中、差四个等级打分。评委暂时扮演目标受众，认真观看或倾听该小组的广告作品，根据广告能否激发他们的购买欲望和满足某个特定需求来做出评价；老师将小组得分记入该组各成员平时成绩，以示鼓励。

第 12 章

市场营销策划、组织与控制

几乎每个成功故事背后都有一个精心的策划。策划是智谋的结晶，是成功的先导，是“运筹帷幄，决胜千里”的艺术。一个优秀的策划将使你的事业从零发展到无限。

——孙黎《策划家》

学习目标

☑ 重点掌握营销策划、创意、市场营销控制的基本概念。

☑ 理解营销策划的基本程序、市场营销组织的类型等基本问题。

☑ 一般了解营销策划的原则、创意的特点、创造性思维的形式与特点等问题。

CASE 【任务导入】分粥制度的启示

有一个由七个人组成的小团体，其中每个人都是平凡而且平等的，没有凶险互害之心，但不免自私自利。他们想用非暴力的方式，通过制定制度来解决每天的吃饭问题——要分食一锅粥，但并没有称量用具或有刻度的容器。大家试验了不同的方法，发挥了聪明才智，多次博弈，形成了日益完善的制度。大体上来说主要有以下几种。

方法一：指定一个人负责分粥事宜。很快大家就发现，这个人为自己分的粥最多。于是又换了一个人，结果总是主持分粥的人碗里的粥最多最好。由此得出结论，权力会导致腐败，绝对的权力导致绝对的腐败。

方法二：大家轮流主持分粥，每人一天。这样等于承认了个人有为自己多分粥的权力，同时给予了每个人为自己多分粥的机会。虽然看起来平等了，但是每个人在一周中只有一天吃得饱而且有剩余，其余六天都饥饿难忍。大家认为这种方法造成了资源的浪费。

方法三：大家选举一个信得过的人主持分粥。开始，这位品德尚属上乘的人还能公平分粥，但不久他开始为自己和溜须拍马的人多分。不能放任其堕落和风气败坏，还得寻找新思路。

方法四：选举一个分粥委员会和一个监督委员会，形成监督和制约。公平基本上做到了，可是由于监督委员会常提出各种议案，分粥委员会又据理力争，等分粥完毕时，粥早就凉了。

方法五：每个人轮流值日分粥，但是分粥的那个人要最后一个领粥。令人惊奇的是，在这个制度下，七只碗里的粥每次都一样多。每个主持分粥的人都意识到，如果七只碗里的粥不相同，他确定无疑将享用那份最少的。

- **启示**：体制好可以使坏人变成好人，体制不好可以使好人变成坏人！社会总是由各种群体组成的，每个群体必然存在共同利益与矛盾，处理这些矛盾最文明的办法是制定群体成员都认可并共同遵守的“游戏规则”——制度。制度创新的意义是，在既定的资源条件下，通过制度优化使资源利用效率最大化。

12.1 营销策划概述

12.1.1 营销策划的概念

营销策划就是以营销活动为对象的策划活动，可以是对企业营销活动全过程的战略规划，也可以是对企业营销过程中某一阶段、某一产品或某一活动的策略性计划。具体地说，营销策划首先是一种计划活动，是为了快速、高效地实现企业的营销目标，在科学分析有关影响因素的基础上，对未来将要开展的营销工作进行系统、全面的构思与谋划，进而制订和选择切实可行的执行方案，并且根据企业营销目标要求和环境变化对方案进行不断修改调整的一种富有创意的计划活动。

12.1.2 营销策划的要素

1．营销策划的实质是一种计划活动

策划就是战略性规划或策略性计划活动。但策划又不完全等同于计划活动，它不是一种简单的或程序性的计划活动，而更多地强调计划的筹谋性、谋略性、策略性与艺术性。

从广义的角度来说，计划的外延更广泛一些。计划包括策划，从本质上来说，策划属于计划。从狭义的角度来说，计划是一个关于实现策划目标的行动方案，策划活动的最终产物是计划，计划是对一系列策划活动的归纳和总结，是策划所决定的战略、战术、部署安排的书面体现。

2．营销策划的目的是快速、高效地实现企业的营销目标

营销策划实质上是一种计划活动，但营销策划之所以要强调营销计划中策略与计谋的运筹，其根本目的显然是以最快的速度、最高的经济效益、最好的社会效益使营销目标得

以顺利实现。

> 📖 **实例 12-1**　美国新影片《骗子》上市，广告商便在 1 200 万个美国苹果上贴上了有关的微型广告画片，供应各超市。一时间，连 3 岁儿童都知道了这部片子。美国电视广告费一般 30 秒收 45 万美元左右，而水果广告每 1 000 个苹果贴上有关广告仅收 6.5 美元，而且也达到了家喻户晓的目的。

3．营销策划的依据是全面的信息

全面、准确地掌握企业营销活动及其所有影响因素的信息是营销策划活动得以开展的先决条件，是营销策划活动能否成功的关键所在。

4．营销策划的核心内容是运筹、谋划和设计

策划不同于决策，它重在“谋事”而非“断事”，其工作的主要内容是对所规划的营销活动进行构思、谋划并制订出切实可行的方案，供决策者选择。

5．营销策划方案成功实施的保证是不断调适

任何策划方案都不会是很完善的，所以在营销方案实施过程中，要根据营销活动所要实现的目标与外部营销环境变化所提出的要求，不断地进行调整和完善，只有这样才能保证营销策划方案顺利实施并取得预期效果。

6．营销策划的对象是未来将要开展的营销工作

策划是一种超前性的计划活动。所以，营销策划主要是对未来将要开展的营销工作所做的规划与安排，是在对未来营销环境变化做出前瞻性的判断和预测的基础上，对将要开展的营销工作所做的安排。

7．营销策划的灵魂是创意

在营销活动过程中，不断推出新的创意将是企业营销活动制胜的关键。策划并无定法，打破常规、出奇制胜是策划活动的魅力所在，也是策划的制胜法宝。实践证明，只有构思独特、有所创新的营销活动，才能产生巨大的市场冲击力与震撼力，才能给企业带来持久的生命力与竞争力。

8．营销策划的成果是形成一套切实可行的营销活动方案

营销策划经过一系列的规划活动，最终要形成一套切实可行的营销活动执行方案，并以书面的形式反映在营销策划书中，简称营销策划案，供客户（或决策者）评价与分析，以决定是否执行。

12.1.3　营销策划的原则

企业在营销活动中会遇到诸多矛盾、诸多问题，必须处理好方方面面的关系。在处理这些矛盾、问题、关系时必须遵循一定的原则。有效开展营销策划活动应该遵循的原则主要有以下五个方面。

1. 统筹规划

营销活动中企业会遇到更多的新问题与新矛盾，如营销各环节的分工协作关系、近期投资与远期收益的关系、局部利益与整体利益的关系等。因此，营销策划必须遵循统筹规划的原则，顾全大局，安排部署企业的营销工作。“善谋者，谋势；不善谋者，谋子”“谋势重于谋子”，策划时要从整体上考虑和解决问题，既要注重整体效应，又要注意抓住主要矛盾。

2. 技艺融合

营销策划不仅强调构思独到、思维创新，而更主要的是必须考虑策划方案技术上的先进性、可操作性。这是因为，策划活动既是一门科学，又是一种技术，也是一门艺术，它既有任何策划活动都应遵循的一般规律、大体程序、通用方法，又要体现一定的艺术性，即要有一种特定问题特定分析、灵活策划的不断创新的熟练性。相对于艺术来说，技术较易掌握，而艺术则是一种厚积薄发、长期训练所形成的熟练的创新能力。通俗地说，营销策划不只是“出点子”“开处方”，而要真正“能祛病”“会健身”。

3. 动态调适

任何策划方案都不是一成不变的，而应该具有一定的弹性、灵活机动和能够不断调适。这种调适表现在两个方面：一是在策划之初，就要考虑未来环境的变化趋势，让方案能随时适应变化的环境；二是任何方案都不可能是僵化不变的，在方案执行过程中，要根据项目所追求目标及环境的变化，对方案不断调节控制，修正完善。

4. 超前创新

市场营销策划的对象是未来的某项营销工作，因此，营销策划必须具有高度的前瞻性与超前性。营销策划者必须具有“与时俱进”的意识和“先知先觉”的本领。同时，营销策划过程还必须不断推陈出新，通过奇妙的构思、别致的手法、周密的计划和精心的安排，达到出其不意的效果。

5. 切实高效

策划的营销方案要切合实际，具有可实施性，并能取得良好的效果。策划的营销方案是要由企业付诸实施的，是要帮助企业提高市场占有率、增强核心竞争力、给企业带来丰厚回报的，因而方案的策划不能闭门造车、纸上谈兵，而要充分考虑外部环境的接受能力和企业内部条件的承受能力，而没有必要片面追求创意的新奇独特或艺术上的高度完美。

衡量或选择营销方案最主要的标准应是使营销目标的实现速度最快，经济效益、社会效益最好或效率最高。“条条大路通罗马”，可以说，策划就是要找到一条可以省时省力、顺利到达“既定目标”的捷径。

12.1.4 营销策划的基本程序

总体来说，营销策划活动可以分为营销策划立项、方案形成、方案实施与监控、实施效果评估与反馈四个阶段。

1．营销策划立项

（1）分析营销现状。通过企业营销现状的初步分析，明确企业营销活动的主要矛盾、关键问题，必要时还应进行深入的营销调研。

（2）确定策划主题。针对企业存在的关键问题，明确当前营销目标，确定策划主题。

（3）拟订策划书。策划书应对策划的重要性、可行性、策划进程、策划方案实施的成本、策划经费、策划报酬、策划方案实施效果估测等有一个说明。

（4）审批营销策划项目。该阶段最关键也最重要的一步是取得企业决策者的认同，经过审核批准而顺利立项。

2．方案形成

营销策划方案形成是策划的核心工作，在该阶段主要应依次完成以下几个方面的工作。

（1）建立策划工作组。根据策划主题，设立策划工作组，并明确工作组各成员的责权关系。

（2）进行策划调研。收集策划所需的资料、信息，激发创意，这也是策划方案形成阶段的一项核心工作。

（3）制订方案。根据策划主题，分析策划调研所收集到的信息资料，对所形成的创意进行选择，然后将创意具体化为一项可以操作实施的方案，并进行反复论证与完善。

（4）写出策划书。为了使策划方案被委托人或企业决策者接受并付诸实施，还有必要在向委托人或决策者递交策划书时进行细致诚恳的讲解和说明。最终可能产生三种不同的结果：是、否、不完善。如果“不完善”，还需进一步修正；如果“是”，方案便可以进入实施阶段。

3．方案实施与监控

策划者不一定就是执行者，若在执行过程中“走样”，考虑再周全的策划案也难以实现预期的成效。况且，方案设计时与实施时的外部环境、内部条件都可能有出入，而且经常还会有一些突发事件出现，这就需要进行必要的监控，以实现预期效果。

4．实施效果评估与反馈

策划方案实施完成以后，最好还要进行一定的评估总结工作，以分析总结经验教训，扬长避短，为今后的营销策划工作提供依据和指导。

12.2 营销策划中的创意

12.2.1 创意的形成

1. 创意的概念

所谓创意有两种理解：当作名词来讲，是指一种独创的或意想不到的解决某一问题的方法，俗称点子；当作动词来讲，则是指人们通过一系列的创造性思维活动，在已有认识、经验的基础上，形成解决某一问题的新主意、新办法的过程，俗称出谋划策、出主意、想办法。如图12-1所示，创意既是“出点子”，又是“好点子”。

图12-1 创意的概念

策划方案是策划工作的核心，而形成创意则是形成策划方案的核心，可以说创意是策划活动的灵魂。在英语中有三个词含有创意的意思，被翻译为创意，其一是Creative，其英文原意是“创造性的、有创造力的”，现在常被人们译为“创意”，如“Creative Strategy”一词常被译为“创意策略”；其二是Creativity，其英文原意为“创造力”，有时也被人们译为“创意”；其三是“Idea”，其原意是思想、概念、主意、念头、计划、打算等，这是创意最普遍、最有代表性的英文词汇。其实，最能表达中文“创意”内涵的英语单词是“Creative Idea”。

2. 创意的特点

1）有形性。创意是一种解决营销实际问题的主张、概念、意见或方案，而不仅仅是一种思维活动。

2）独创性。创意这种解决营销实际问题的主张或主意是前所未有的、是他人没有的，创新性是其主要特征。

📖 **实例12-2** 金龙鱼食用油进入中国已经十多年了，现今一直以绝对优势稳居中国食用油行业第一品牌地位。但是，金龙鱼刚进入中国市场时，发现虽然市场很大，但产品并不完全被市场接受，原因就是色拉油虽然精炼度高，但不香，不符合中国人的饮食习惯。为了将“金龙鱼”打造成强势品牌，金龙鱼宣传语由“温暖亲情。金龙鱼大家庭”修改为“健康生活金龙鱼”，但是这些模糊的品牌概念除了强化了“金龙鱼”这个品牌名称外，并没有强化消费者对调合油的认知。

2002年，金龙鱼通过调整营销传播概念，着重宣传“1∶1∶1”概念，配合“1∶1∶1”的理性诉求，既形象地传播了金龙鱼食用油由三种油调和而成，又让消费者认为这种油更健康。此时，中国消费者才真正接受调和油。

3）现实性。创意这种主张或意见是现实可行的，并非是异想天开、没有实用价值的。

4）建设性。建设性指创意在营销活动中应该能够促进事物向好的方面转化。它大可改变世界、改变历史，小可塑造人生、成就事业；它能推动历史前进，也可以改善人的处境；它可以促进事物向好的方面转化。社会活动中，坏点子、坏主意、馊主意也大量存在，这些具有破坏性的点子不属于“创意”的范畴。

12.2.2　创造性思维

1．创造性思维的特点

创造性思维一般指的是开拓人类认识新领域的一种思维，简言之，就是指有所创见的思维。它是人类所独有的一种思维方式，具有如下特点。

（1）积极的求异性。创造性思维是一种求异思维。所谓求异思维，是指对常见的现象和人们已有的一般认识持怀疑的、批判的或不顺从的态度。创造性思维的求异性主要是以发散性思维方式来完成的，还可以通过侧向思维、平行思维及逆向思维等体现出来。这就要求我们打破习惯性思维、思维定式的局限，用新的角度看事物，用新的方法办事情。

> 📖 **实例 12-3**　大多数博士伦隐形眼镜广告的诉求点都是戴博士伦后的舒服感觉，而何阳为一家博士伦厂家策划的广告情景则是，一个母亲给孩子戴上隐形眼镜后，问他感觉是否舒服，孩子眨了眨眼睛说：“没有感觉呀！”这是一种相反的广告手法，因为没有感觉，比任何舒服都重要。

（2）暂时的潜在性。创造性思维常常表现为一种不自觉的、潜意识的或没有进入意识领域的思维活动。实践表明，这种潜在的创造性思维有时需要一定的松弛才容易贯通和发生，因而娱乐和消遣常常是它的触发器；有时需要外部环境予以一定刺激，才能激发形成；同时，它也有一个长期思考、不断积累、由量变到质变，最后升华的过程。

（3）灵感的活跃性。灵感是一种综合性的突发心理现象，是在创造性思维与其他心理因素协同活动中表露出的最佳心理状态。处于灵感状态中的创造性思维，反映了人的注意力高度集中、想象的骤然活跃、思维的特别敏锐和情绪的异常激昂。灵感是创造性思维的重要一步和关键环节。

> 📖 **实例 12-4**　英国有位退休老人亚瑟，有一天看到了有关月球探险的电视节目。节目主持人介绍月球情况时，不断将手中的月球平面图打开来展示给观众，显得很别扭。于是他想，地球是球体，可做地球仪，月亮也是球体，一定也可以制成月球仪，而且随着人们对月球探险的兴趣日益增加，月球仪必然销路大增。于是他动手研制月球仪，并申请了专利。

（4）敏锐的洞察力。创造性思维的形成过程需要以敏锐的洞察力去观察和接触客观事实，并不断地将事实与已知的知识经验或假说联系起来，科学地把事物之间的相似性、重复性加以比较，从而尽量求得全面的、真实可靠的创意素材。因此，创造性思维的形成还要注意留心观察意外的现象，用心思考突发事件，以发现创造发明、形成创意或解决问题的最佳途径。从营销策划的角度来说，很多商机的发现、把握和利用都是依靠敏锐的洞察力发现的。鲁班发明锯，牛顿发现万有引力，阿基米德发现浮力定律等，都得益于这种对日常现象的仔细观察与敏锐洞察能力。

📖 **实例12-5** 吉列是美国威斯康星州人，十几岁就当了推销员。1895年夏天的一个早晨，吉列正在一家旅馆的房间里刮胡子。当他在脸上擦好肥皂，拿起刮刀时，发现刀口不利。于是他信手取过一块牛皮，把刀子在上面蹭了几下，刀口仍不见利。无奈之下，他只好凑合着刮，好不容易刮好胡子，脸上却留下了几道伤痕。这使他感到非常懊恼。回家后不久，吉列就辞去了推销员的工作，在家里专心研究、设计一种安全、锋利的剃须刀的式样和结构。那时正值炎夏酷暑，他在下午最热的时候走到树荫下小憩。就在这个时候，眼前的一幕情景把他吸引住了：离他不远处的树林里，一位农夫操着一把耙子，把地整得又细又平。刹那间，吉列豁然开朗了。他心里想：我何不把安全剃须刀设计成和那耙子一样呢？于是，他摒弃了原来"直线型"的设计，着手研究制造薄钢刀片，再用一个锡耙子那样的"T"形的架子把刀片夹起来。就这样，安全、方便的吉列剃须刀终于诞生了。

（5）富有创见的想象力。所谓想象力，其实就是浮想联翩的能力，即人脑把一个事物同其他许多事物联系起来加以思考的能力。想象的实质是对已有的知识经验、记忆表象进行改造、重新组合，从而创造新形象的过程。丰富的想象力是创造性思维的核心，是产生奇谋良策的"金翅膀"。

（6）良好的记忆力。头脑中装有大量信息，在构思创意时，就"会有源头活水来"，可以随时摄取。记忆虽然不能直接激发创造性的思维活动，却提供了创意所必需的原始信息和基本资料。

（7）准确的评判力。它是对现存的信息从优劣性、正确性、适用性和稳定性等方面做出评定判别的能力。在创意的形成阶段，在激发灵感、进行创造性思考方面，记忆力、观察力、想象力起着重要的作用，借此策划人员可以提出许多解决问题的方案、措施。而在创意的形成和发展阶段，则需要较强的评价与判断能力，借此策划人员可以在众多构思与创意中"去粗取精，去伪存真"。

（8）娴熟的操作力。操作能力是否娴熟，取决于营销策划者的专业素质和技能。这种能力可以通过专业教育强化培训形成和长期实践经验总结获得。

（9）新颖的表达力。创造的本质既然在于创新，创造性思维的表达也应具有新颖的特点。需要注意的是，超俗的"异想天开"的确能给人耳目一新的感觉，但是，也不能太过夸张与离谱。例如，租用军用飞机撒钱、某酒厂的划拳比赛、洒水车洒香水、某内衣企业的"赵本山失踪奇案"等的创意，虽说"空前绝后"，但无一不适得其反，因为它们激起的只是消费者的反感。

2. 创造性思维的形式

策划是一种高智慧的工作，是一种运用脑力的创造性思维活动，策划者的思维习惯和思维方式直接影响着创意的形成和成效。创造性思维主要有以下几种形式。

（1）联想思维。联想即联系到一起来想象，是人们通过一种事情的触发而迁移到另一些事情上去的思维。具体地说，就是借助想象，把相似、相连、相对、相关的事物联系在一起的心理活动过程。当人的思想受到某种刺激时，通过回忆可以产生三种类型的联想。

1）相似联想。是指人脑中出现同某一刺激物或环境相似的经验或事物的情况，即联想物与刺激物间存在某种共同的性质或特征。例如，看到鸟会由此联想到飞机，其共同特征是都能飞。

2）对比联想。是指人脑中出现与某一刺激物或环境相反性质事物的情况。例如，看到白色便自然想到黑色，看到小的物体便自然想到大的物体。

3）接近联想。是指人脑中想起同某一刺激物或环境有关联的事物。例如，看到学生可以联想到学校、老师、教室、书桌等相关事物。

（2）幻想思维。幻想思维一般是指与某种愿望相结合并且指向未来的一种想象，其主要特点是它的“脱离现实性”。

（3）逆向思维（反向思维）。即与一般的思维方向相反，与传统的思维方向或大众化的思维方向相反的一种思维方法。事实证明，逆向思维往往能得到出其不意的效果。要培养自己的逆向思维，就应该在思想上摆脱传统的习惯，多从一些反传统、反常规的思路考虑问题。

实例 12-6　一个秃头的男人来到一家理发店。发型师问：“有什么可以帮你的吗？”那个人解释说：“我本来去做头发移植，但实在太痛了。如果你能够让我的头发看起来像你的一样，而且没有任何痛苦，我将付给你 5 000 美元。”“没问题。”发型师说，然后他很快帮自己剃了个光头。

（4）侧向思维（另辟蹊径）。是指既不与一般思维相同，也不是正好相反，而是从旁侧开拓出思路的一种思维。

实例 12-7　美国西部发现金矿，人们蜂拥去淘金。小农夫亚默乐只有 17 岁，也加入了淘金的行列。山谷里气候干燥，水源奇缺，寻找金矿的人感到最痛苦的就是没有水喝。他们一边寻找金矿，一边抱怨：“要是有一壶凉水，老子给他一块金币。”说者无意，听者有心。亚默乐退出了淘金的人潮，转而去寻找水源，然后把水卖给众多淘金者。那些口干舌燥的淘金者蜂拥而上，金币一块块投入他的钱包，结果亚默乐大发其财。

（5）组合思维。是指在思维过程中，对若干关联的或潜在关联的若干事物重新组合，从而产生新事物的创造性思维过程。

（6）发散性思维。所谓发散性思维，就是以观察到的某一事物为中心，从其用途、构成、替代物及存在的条件等众多方面尽可能多地进行思考、联想与猜测，以求发现事物某一方面与当前所要解决的问题之间所具有的某种隐秘的联系，如能将这种联系强化，很可能就会在“山重水复疑无路”的情况下“柳暗花明又一村”，发现曲径通幽处。

（7）直观思维。就是人们不经过逐步分析而迅速对问题的答案做出合理的猜测、设想的一种思维方式。

📖 实例 12-8　某时装店的经理不小心将一条高档呢裙烧了一个洞，其身价一落千丈。如果用织补法补救，也只是蒙混过关，欺骗顾客。这位经理突发奇想，干脆在小洞的周围又挖了许多小洞，并精心修饰，将其命名为“凤尾裙”。一下子，“凤尾裙”销路顿开，该时装店也出了名。无跟袜的诞生与“凤尾裙”异曲同工。因为袜跟容易破，一破就毁了一双袜子，商家试制成功无跟袜，创造了非常良好的商机。

12.3 市场营销组织

12.3.1　市场营销组织的概念

市场营销组织就是对企业内部涉及营销活动的各个职位、部门及其相互关系的设计。市场营销组织的任务就是在明确营销目标的基础上，根据人员、环境和任务的具体要求，进行工作任务的分类和相应部门、职务结构的设计，并通过组织内信息沟通、协调和配合，提高组织工作的效率，使整个市场营销组织成为一个严密而有活力的整体，以保证企业营销目标的顺利实现。

12.3.2　市场营销组织的设计

1．市场营销组织的类型

现代企业的市场营销部门有各种组织形式，但组织形式的设计无一不是围绕职能、地区、产品和市场四个方面加以考虑的。不论采用何种形式，都必须体现“以顾客为中心”的指导思想，才能使其发挥应有的作用。常见的营销组织类型有六种类型，如表 12-1 所示；其相应的组织结构如图 12-2 ~ 图 12-7 所示。

小结

表 12-1　市场营销组织类型比较

项　目	特　点	优　点	缺　点	适用企业
职能型组织	最古老、最常见，按照营销职能设置营销部门	机构简单、分工明确、管理集权、避免部门重叠	缺乏按产品或市场制订的完整计划，部门之间有严重冲突	产品品种单一、市场规模较小、市场集中、市场单一的企业
地区型组织	按照地区细分市场设置地区型综合营销管理部门	专门的部门负责经营某一地区市场	加大了基层部门管理难度，权力分散，层次增加，职能机构重叠，增加了企业营销成本	业务涉及全国甚至更大范围的企业
产品型组织	按产品或品牌建立市场营销组织	专门的部门专注经营某一产品，不		经营多种产品或拥有多个品牌，产

续表

项　目	特　点	优　点	缺　点	适用企业
		同产品部门之间合理竞争		品品种关联度小且数量多的企业
市场型组织	按细分市场设置市场营销组织	企业可以围绕特定市场开展一体化的营销活动		市场能够按照顾客特有的购买习惯和偏好细分
产品—市场管理型组织	建立横向产品管理、纵向市场管理的组织结构	综合产品型组织与市场型组织的优点	双重领导，管理成本高，权责不清，冲突多	面向不同市场、生产多种产品的企业
网络虚拟型组织	营销功能的集合性、地域上的分散性、组织结构的非永久性	风险分散，反应敏捷，资源互补，利益共享	缺乏持续性与稳定性	市场需求随机性强、变化速度快、行业技术更新快的企业

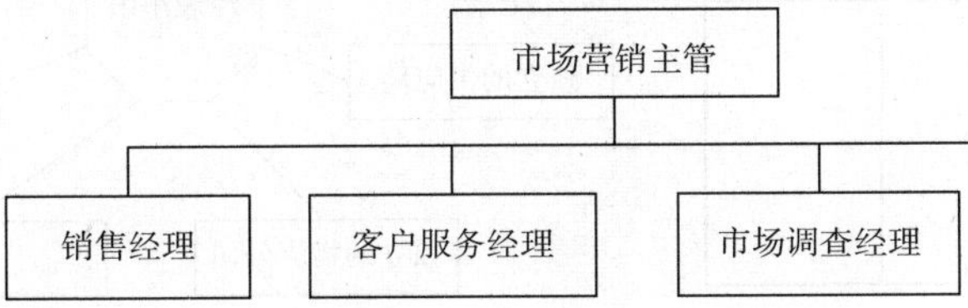

图 12-2　职能型组织

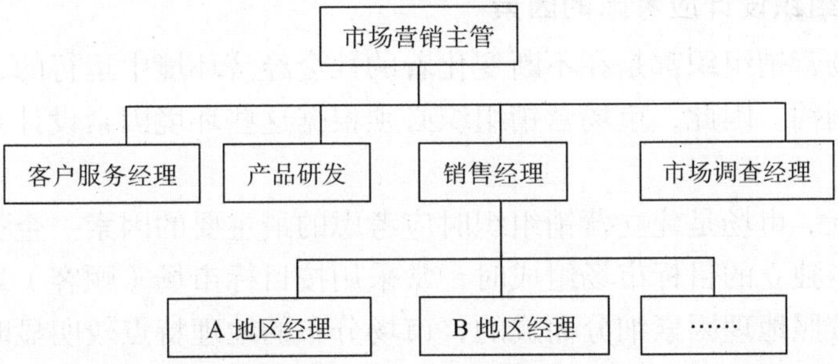

图 12-3　地区型组织

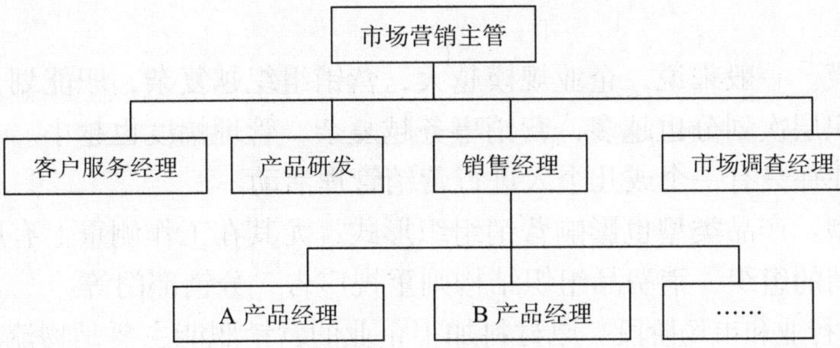

图 12-4　产品型组织

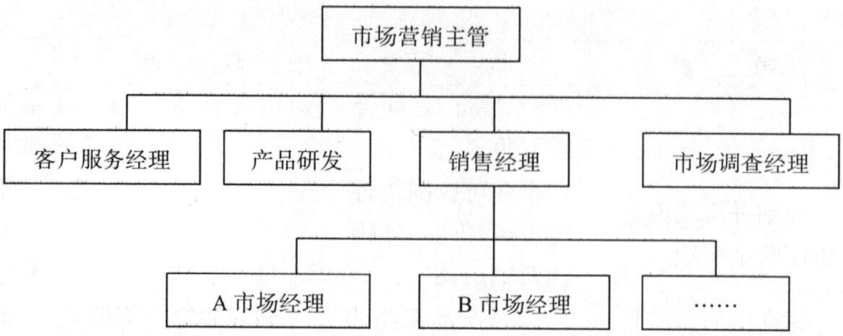

图 12-5　市场型组织

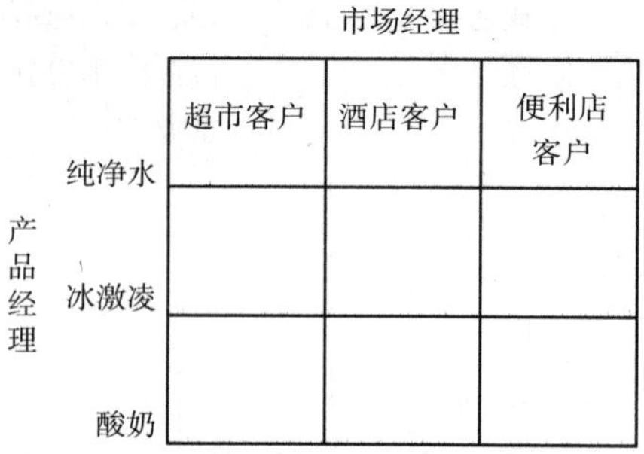

图 12-6　产品—市场管理型组织

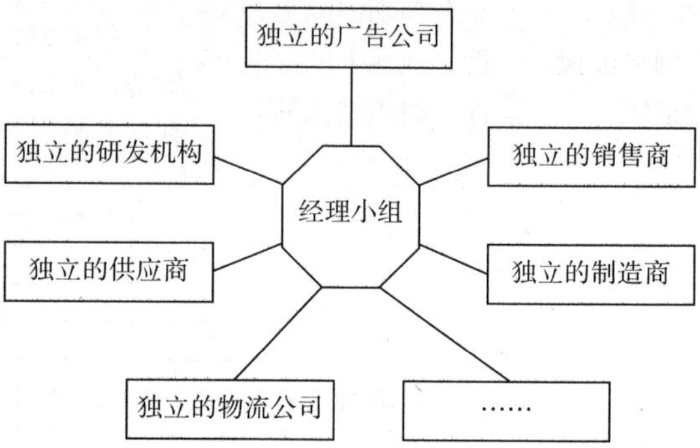

图 12-7　网络虚拟型组织

2. 市场营销组织设计应考虑的因素

任何一个市场营销组织都是在不断变化着的社会经济环境中运行的，必然受到这些环境因素的影响和制约。因此，市场营销组织必须根据这些环境因素设计并调整其组织结构与功能。

（1）市场特点。市场是建立营销组织时应考虑的最主要的因素。企业所面对的市场由几个较大的、基本独立的目标市场组成时，常采用按目标市场（顾客）划分的营销组织。如果目标市场是按照地理因素细分而成的，市场分布的地理特点较明显时，地理因素成为划分销售人员业务区域的标准。当企业面对的市场规模较大时，营销组织相对要大一些，设计的专职人员和部门也要多一些。如果市场规模狭窄，销量有限，营销组织当然也不需要太大的规模。

（2）企业规模。一般来说，企业规模越大，营销组织越复杂，职能划分越细，部门专业设立越多，组织层次划分也越多，营销事务越复杂，管理幅度也越小。小企业的营销组织，业务简单，往往只有一个或几个人进行营销管理活动。

（3）产品类型。产品类型也影响营销组织形式，尤其在工作侧重上有所不同。产业用品倾向于人员推销的组织，消费品组织结构则重视广告、分销部门等。

（4）企业所处行业和市场阶段。原材料加工企业的营销职能主要是物流、存储、运输；服务企业营销职能主要是同顾客的沟通和形象塑造。创业阶段的营销组织一般集权程度较高，进入规范化后则多采用分权制的组织结构。

12.4 市场营销控制

12.4.1 市场营销控制的概念

市场营销控制就是指市场营销管理者通过经常性的监测系统或预警系统，在事前、事中或事后检查或监测营销活动的运行状况，衡量预定计划与实际执行情况是否存在偏差，如果存在偏差，就要找出原因，并采取有效措施和正确行动进行及时的“纠偏”，以保证市场营销计划的完成和市场营销目标的实现。

12.4.2 市场营销绩效测试

清楚地了解市场营销计划的执行情况，明确地确认市场营销运行的效果，是企业调整改进市场营销决策的基础。进行市场营销绩效测试与控制，需要建立一套体系完整、切合企业实际、被投资者及社会认同的市场营销效果衡量指标和评价方法体系。

12.4.3 市场营销计划控制

执行和控制市场营销计划也是市场营销管理过程的重要步骤。市场营销计划控制主要有年度计划控制、赢利能力控制和战略控制三种类型。

1. 年度计划控制

年度计划控制是指由企业高层市场营销管理人员负责的，旨在发现市场营销计划执行中出现的偏差，并及时予以纠正，以保证年度计划得以顺利实现的市场营销控制活动。一般而言，企业的年度计划控制包括销售分析、市场占有率分析、市场营销费用率分析、财务分析和顾客态度追踪等内容。

（1）销售分析。销售分析就是衡量并评估企业实际的销售额（或销售量）与计划销售额（或销售量）之间的差异情况。

（2）市场占有率分析。主要分析企业实际市场占有率与预期的市场占有率之间的差异，以发现原因、解决问题。根据企业选择的市场范围不同，市场占有率可以有全部市场占有率、可达市场占有率、绝对市场占有率及相对市场占有率四种不同的测量指标。

（3）市场营销费用率分析。指市场营销费用与销售额的比率，还可进一步细分为市场营销人工费用率、广告费用率、销售促进费用率、调查费用率、市场营销管理费用率等。

（4）财务分析。主要通过企业在市场营销方面一年来的销售利润率、资产收益率、资本报酬率和资产周转率等指标了解企业的财务情况。

（5）顾客态度追踪。指企业通过设置顾客抱怨和建议系统、建立固定的顾客样本或者通过顾客调查等方式，了解顾客对本企业及其产品的态度变化情况。如果发现顾客对本企业或产品的态度发生了变化，企业就应及早采取行动，争取主动，以取得大事化小、小事化了的效果。

2．赢利能力控制

赢利能力控制旨在测定企业不同产品、不同销售地区、不同顾客群、不同销售渠道，以及不同规模订单盈利情况的控制活动。没有严格的市场营销成本和生产成本的控制，企业要取得较高的盈利水平和较好的经济效益是难以想象的。因此企业一定要对各类营销费用，以及生产产品的材料费、人工费和制造费用进行有效控制，全面降低支出水平。当然，费用支出必须与相应的收入结合起来分析，才能更准确地反映企业的赢利能力。

3．战略控制

战略控制是指市场营销管理者通过采取一系列行动，在市场营销活动中通过不断的评审和信息反馈，连续地对战略进行修正与改进，使市场营销的实际工作与原战略规划的目标尽可能地保持一致。

在企业战略控制过程中，主要采用营销审计这一重要工具。营销审计是对一个企业或一个业务单位的市场营销环境、目标、战略和活动所做的全面的、系统的、独立的和定期的检查，其目的在于明确问题的范围和机会，提出行动计划，以提高企业的营销业绩。实际上，市场营销审计是在一定时期内对企业全部市场营销活动进行的总的效果评价。

一次完整的市场营销审计活动的内容是十分丰富的，概括起来包括六个方面的内容：市场营销环境审计；市场营销战略审计；市场营销组织审计；市场营销系统审计；市场营销赢利能力审计；市场营销功能审计。

【职业知识检测】

1．名词解释

营销策划　创意　创造性思维　市场营销控制

2．填空题

（1）营销策划的实质是一种（　　　）活动。

（2）市场营销计划控制主要有（　　　）、（　　　）、（　　　）三种类型。

（3）市场营销组织形式的设计无一不是围绕（　　　）、（　　　）、（　　　）、（　　　）四个方面加以考虑的，但不论采用哪种形式，都必须体现（　　　）的指导思想，才能使其发挥应有的作用。

3．选择题

（1）最常见的市场营销组织形式是（　　）。

A．职能型　B．地区型　C．产品型　D．市场型

（2）当企业拥有单一的产品大类，面对各种不同偏好的消费者群体，以及使用不同的

分销渠道时，建立（　　）组织是可行的。

A．职能型　　B．地区型　　C．产品型　　D．市场型

（3）为了奖励那些经常乘坐本公司航班的乘客，大北亚航空公司每年都向这部分乘客赠送礼券，凭一张礼券可免费兑换大北亚公司机票一张，这样的机票自然不办理退票。一家商贸公司计划组织人力，专门收购这种礼券，再以低于相应的机票标准价的价格出售，从中牟利。为了避免该商贸公司实施计划后给大北亚航空公司带来的经济损失，以下(　　)项可能是大北亚公司所采取的措施。

A．提高赠送礼券的标准，从而减少所要赠送礼券的数量

B．缩短由礼券兑换机票的时限

C．缩短由礼券所兑换的机票的有效期限

D．限制由礼券所兑换的机票之使用者的身份

（4）今年上半年，全国大约有 300 万台录像机售出。这个数字仅是去年全部录像机销售量的 35%。由此可知，今年的录像机销量一定会比去年少。以下（　　）项为真，最能削弱上述结论？

A．去年的录像机销售量比前年要少

B．大多数对录像机感兴趣的家庭都已至少备有 1 台

C．去年销售的录像机中有 6 成左右是在 1 月售出的

D．一般来说，录像机全年销售量的 70%以上是在年末两个月中完成的

（5）一位研究人员希望了解他所在社区的人们喜欢的是可口可乐还是百事可乐的口味。他找了些喜欢可口可乐的人，要他们在各品尝一杯可口可乐和一杯百事可乐后，通过品尝指出其喜好哪种。杯子上不贴标签，以免商标引发明显的偏见，只是将可口可乐的杯子标为“M”，百事可乐的杯子标为“Q”。结果显示，超过一半的人更喜欢百事可乐而非可口可乐。以下（　　）项为真，最可能削弱上述结论？

A．参加者受到一定的暗示，觉得自己的回答会被认真对待

B．参加实验者中，很多人从来都没有同时喝过这两种可乐，甚至 30%只喝过其中一种可乐

C．多数参加者对可口可乐和百事可乐的市场占有情况是了解的，他们普遍有一种同情弱者的心态

D．在对参加实验的人所进行的另外一个对照实验中，发现一个有趣的结果：这些实验者中的大部分更喜欢英文字母 Q，而不大喜欢 M

（6）康全公司是一家设计环保设备的公司，经营规模虽然不大，但发展迅速。公司成立以来，为了保持行动的统一性，一直实行较强的集权。请问当下哪一种情况出现时，公司更有可能改变其过强的集权倾向？（　　）

A．宏观经济增长速度加快　　B．公司经营业务范围拓宽

C．市场对企业产品的需求下降　　D．国家发布了新的技术标准

（7）祥龙公司是一家以生产经营床上用品为主的大型企业。该公司生产的床单、枕巾从 20 世纪 60 年代开始就受到欢迎，但近年来效益持续下滑。据分析，困扰公司高层领导

的主要问题是：公司主要产品的市场需求发生了重大变化；公司在产品开发、制造、销售等环节中存在严重的沟通障碍；对主要竞争对手的行为缺乏有效的反应。据此，公司高层管理部门当前首先应该采取的措施是（　　）。

A．重新明确公司业务定位　　B．进行组织机构调整

C．加强公司产品开发能力　　D．加强人力资源管理

（8）某民营企业一位姓姚的车间主任手下有十几名工人，他对自己"独有的"领导方式感到颇为自豪。他对手下人常说的一句口头禅就是："不好好干回家去，干好了月底多拿奖金。"可以认为，姚主任把他手下的工人都看作了（　　）的人。

A．只有生理需要和安全需要　　B．只有生理需要和归属需要

C．只有归属需要和安全需要　　D．只有安全需要和尊重需要

（9）号称"钟表王国"的瑞士在1969年研制出第一只石英电子手表，但擅长机械表制造技术的瑞士企业界领袖们认为石英表没有发展前途，并未给予充分重视。日本人则认为，石英表这项新技术大有前途，遂投资进行大批量生产。结果，日本的石英表技术誉满全球，仅在20世纪70年代后5年时间内就挤垮了100多家瑞士手表厂。这个例子说明了以下（　　）项观点。

A．决策对企业生存发展的影响至关重大

B．技术开发与管理更能给企业带来竞争力

C．技术要发挥作用离不开资本的投入

D．瑞士的钟表界缺乏技术创新精神

（10）最能概括决定一个企业长期赢利能力的因素是（　　）。

A．企业自身的技术、管理、营销、财务等实力

B．所在产业的竞争强度和企业自身的综合实力

C．影响产业竞争强度的五种关键因素

D．所在产业的规模、增长空间

4．简答题

（1）营销策划一般有哪些阶段？

（2）营销策划应该遵循的原则有哪些？你是如何理解的？

【职业技能训练】

1．方案策划

（1）目前手机款式已由过去庞大的大哥大发展成现在小型化的具有很强装饰性与形象性的各种款式。请你考虑现在手机造型的不足，为未来的手机设计一种新式样。

（2）某纯净水（或洗发水）经营企业正面对目前竞争对手众多、产品琳琅满目的局面。请你运用形态发散思维方法，为其策划产品新形象。

2．分析讨论

（1）创意的特点有哪些？创造性思维与逻辑性思维比较有哪些特点？这两种思维方法在营销策划中各有何作用？

（2）营销策划者应该具备哪些基本素质、专业知识与技能？

3．案例分析

某企业是一家改装专用汽车的企业，20 世纪 70 年代末生产任务不足。企业在面临亏损的情况下，组织了几十个人的调查组，对全国专用汽车市场进行了调查，结果发现环卫和石油是具有发展专用汽车潜力的两大部门。就环卫车而言，全国有 1.4 亿人口，人均日产生垃圾 2 千克，按每 5 000 人配备一辆环卫车计算，全国需要 2.8 万辆；即使不算工矿区，全国按 200 多个城市的 9 000 多万人口计算，也需要 1.9 万辆。当时，全国环卫系统拥有各种环卫车的总量仅为 8 000 辆左右。石油专用车在国内早有厂家生产，但品种不齐全，国家对各种车辆实行进口限制以后，石油系统的部分订货转向国内。环卫部门和石油部门都是国家重点发展的部门，资金充足，市场相对稳定。尤其是环卫系统，亟待改善作业条件，所以销售不成问题。另外，旅行车也是市场急需的产品。从企业自身条件看，该厂具有 20 多年生产专用汽车的经验，拥有一批长期从事专用汽车设计、制造的人才，有着从事多品种、小批量生产的条件和经验；但是，对于装饰性要求较高的旅行车来说，生产和技术水平都还不足。根据上述分析，企业决定，除继续生产国家需要的原有各种专用车外，还要依靠自己的力量，加速研制开发环卫和石油系统需要的各种专用车辆。

（1）该企业进行新产品开发的依据是（　　）。

A．地理环境　　B．市场需求与企业条件

C．企业条件　　D．竞争者产品开发情况

（2）该企业开发的产品是（　　）。

A．换代的新产品　　B．全新产品

C．改进的新产品　　D．仿制的新产品

（3）该企业产品组合的关联度是（　　）。

A．无关联性　　B．关联密切　　C．关联不太密切　　D．以上都不对

（4）该企业产品的目标市场策略是（　　）。

A．无差异性　　B．差异性　　C．集中性　　D．产品差异化

4．模拟实训

确定一样物品，可以是任何一件物品，但为了使实训活动顺利进行，最好选择学生比较熟悉的产品，如手机、手表等；如果是大家不十分熟悉的新产品，则要求说明其基本功能、内在原理、构成材料等。将全班同学分成 3~5 组，依次要求各组学生快速地说出这件物品的一项用途（不可以简单重复，但可以在其他人所说用途基础上有所改进）。规定时间（一般不超过 10~30 分钟）结束后，统计各组同学说出的用途数，对其中最新奇、最疯狂、

最具有建设性的用途加倍计分，想法最多、最新奇的组获胜。分优、良、中三级计入平时成绩。

游戏规则：不许有任何批评意见，只考虑想法，不考虑可行性；想法越新奇、越古怪越好，鼓励异想天开；可以寻求各种想法的组合和改进。

参考文献

[1] 中国就业培训技术指导中心. 营销师国家职业资格培训教程：基础知识[M]. 北京：中国广播电视大学出版社，2015.

[2] 中国就业培训技术指导中心. 营销师国家职业资格培训教程：三级营销师[M]. 北京：中国广播电视大学出版社，2015.

[3] 任文举. 市场营销学实训教程[M]. 成都：西南财经大学出版社，2015.

[4] 郭国庆. 服务营销管理[M]. 北京：中国人民大学出版社，2013.

[5] 张卫东. 营销策划知识与技法[M]. 北京：电子工业出版社，2011.

[6] 于洪彦，刘金星. AMA 官方营销定义动态演化及其启示探析外国经济管理[J]，2010.（3）.

反侵权盗版声明

举报电话：（010）88254396；（010）88258888
传　　真：（010）88254397
E-mail：　dbqq@phei.com.cn
通信地址：北京市万寿路 173 信箱
　　　　　电子工业出版社总编办公室
邮　　编：100036